Révélations de l'invisible
Messages de Jeanne Laval

DES MÊMES AUTEURS

1) Aux Éditions Lanore :

- *Les Voies de l'Espérance*
- *Révélations de l'invisible* (Messages de Jeanne Laval)
- *Miroir d'une Âme*
- *Révélations par les rêves*
- *Les apparitions de la Vierge Marie à Gilles Bouhours.* (La sainteté d'un enfant)

2) Aux Éditions de Mortagne :

- *La vérité révélée d'Allan Kardec*
- *Les Rêves prémonitoires* (Dictionnaire)

À paraître aux Éditions Lanore :

- *L'Au-delà tel qu'on le vit*

Gisèle et Alain Guiot

Révélations de l'invisible

Messages d'entités supérieures de l'Au-delà reçus par Jeanne Laval

Éditions Lanore
François-Xavier Sorlot, éditeur
6 rue de Vaugirard, 75006 Paris

ISBN : 978 - 2 - 85157 - 670 - 5
www.fernand-lanore.com
contact@editionslanore.com

« *L'Invisible est réel. Les âmes ont leur monde où sont accumulés d'impalpables trésors.* »

Alfred de VIGNY.

« *La véritable existence ne commence qu'à la mort.* »

CHATEAUBRIAND.

« *Pensée ! Ouvre ce soir, vers les hauteurs, tes ailes !*
Échappe, en ton essor aux griffes de la nuit,
Et délie à jamais tes attaches charnelles...
Reviens à ton royaume où la Lumière luit ! »

G. CLAUZURE — M.-G. de MASSIA.

Jeanne Laval à l'époque
des *Révélations de l'Invisible*

AVANT-PROPOS

À cette heure où la curiosité humaine a franchi sa sphère, s'élance à l'assaut de l'Espace et des mondes, où l'homme, inquiet, cherche sa lumière et sa voie, nous nous devons de faire connaître les expériences qu'un groupe de chercheurs ont vécues dans des conditions tout à fait extraordinaires et probantes.

Mais écoutons l'un des participants du groupe des chercheurs qui déclare :

« Toute ma vie j'ai été un passionné des phénomènes supra-normaux, essayant de résoudre leur problème, en toute objectivité. La route est, certes, parfois dérisoire ou décevante — mais « le fait » existe, très réellement, comme vous en jugerez. C'est cette étude, si attachante, qui me fit connaître, un jour, le médium Jeanne Laval à qui nous devons une première série de messages de l'Au-delà, réunis dans un ouvrage remarquable : *L'Heure des Révélations* (voir notes).

J'aimais la rencontrer, au hasard de brefs passages, bien que, depuis 1937, la voix mystérieuse de l'entité « SYMBOLE » et de sa « phalange » se soit tue…

Ainsi, les années passaient…

Jeanne Laval s'était retirée à Escatalens, petit village du Tarn-et-Garonne, où j'allais la voir quelquefois, regrettant tristement le silence de l'Espace…

Et voici que trente-trois ans après, le miracle tout à fait inattendu se produisit, alors que nous nous trouvions, un groupe d'amis et moi, chez Mme Laval ; le dialogue reprenait alors avec ces messagers de l'Au-delà si obligeants et si bons : BOUCLIER, LUEUR, JEAN ? JUSTICE, SYMBOLE,

DEVOIR, PITIÉ, CLARTÉ, PAPILLON NOIR, LUIGI, PHÉDON, ÉOLE, L'OMBRE, LE PHALÈNE, ÉSOPE, LUMEN, EUTHYPHRON, LUZ.

Nous vous présentons ces textes tels que les ont reçus les témoins des séances, à la suite des questions posées aux entités.

Nous avons rassemblé et classé par thèmes les réponses obtenues, afin de mieux dégager l'essentiel des révélations spirituelles, scientifiques et parapsychiques qu'elles contiennent.

Gisèle et Alain Guiot

PRÉFACE

Ce que nous nous proposons aujourd'hui de vous faire connaître, c'est le dialogue échangé à travers l'immensité céleste entre les vivants de cette planète où nous sommes et les vivants d'un autre monde, de ce monde auquel rêvent toutes les âmes d'ici-bas, vers lequel irrésistiblement se portent les regards interrogateurs et sur lequel, depuis des millénaires, elles fondent tant d'espoirs sans savoir exactement ce qu'il est.

Le grand tourment des hommes, quelle que soit leur religion et même pour ceux qui n'en ont pas, n'est-il pas de ne pouvoir cerner de près cette réalité de l'Au-delà qui leur échappe ? Ils la pressentent secrètement, elle les attire, les fascine, ils s'efforcent d'en concevoir les formes, les couleurs, les êtres ; il la leur faut, mais le plus souvent elle les fuit et ils se heurtent, désespérément, à son mystère. Il y a une détresse que chacun de nous, au plus profond de lui-même, a connue.

Que le lecteur de cet ouvrage se souvienne : un jour, la mort a frappé près de lui et lui a ôté un être cher. Quelle souffrance Après avoir épuisé, inutilement, toutes les ressources de la science, il a assisté à la fin d'une vie, L'ultime oppression, les paroles indistinctes, le suprême et dernier regard jeté sur cette terre et puis, soudain : le silence, l'immobilité. Ce silence et cette immobilité qui nous glacent ne sont-ils pas le signe tangible de la totale fin d'un être ? Une présence tout à coup s'efface et paraît à jamais disparue. À cet instant précis tout est-il donc fini ? N'y a-t-il vraiment plus de vie ? N'y a-t-il que le néant ?

À ces questions nous répondons sans hésiter : il y a encore, toujours et malgré tout la Vie, une autre Vie, car le néant n'existe pas.

Sous les regards spirituels de ceux qu'on appelle les Morts, se lèvent les clartés d'un nouveau matin.

Ce livre, cher lecteur, est là entre tes mains pour te le prouver. Oui, malgré la mort, le contact spirituel entre ces êtres disparus et nous, n'est pas rompu. Ce contact peut, dans certaines conditions, demeurer et se prolonger. Il est encore possible de communiquer avec eux. Le lien psychique entre leur esprit et le nôtre, par les affinités que l'Au-delà révèle, persiste étroitement et solidement. Au prix d'efforts inouïs, une transmission s'élabore à travers les ondes de l'espace ; un branchement s'opère tout au long des rayons vibratoires qui sillonnent l'univers ; et les paroles, nettes et fermes, de ces entités venues des constellations parfois les plus lointaines, s'impressionnent dans l'organe vocal récepteur de l'être humain qui, parmi nous, peut les capter et les reproduire.

Un dialogue s'instaure ; aussi extraordinaire que cela paraisse on peut encore entendre les voix d'outre-tombe, « les voix chères qui se sont tues », car la mort ne peut rien contre le pouvoir de l'esprit et l'esprit souffle où il veut.

Comment cela est-il possible ?

Il y a dans ce monde où nous sommes des êtres prédestinés et réellement exceptionnels qui ont le don rare et merveilleux, scientifiquement reconnu, de recevoir et de transmettre, à travers eux, dans un état second, par une médiumnité profonde, des messages venus du monde invisible et qui peuvent être ainsi des intermédiaires entre l'Au-delà et nous.

Il n'est plus possible de nier à notre époque ce charisme extraordinaire qui souvent s'affirme avec tant de force et de netteté, surtout lorsqu'on peut contrôler et fonder sur des preuves irréfutables des phénomènes observés et les assertions entendues.

C'est le cas de Jeanne Laval, médium d'une très grande valeur, presque sans instruction, qui durant une partie de sa vie s'est consacrée avec une admirable bonne volonté, un absolu désintéressement et au mépris de sa santé, à l'exercice de ce don qu'elle possédait au plus haut degré. Vers elle va notre infinie gratitude !

Grâce à sa médiumnité, certaines entités de l'espace, d'une très haute spiritualité, se sont manifestées et incorporées pour grouper autour d'elles plusieurs personnes et leur apporter des messages. Les expériences commencèrent devant ce groupe de chercheurs dont plusieurs spécialisés dans la science métapsychique, étaient déjà très au courant de ces phénomènes paranormaux et continuent, d'ailleurs, à les étudier.

Il est apparu, dès le début des séances, que le contenu des révélations faites par ces entités était d'une richesse si exceptionnelle qu'il n'était pas possible de le laisser sans écho. Nous ne pouvions garder seulement pour nous ces révélations. Une responsabilité s'imposait : celle de les faire connaître. Nous n'avions reçu que pour transmettre. À l'aide du magnétophone, les messages furent enregistrés sur bandes magnétiques et reproduits ensuite par écrit avec beaucoup de soin.

Ces messages forment la matière du présent ouvrage.

Les conversations qui se poursuivirent durant plusieurs années (de 1970 à 1974) entre ces Esprits élevés et les membres du groupe, firent apparaître les qualités remarquables des interlocuteurs de l'espace, leur extraordinaire intelligence, leur connaissance approfondie de tous les problèmes de l'Au-delà, du moins des problèmes de leur niveau. On demeure véritablement confondu devant le caractère magistral de leurs propos scientifiques, car la plupart d'entre eux, groupés par affinité, sont des mathématiciens, physiciens et biologistes, des savants dont la vaste culture s'étend à presque tous les domaines de la science. Rien, dans leur zone d'investigation et sur leur plan ne semble leur être inconnu. Ils analysent, scrutent et calculent les problèmes de la vie et de la mort, toutes les données que la matière et l'esprit offrent à leur réflexion avec une aisance étonnante. Leur spiritualité s'impose avec une maîtrise et une autorité incontestables. Quelles que soient les questions posées, les réponses ont jailli fulgurantes et précises dans une terminologie scientifique ou philosophique parfois inaccessible à nos cerveaux qui ne sont pas omniscients ! Terminologie minutieusement contrôlée par nous et révélée toujours exacte (voir NOTES à la fin de l'ouvrage).

D'une voix ferme, solennelle et parfois sévère, avec un accent propre à chacun qui nous permettrait de les reconnaître, ces Esprits nous ont traduit, par leurs propos, par leurs vers et leurs chants, tous plus beaux et plus émouvants les uns que les autres, leur mélancolie aux souvenirs de leur vie terrestre et leur vive amitié pour nous. On sent, à travers eux, et le lecteur comme nous s'en apercevra, le souffle d'une pensée supraterrestre et prodigieuse qui est véritablement surprenant.

Quel privilège fut le nôtre !

Cependant, malgré ces trésors de connaissances dont ils firent preuve, ils eurent toujours la franchise et l'honnêteté de nous avouer qu'au-delà de leur plan céleste, ils ne savaient plus rien, et qu'ils ne nous avaient révélé que ce qui leur avait été permis de nous apprendre. Ils ont été les Ambassadeurs de l'Astral.

Il est bien évident que les témoins de ces expériences resteront à jamais marqués par ces prodigieux contacts. Nous pouvons assurer le lecteur que les impressions laissées par ces Esprits supérieurs ont été telles que nous avons vécu, au cours de ces années avec eux, dans une ambiance extraordinaire qui nous a fait nous interroger, nous redécouvrir et nous comprendre comme jamais probablement, sans eux, nous n'aurions pu le faire. Leur enseignement nous a rendu, non seulement l'Au-delà transparent, mais nous a ouvert pour nous-mêmes, sur nos devoirs présents, sur notre humaine condition et sur notre destin, des perspectives qui ne se dissiperont pas. Ils nous ont dispensé les conseils d'amour et de sagesse, les hautes leçons philosophiques, religieuses et morales qu'eux seuls pouvaient donner par leurs connaissances cosmiques. Ils ont été pour nous, sur notre plan et par une grâce providentielle, les révélateurs de l'Absolu.

Ils nous ont parlé de la Loi divine et toute puissante qui règne dans l'univers, qui inspire et dirige tout, qui coordonne et harmonise, par une évolution ascendante et permanente, les êtres et les choses ; cette Loi qui est l'expression de l'Amour de Dieu. Ils ont évoqué, en des termes qui n'ont d'égal que ceux que l'Apocalypse emprunte pour décrire la Jérusalem céleste les splendeurs astrales, ces océans de clarté qui séduisent leurs regards, ces merveilleux faisceaux de lumière qui fusent et s'épanouissent en gerbes multicolores comme de gigantesques arcs-en-ciel, les champs de force magnétique qui sillonnent partout l'univers, et dont ils se sont servis pour parvenir jusqu'à nous. Ils nous ont démontré le vertige de l'Infini et rendu sensibles à la nostalgie des sommets qu'il faut atteindre par la richesse de l'esprit. Ils nous ont révélé, à nous fils de la Terre, un Monde jusqu'alors secret, celui de la Vie qui éclate partout dans l'éblouissement d'une Lumière qui ne s'éteint pas…

Qu'il est difficile, en vérité, de traduire ici avec des mots terrestres les prodigieuses visions qui, dans l'Astral, se dressent devant ces hauts esprits ! Les merveilles de l'Immensité échappent à nos expressions et ne sont réellement sensibles que par l'esprit qui les conçoit.

Leur mission accomplie, ils nous ont quittés dans la tristesse et leurs derniers messages sont empreints d'une douleur poignante. Cette séparation, devenue obligatoire, a été pour eux comme pour nous un vrai déchirement. Mais leur joie a été grande d'avoir pu nous délivrer leurs messages malgré les terribles obstacles dont le lecteur se rendra compte. Ils ont su nous le dire en des termes qui ont beaucoup touché nos cœurs. Ils nous ont dit « au revoir » dans la totale assurance de nous retrouver un jour dans ce Monde de la Lumière où les âmes, libérées de la terre, se rencontrent et s'épanouissent.

Notre gratitude envers eux est grande et l'étendue cosmique, aussi incommensurable qu'elle soit, n'empêchera aucun d'entre nous d'élever vers ces missionnaires de l'espace sa pensée fidèle et reconnaissante ; ils la capteront très rapidement dans leurs « étapes sidérales » par le diapason des ondes vibratoires, car telle est, à travers l'Éther, la rayonnante puissance de l'esprit.

Leurs voix se sont progressivement éloignées et finalement se sont tues. Nous nous sommes tous sentis très isolés, non abandonnés certes, mais infiniment dépourvus, et nous demandons au lecteur de nous comprendre. Nous ne saurions assez exprimer ce que fut pour nous leur Présence : elle nous a fait du bien. Par son rayonnement elle a fortifié notre foi dans les réalités de l'Invisible, elle a forgé entre nous, venus d'horizons différents, des liens qui ne se délieront jamais, nous unissant comme les membres d'une même famille qui, ensemble, ne sont plus qu'une âme confiante, en marche vers ces vivants de l'espace qui, avec tant d'amour et de sacrifices, nous ont montré la Route : cette route qui est la vôtre, humanité d'aujourd'hui et de demain.

Le Groupe des chercheurs.

QUI EST JEANNE LAVAL*

Jeanne Laval est née à Montech, dans le Tarn et Garonne, le 4 octobre 1895. Elle s'appelait Jeanne Augé, et appartenait à une famille modeste, laborieuse et unie. Elle abandonne l'école après avoir obtenu son certificat d'études primaires à 14 ans.

Elle sut, durant toute sa longue vie d'épreuves et de luttes faire face, avec une sereine énergie, à toutes les difficultés de la vie. Ses qualités accentuèrent les tendances de son tempérament naturellement émotif et réceptif, et firent d'elle un être combatif, allant toujours jusqu'au bout de son action. Sa forte personnalité était adoucie par une très vive sensibilité, accompagnée d'un profond amour de la nature. En 1918, elle épousa le chimiste Émile Bouysset, qui occupait un poste à Toulouse. Veuve au bout de quelques mois, et attendant un enfant, elle vécut les affres du chagrin et du désespoir.

Bouleversée, tentée par le suicide, elle saisit un jour un flacon de médicament: c'est alors qu'une main invisible lui arrache des mains, à deux reprises, le flacon dont elle voulait absorber le contenu. La seconde fois, la bouteille fut jetée à terre; elle se brisa tandis qu'une voix répétait: « *Et l'enfant? Et l'enfant?* »

Dès lors, les événements s'accélérèrent: d'abord, ce fut la découverte de l'ouvrage « Après la mort », de Léon Denis, disciple inspiré d'Allan Kardec. La lecture de ce livre ouvrit l'âme de la future Jeanne Laval à un immense espoir mêlé encore de quelques doutes; elle se laissa entraîner par une amie chez un médium qui lui transmit un message de son mari en même temps que la révélation de sa propre médiumnité. Rencontre décisive, bientôt suivie de preuves tangibles de manifestations d'Entités: le berceau de l'enfant balancé régulièrement; des portes qui s'ouvraient; divers apports; un crayon qui écrivait seul sur la table, et bien .d'autres phénomènes qui eurent bientôt raison du scepticisme de toute la famille.

---

* Extrait des Voies de l'Espérance.

Dès lors, ces Entités s'exprimèrent de plus en plus souvent, de plus en plus clairement, à travers le médium, d'abord pour lui apporter du réconfort, puis pour tenter, pendant plusieurs années, d'éclairer les hommes sur leur essence et sur leur devenir.

Tel est le point de départ de la médiumnité de la future Jeanne Laval.

De 1918 à 1937 elle obtient messages et poèmes transmis par un groupe d'Entités qui se firent connaître sous les pseudonymes de Pitié, Jean? Clarté, le Maître, l'Ombre, Lueur, Papillon Noir, Justice, Bouclier, le Phalène et surtout Symbole, dont le ton solennel, et l'expression d'un profond lyrisme enveloppent de grandes vérités sur le destin de l'homme et sur le sens de la vie.

Cette première série de messages, rassemblés par Henri Azam, a été publiée dans *La Tombe parle,* en 1932, dont le contenu a été défini: comme un « bréviaire philosophique, un chant poétique, un exposé scientifique. »

La seconde édition aura pour titre *L'Heure des Révélations,* publiée en 1971*.

Le médium s'est remariée en 1924 avec Maurice Laval dont elle eut sa seconde fille, Alice, chez laquelle elle terminera son séjour terrestre, à Montauban, le 4 avril 1975.

En 1970, après trente-trois ans de silence, Symbole et ses amis s'adressent de nouveau à la Terre. Ce sont les mêmes Entités, mais aussi Luidgi, Phédon, Éole, Esope, Lumen, Eutyphron et Luz.

Un groupe de chercheurs, amis de Jeanne Laval, dont Georges Clauzure, membre directeur de l'institut Métapsychique International posèrent des questions au cours des séances, enregistrèrent au magnétophone les réponses, et nous les confièrent. Ces messages nous ont paru suffisamment riches pour que nous les analysions, afin de les classer par thèmes, puis de les publier, sous le titre *Révélations de l'invisible.*

---

* Ed. de Mortagnac, Québec, sous la direction de Jean-Louis Victor.

Première Partie

L'HOMME

1. CONSTITUTION

Question : Pouvez-vous nous parler des différents corps qui entourent l'âme : périsprit, corps astral, corps mental, corps aromal ?

Réponse : Que vous dire de ces « enveloppes » qui « ceinturent » l'esprit, « protectrices » et « nutritives », tant que « l'esprit » n'est pas encore à « l'état pur » ? Le pouvoir « d'adaptation » de ces corps est « incalculable », non seulement pour « structurer leur forme » selon les milieux et les plans, mais aussi pour assurer les « fonctions évolutives » par le jeu des cônes vecteurs et des antennes, en même temps que l'échange nutritif fonctionnel, organique et fluidique…

Que « de propriétés » et de « possibilités » dans ces « corps-enveloppes » qui, par rapport à la « collectivité » où nous sommes inclus, représentent notre individualité… notre visage figuratif !!! *Clarté*

Q. : Est-il vrai que l'âme s'incarne réellement en l'être humain au moment même de sa naissance, de la sortie du sein de sa mère ?

R. : Tout être qui s'incarne, après avoir déterminé son incarnation et accepté les conséquences du rachat qu'elle représente, est tenu de profiter du « contact choc » : « spermatozoïde » « ovule » pour introduire sa « radiation propre », sa vie. C'est le départ… « Condensé » dans un « frisson », pivot des « ondes rythmiques » il se dynamise en rétréci, dans une forme adéquate au milieu dans lequel il vient évoluer, souffrir, payer… Prisonnier de sa coque, il peut cependant profiter (pour des évasions répétées), du cordon fluidique très long qui le relie au monde extérieur, à l'espace.

Il « s'évade » et « revient » par la « fontanelle bregmatique » dont le « losange » permet, et permettra longtemps, le passage.

À la sortie du sein de sa mère, l'être normal est complet dans la forme qu'il a établie, sur son propre dynamisme, depuis « l'ultime minute », s'aidant des matériaux que lui apporte la collaboration maternelle tout au long de sa maraude. Le sillon de Rolando et de Sylvius ont un autre rôle dans les extériorisations permises à l'être humain... *Clarté*

Q. Il arrive que dans une assemblée, un groupement, on se sente vidé de sa vitalité comme si l'on avait été vampirisé. Créer mentalement une coque mentale autour de soi, est-ce le meilleur moyen de se prémunir ?

R. : Cela dépend des circonstances, quelquefois, parce qu'il y a les positifs et les négatifs, les « vampires » et les « producteurs ». Si vous vous trouvez producteur, forcément un jour vous êtes vampirisé. Et si vous êtes vampire vous-même (parce que négatif), ayant besoin de forces, vous les empruntez où vous pouvez. *Clarté*

Q. : Le rôle que paraît jouer en nous l'inconscient semble être important. Pouvez-vous nous en parler ?

R. « L'inconscient » c'est le « grenier » de l'être où dorment tous les acquis. Alors il est bon de l'éveiller quelquefois et dangereux de l'éveiller trop profondément ou de lui donner, comme le font les savants, la place prépondérante dans la vie de tous les jours. Parce que l'inconscient a « son pouvoir d'attente » et sa « valeur », mais ne doit pas avoir sa « valeur d'action ». *Clarté*

Q. : Pouvez-vous nous parler de l'inconscient ?

R. : Au moment où « l'individualité », nantie de « l'instinct », transforme ce dernier en « moteur imagination » par expulsion de cet ovule, une enveloppe (genre de placenta) demeure rivée « au pourtour », à la fois « réserve », « grenier », « accumulateur » protecteur du « circuit fermé », autour de la personnalité, à la fois « zone neutre » et acrosome vibratil. Depuis le « germen » jusqu'à « l'homme », tout s'inscrit dans cette enveloppe, entassant les « acquis successifs et progressifs ».

L'homme y puise sa mémoire, y brouille ses « rêves » dans les « sommeils sensoriels » ses « antériorités » dans ses « évasions nocturnes » et à « l'heure suprême » où il se libère. (Quelques êtres, « médianimiquement constitués » ont quelques éclairs, quelques trouées sur ces mystères de l'être couvrant les neurones du passé). Délivrés de la « forme terrestre », ils demeurent, pour « les désincarnés », « le patrimoine entier » de l'évolutive ascension, à travers « les âges » et « les corps », les « luttes » et les « éléments ». Je voudrais dire tant de choses qui meurent sur mes lèvres closes sous le bataillon ! Je le regrette et m'en excuse. Les hommes cherchent alentour, trompés par les reliefs extérieurs, sans savoir qu'ils portent, les réponses à leurs angoisses, à leurs questions.

La terre a connu bien des apogées comme bien des déclins. Aux heures de clarté, où le « magnétisme » parlait sa grande voix, on lisait sur le fronton des temples :

CONNAIS-TOI TOI-MÊME !!!

« L'être » contient, en lui, toute l'Éternité dans laquelle il gravite. Comme elle il est « savoir », « connaissance », « puissance ». Inépuisablement, elle l'alimente du souffle de vie, lui conférant « tous les pouvoirs » sur « lui-même ».

Malhabile souvent, maladroit plus souvent encore, il « extériorise » ses dons, « s'éparpille », au lieu de se « concentrer » et de « les exploiter » à son profit.

La nature nourricière, prodigue à son endroit, le rend « vampire souvent » — « parasite toujours »... Il s'efforce de lui ravir ses secrets, ses richesses et ferme volontairement les yeux « sur les trésors » intérieurs. L'heure est venue, cependant, qui dessine une « dure ligne de démarcation » entre les « retardataires » des groupes déjà installés « sur des trapèzes volants » (entre terre et ciel), (d'autres en plein ciel), et la « vague ascendante animale » à l'assaut d'une « primitive humanité ». Que de bouleversements pour donner « à l'instinct », une « nouvelle dimension » et pour que les « systèmes nerveux », poussés « au paroxysme » se transforment, en accouchant de ce noyau « de conscience imaginative » aux perceptions colorées qui l'arrachent au sol et lui ouvrent (bien au-dessus), d'autres perspectives. *Phédon*

Q. : L'aura humaine, qu'aperçoivent certains voyants, est-elle liée au rayonnement du périsprit ?

R. : C'en est l'émanation en grande partie, avec la différence que l'aura baigne aussi bien dans le périsprit que dans l'extérieur, dans les forces auriques de l'univers. Je dis comment : les rayonnements prennent naissance dans l'être et s'en vont chercher leur puissance en dessus. *Clarté*

Q. : Quel est le rôle du corps physique au regard du périsprit ?

R. : Le « corps humain » (forme terrestre) si séduisant soit-il… ne mérite pas un « culte idolâtre », c'est certain. La définition de « PAPILLON NOIR » est brutale : « Les corps » sont les « latrines » des esprits, les « W.-C. » du périsprit… De même que le limaçon, l'escargot exsudent leur coquille, le « périsprit » lourd de « fiente périspritale » : (déchets obstructeurs) exsude son corps en un agglomérat de cellules se libérant ainsi, au fur et à mesure, des « renaissances », des matériaux impropres à l'ascension évolutionnelle, des malfaçons inhérentes à l'inharmonie qui en découle…

Si la définition de « P. NOIR » est trivialement imagée, elle est incomplète… car le corps humain possède d'autres facteurs aussi importants « que d'alléger le corps fluidique de ses tares »… Il maintient, par sa nutrition fluido-matérielle, l'accroissement progressif des cellules périspritales et assure « la fructification de l'espèce humaine » dans ses magnifiques gestations…

Vous vivez dans un monde d'apparences où « la réalité » tient peu de place…

Votre « passagère cécité » rétrécit votre champ visuel… et vous prive de bien des réponses à vos problèmes.

L'évolution le veut ainsi… Il faut remonter (et tant de fois) des cimes déjà atteintes, des points de vue souvent envisagés… reconquérir (après bien des luttes) des bastions de vérité, avant d'aborder à la Paix, à la sérénité, dans cette « inlassable activité » et qui est la Loi… Il n'est de saint repos : pour l'âme, que dans « l'Absolu », pour le sentiment, que dans l'Infini… dans la plénitude des sensations et des extases divines… *Phédon*

Q. : Comment définir l'être extérieur, l'être physique ?

R. : L'être physique est une « condensation » de « cellules ». Tout comme les galaxies, c'est un agglomérat « de points de forces », entraîné par les « vibrations de l'esprit », dans la « giration » de la forme. La forme (copie du périsprit) qu'elle doit alimenter, protéger, libérer ces « déchets obstructeurs », établit son système d'échanges sur des « circuits » et des « méridiens », axés sur les « points de force » que sont : « le cœur », « le foie », « la rate », « les reins », les poumons, les glandes, le cerveau, etc. l'estomac et l'intestin. À la fois « maîtres et serviteurs » ces « points de force » (pivots de l'être) sont « des individualités » avec lesquelles il faut apprendre à converser.

Si nous prenons un être normalement constitué et dont les organes sont bien établis, le « devoir de l'être » consiste à « collaborer » avec « ses organes » au lieu de les heurter, de les gêner, de compliquer leur tâche, leur action… ; ce que vous faites pour les « composants (appareils) mécaniques » (vos serviteurs), doit être fait pour eux. Ne leur donnez pas

« bonne pâture ». Tenez compte qu'ils « sentent » et « comprennent ». Parlez-leur, comme à des « amis », des « collaborateurs » bien stylés, des « entités réelles » qui veulent bien accomplir leurs missions.

Afin qu'ils demeurent sains, donnez-leur des « carburants sains ». N'exigez d'eux plus qu'ils ne peuvent faire en les épuisant.

C'est d'une « collaboration intelligente et sage » que vous tirerez le meilleur profit de leurs services (momentanés), à travers l'incarnation. Les races orientales « traditionalistes », plus proches de la Vérité, savent : que « trop parler cuit », mais que « trop manger nuit », vivent de peu, se reposent longtemps ou -souvent… méditent toujours. « Moins de désirs, moins de besoins, moins d'efforts ». Le « psychique » arrive à gouverner le « physique », à travers l'enveloppe charnelle, augmentant les « possibilités d'échanges divers », « de meilleurs équilibres ». Il en va autrement des races occidentales, que domine « l'attrait du veau d'or », le « vertige de la puissance », de la « possession » et « l'assouvissement déréglé » de tous les instincts.

Là, plus qu'ailleurs, l'humanité est retournée aux « préliminaires », aux « errements », aux « révolutions »… aux « incohérences ». C'est ce qui « veut être » et « n'est pas encore ». C'est la « force » sans yeux, sans oreilles, « déchaînée », « sans freins »… en attendant que « l'Aube renaisse ». Ce n'est pas pour cette « vague nouvelle » que je donne mes conseils, mais pour vous, frères exilés, encore prisonniers de vos coques… afin de vous aider un peu, en vous invitant à retourner aux sources… autant que faire se peut !!! *Éole*

Q. : Comment voyez-vous la dualité de l'homme (corps et âme) mise en valeur par toutes les religions ?

R. : « L'être humain », par sa « double appartenance », possède des racines, qu'il plonge d'une part dans « la terre », d'autre part en « plein ciel ».

Ses « racines terrestres » lui permettent : nutrition, action, élimination, accroissement.

Ses « racines célestes » : l'extériorisation, l'« action conjuguée » des « apports intuitifs », selon des « conditions prévues » en « concordance précédente, dans l'astral », pour assurer cette vie de la nuit — source de richesses pour les « intuitionnés » dans « l'échelle énorme des lumières » (chaîne d'intelligence à travers l'infini).

Sans ces échanges « constants », « permanents », dans leurs « sublimes alternances », les êtres « seraient » mais ne « vivraient pas »… Prisonniers de leurs « coques », de leurs « formes » sans issues, ils demeureraient « stables », jamais « accrus » dans des « orbites paralysantes ».

Mais « la Loi » rythme et dynamise « l'éternelle marche » — inlassablement prévoyante, en les jeux évolutifs. *Euthyphron*

Q. : Pouvez-vous évoquer la merveilleuse unité du fonctionnement de l'organisme humain ?

R. « L'Être humain », dans « son orbite et sa trajectoire » possède des points d'exaltation : « émissions » de « contacts, de jonctions divers », « polarisations » d'« équilibres et nutritions » assurant « les évolutions » entre « les axes… et les méridiens ».

Que savez-vous du cerveau, des glandes : pinéale, Hypophyse, thyroïde ?

Que savez-vous du plexus ?

De leurs relations ? de leurs échanges ? de leurs combinaisons ? dans la tête, demeurée le sommet de l'axe ? tandis que les mains et les pieds « supports polarisants de l'axe », demeurent pourvus « d'auras émetteurs ».

Ces « auras émetteurs » radiants et irradiants produisent : phosphorescences diverses ou sons, selon les sujets, l'ambiance, le champ magnétique obtenu… Je ne peux rien dire d'autre…

Le cœur (moteur-dynamo) (pompe aspirante-refoulante) alimente les canaux, les ruisseaux, les fleuves sanguins, « mer intérieure » avec ses « flux », ses « reflux », ses « houles », ses « marées », ses « lames de fond émotionnelles » qui percutent le « cerveau » de leurs orages, amenant des tremblements nerveux dans tous les circuits.

Le cœur (avec son « tic-tac » d'horloge perceptible), accuse ses « radiations émotionnelles » en ondes diverses… jusque dans les mains et les pieds… car « l'émotion » est un « orage » dont la foudre frappe « l'aura » et gagne les pieds « paratonnerre, fil à terre » de l'être… et les mains pour « polariser et maîtriser l'éclatement ». *Le Phalène*

Q. : Pourriez-vous nous expliquer l'Unité de l'homme à travers sa complexité même ?

R. : Comment vous expliquer les mécanismes de la Vie, à tous les échelons ? Quel péripatétisme complet pourrait vous éclairer sur les « triples attributs superposés » : « esprit », « périsprit », « forme » en une apparente unité… dans leurs rapports et leurs échanges constants ???…. Cela tient du « Prodige » et s'accomplit — tout naturellement —. L'Unité éternelle ou individuelle se fait sur ce trépied : selon les normes prévues dans « l'évolution collective, ou limitée ». Dans le kaléidoscope des existences et à travers ces existences, « esprit, périsprit, forme » demeurent un « tout indissoluble » qui se transforme, s'idéalise, se spiritualise, se divinise, se dissout, enfin, dans « l'Omniscience » du « Grand Tout », dans la « finalité des causes ».

Partis infimes, nous revenons puissances, nous « fondre » en « l'Éternel Pouvoir ».

Que de perfection, de précision, de cadence, de rythme, dans le plus petit des phénomènes !!!!!!!!!

Que de perfection, dans « les possibilités », dans ce « corps à corps » avec le « noumène »… *Euthyphron*

Q. : Comment définir l'Esprit et le périsprit ?

R. : « L'ESPRIT, l'âme, la personnalité, l'ego, l'individualité », sont l'unique « essence radiante de l'être », émise par Dieu en chaque créature, « noyau radiant et vibrant aux incalculables calories ». C'est « l'embryon premier » de l'être, doté de puissance, armé d'énergie, qui va devoir « se conquérir » lui-même et progresser (au long des siècles) jusqu'à « l'Unité éternelle », « minuscule volcan » couvant « ses devenirs »… sous une « densité de compressions inouïes ».

Qu'est le PERISPRIT — Chaque univers a son atmosphère, chaque être a son périsprit. C'est le « champ attractif » où l'être évolue, d'abord sur lui-même, dans une sorte de giration, déterminant ainsi « les limites » et ensuite « les méridiens » de son « aérosome vital ». Hérissé d'antennes, prêtes à devenir des « points de force », de « jonction », de structurations dans une « idéoplastie permanente », assurant le « fonctionnement sensoriel » imparti à chaque existence… dans une élasticité méthodique, tel est le périsprit. Du petit au grand, tous les êtres ont « leur périsprit », sont créés avec… Je le répète, chaque monde a sa spirale atmosphérique, chaque œuf a sa coquille « protectrice et limitative », l'œuf humain possède son placentaire périsprit.

Sur lui, toutes les formes se concrétisent dans leurs successifs changements… et selon « les milieux », « les besoins » inhérents à ces milieux, les « perceptions sensorielles » également. Au périsprit (sorte de « matrice réalisatrice »), « l'être » donne ses matériaux (minerais imparfaits) jaillis de son « étonnante et maladroite combustion »… et c'est lui, qui (à travers les formes somatiques), doit, inlassablement, en provoquer l'exérèse. Au fur et à mesure que « l'être » se libère, le rôle du périsprit devient plus facile en les « formes » (de plus en plus éthérées). Il demeure le « collaborateur conscient et fidèle » qui s'intègre, à son tour, dans l'unité de circuit, après avoir assuré « vaillamment » son rôle si multiple, tout au long du parcours, si plein de zèle à accomplir les impulsions données… Frère Humain ! ô mon ami !! ne complique pas la tâche de cette « partie » de ton « moi » dont il demeure « la face » la plus importante !!!! *Éole*

Q. : L'incinération du corps étant à éviter, qu'est-il devenu du périsprit des victimes de la bombe atomique d'Hiroshima ?

R. : Dans tous les cas de désintégration partielle, immédiate, totale, une reconstitution non moins immédiate, intervient. C'est le rôle de certains missionnaires attachés à cela… (champs de bataille, cataclysmes, etc.). Suivent de longs repos périspritaux afin de redonner l'essor total. *Euthyphron*

Q. : Comment se comporter dans cette vie pour hâter l'allégement du périsprit ?

R. : Que tes pensées, que tes actes ne l'astreignent pas à toujours ôter de toi, la folle avoine !!! De même que les « ablutions » rendent « propre » ton corps physique, que les « ablutions de l'âme » donnent à ton périsprit, plus de limpidité, afin qu'il puisse raccourcir « le chemin des rédemptions ». Apporte-lui des pensées de « calme douceur », de « beauté », « de pureté », afin qu'il bâtisse en toi : « la force », « la volonté », « la grandeur », « l'Amour », « la puissance spirituelle » qui, seuls, peuvent t'emporter au-delà de « la souffrance » et du simulacre de la mort.

Bien que multiple : par tes aspects, tes conditionnements, tu demeures : « UN » devant « TOUT ». Redresse-toi ! Lutte !!! Conquiers !!! mais connais-toi, connais-toi bien !!!

Dans la collectivité, où s'imbrique ton effort, fais œuvre utile… tout grain jeté, même s'il paraît sommeiller, germe un jour et produit de beaux épis !! « Rien » ne se perd car « rien » n'est inutile.

La « parfaite perfection » à gagner, demande « d'héroïques efforts » sur soi, de titanesques « bouleversements » de ta nature imparfaite, mais on « l'atteint toujours »... Il suffit de bien le « désirer », de bien le « vouloir », pour le réaliser dans l'Absolu...

L'heure est grave !! La fin d'un cycle et le début de « son remplaçant », sont cause de bouleversements profonds, où toute la « lie » monte en surface... C'est « l'heure ultime » des « révolutions » jumelées : « matérielles, morales, spirituelles » explosant en de nouveaux horizons, riches des « fleurs » et « fruits » de la « Vérité »... sous des rythmes de « parfait accord », dans une « œuvre nouvelle » pleine de promesses... Prie et crois ! avec tout ton cœur ! tout ton esprit enrichi de nos messages ! de la parole de Vérité et de Vie que nous t'avons apportée !

Redresse-toi !! Élève-toi !! « Les corps passent ». Les « incarnations » sont surtout douloureuses à la naissance, où l'esprit s'emprisonne dans la chair. Ne crains pas la mort : cette libératrice « au front d'ange », malgré le scalpel. Apaise-toi, dans tes détresses !! ne les rejette pas !! elles détruisent en toi le « virus qui les a provoquées ». Vis en toi, tranquille et ferme, sans révolte, mais résigné, en attendant que s'ouvre ta prison et que s'envole ton esprit « toutes ailes déployées »...

Que de fois as-tu connu « cette épreuve » des « successives renaissances », sous des fronts de plus en plus éclairés, de plus en plus émerveillés !!! dans la lente remontée de « l'ombre » à la lumière !!!

Que de fois as-tu accompli ce « rétrécissement de ta personnalité », « dans une compression douloureuse », permettant ton introduction dans « l'ovule », attentif à te permettre ta « reconstitution » progressive pour une étape nouvelle et prolifique. Que de corps : créés et rejetés, dans cette transhumance constante... dont ton « inconscient » garde (dans ses archives) le souvenir, pour t'en faire don, parfois. Ce petit total que tu représentes, après avoir souffert, lutté, grandi est en marche vers la « somme » éternellement multipliée !!!!!

Redresse-toi de toutes tes forces !! Relève-toi de tous tes élans !!! Grandis de toutes les hauteurs !!! Marche de toutes tes foulées victorieuses !!!!! Regarde de tous tes yeux dessillés !!!! Rêve de tous tes « songes élargis », mais surtout « aime » ! Aime de toute ton « âme-esprit », de tout ton cœur qui a saigné, de toute ta raison qui a douté, de toutes tes forces qui ont tremblé !!! de tout ton espoir qui a pleuré, de tout ton désir qui s'est anobli !!!!

Fais, de cet « Amour essentiel », une flèche d'or qui monte, dans l'Infini, vers la « Cible divine », afin que les « pommes merveilleuses » viennent remplir tes paniers de braconnier des splendeurs sidérales !!!!!

Ô mon frère humain !! Mon Ami !! Relis mes messages ! J'ai voulu ouvrir « tes yeux et tes oreilles », « ton cœur » et « ton esprit » aux « flammes spirituelles », aux éblouissements de « lendemains en gestation ». Pour toi, nos yeux ont pleuré, nos cœurs ont gémi, nos esprits ont crié et nos voix ont parlé !!! Entends-moi !!! Entends-nous ! Écoute-nous !! Suis-nous vers les « palmes futures », vers « l'accomplissement merveilleux » de nos « prochains devenirs ». Prépare-toi (en vue de nouvelles adaptations), à dominer ton « moi », à le guider vers la « Ruche » immense où nous conduisons notre « doux essaim disséminé ».

Ne te laisse pas désarmer par l'aridité de la lutte ! ne te laisse pas désarçonner par les difficultés d'une « Route » devenant, chaque jour, plus difficile !!! dans le « désarroi » de l'heure !!!

Vis ! l'œil fixé sur « l'invariable étoile » penchée sur le gouffre et qui guide toute créature vers sa Lueur surnaturelle. De notre passage, auprès de toi, auprès de vous, gardez une « sérénité » faite de « courage et d'attente », de « tendresse », de « résignation » et « d'espoir ». Ne cessez, jamais, surtout, ô vous tous que nous aimons, protégerons et attendrons, de

« vous aimer les uns les autres », de vous soutenir pareillement, pour la joie, très douce, de ceux qui s'en vont. *Éole*

Q. : Quel mode de vie favorise l'accroissement cellulaire indispensable à la reconstitution du périsprit ?

R. : Aucun mode de vie n'est indiqué, parce que la nature elle-même fait son travail d'automatisme, et cela, avant l'incarnation, l'être prépare cet échange qui se fait. À peine si un peu d'accroissement cellulaire lui vient de la nutrition. Il évolue entre les antigènes et les antichocs, ce qui fait qu'il n'a pas un grand bénéfice et que toute la nutrition passe bien davantage au corps physique qu'au corps psychique. Rapprochez-vous de la nature. Là est le secret ! *Clarté*

Q. : Nos corps subtils ont des antennes plus ou moins développées pour capter les vibrations, et nos membres inférieurs sont, en quelque sorte, « le fil à la terre », avez-vous dit ? Vous est-il possible d'ajouter quelques explications ?

R. : Je crois que PHALÈNE a dit tout ce qu'il pouvait dire, mais il pourra peut-être étendre la question, parce que « le fil à la terre » pour vous, ce n'est pas grand-chose. C'est quand le fil a amené à terre les forces électriques, statiques ou autres, que c'est peut-être important pour vous. C'est lui qui a commencé cette question ; je n'empiète pas sur le terrain d'autrui… C'est à lui qu'il faudra demander encore. « Acta est fabula »* dit le Maître et notre rôle va s'achever. *Clarté*

Q. : L'acétone est-elle une maladie périspritale ?

R. : Une condition périspritale, souvent. Le périsprit possède tous les virus et s'en libère progressivement, dans les « formes » successives. *Luz*

Q. : Chez l'être incarné, comme chez l'être désincarné, nous trouvons toujours : le périsprit, l'âme et l'esprit. Dans

---

*Trad. : La pièce est achevée.

ces deux cas, quels sont les rôles et les rapports entr'eux de ces trois éléments ?

R. : Ceux des trois Rois Mages.

« Rapports des triples attributs constitutifs » : Ceux des trois Rois Mages… En fait, un même désir de voguer vers l'étoile : l'un portant l'or (l'esprit, la puissance), l'autre portant l'encens (le périsprit avec ses envols vers les cieux), le troisième portant la myrrhe (nourriture de pénétrations et d'effluves sous les parfums des jours heureux ou exaltants). *Luz*

Q. : Le grand guérisseur Bouvier, après avoir fortement magnétisé un amputé, avait obtenu une photographie du « double » (corps astral) du membre matériel enlevé. Les Russes prétendent obtenir le même résultat sur les plantes en utilisant des courants à haute fréquence. Que pouvez-vous nous dire ?

R. : Oui, il est possible, dans certaines conditions, de photographier les « membres périspritaux » existant et subsistant après l'ablation des membres charnels. Dans le « choc accidentel » déterminant une amputation, il y a un « refoulement périsprital de la sensibilité » qui contracte (jusqu'au-dessus de la blessure), les « cils » et « antennes » « périspritales ». Peu à peu, la contraction se détend, les antennes s'étirent, les cils s'ouvrent et reconstituent fluidiquement le membre manquant… Certes, ce membre ne sera plus irrigué, nourri par échange avec le membre correspondant qui est supprimé. Il est invisible mais sensible et sensibilisé, surtout, par l'importante cicatrice qu'il porte à la « jonction de la blessure »… Il demeure possible, « puisqu'il existe » en fait, de le photographier, comme toutes les autres parties du périsprit, dans certaines conditions, je le répète. *Luz*

R. : Pendant l'incarnation, le périsprit ne peut être « morcelé » par les ablations, mais il accuse des « cicatrices en profondeur » bien lentes à disparaître. Il faut (si elles sont nombreuses et graves), renouveler souvent, entièrement, la traîne périspritale et reconstituer « l'ensemble »... avant une nouvelle incarnation. *Éole*

Q. : Sur le plan du désincarné : « dedans » et « dehors » des choses, ont-ils le même sens que pour un incarné en un sens opposé ?

R. : Pour les incarnations, tout est conditionné aux fluides et aux polarités du moment — psychiques, physiques, telluriques, stellaires — aussi bien pour l'incarné que pour la famille où il porte son « point d'intersection ». Quelquefois, l'affinité joue, souvent (et suivant le karma), le contraire... Dedans, dehors, envers, endroit ne sont qu'apparences. Pour nous, la sensation visuelle ou autre se règle sur le jeu et l'orientation des polarités. *Euthyphron*

Q. : L'activité électrique du cerveau présente un diagramme en dents de scie. Si l'on envoie dans le cerveau des ondes carrées, le sujet s'endort. Pourquoi ?

R. : Le « carré » étant le chef-d'œuvre de la polarisation, est toujours utilisé chaque fois qu'on veut grouper des forces ou chaque fois qu'on veut obtenir des phénomènes. Il y a la chaîne, il y a le carré et il y a la croix. Tous ces systèmes polarisent. *Clarté*

Q. : Comment pouvons-nous prévenir les pertes de magnétisme par erreur ou par soustraction ?

R. : « Il est regrettable, en effet, que l'étude du « magnétisme » ne soit plus au programme des recherches scientifiques. Cette étude développée eût permis une éducation « psychique » de l'être « humain » dans ces « circuits radiants » paramagnétiques » et « diamagnétiques » dont le « tourbillon magnétique » ou la « spirale » sont axés sur « l'aimantation universelle », source de tout dynamisme, de toute vie.

Développer le magnétisme humain demande une étude approfondie, de longs efforts sur soi et autour de soi, une « concentration progressive » du « moi » en un « circuit fermé » catalysant la « volonté », transformant la « pensée » en émission positive. Avant de « commander aux autres », de « dominer » leurs impulsions, de diriger leur comportement, de le guider à son gré, il importe d'être « le maître » de son psychisme, de ses réflexes, de son pouvoir d'extériorisation, d'aimantation et de circonvolution.

Se « concentrer » sur l'abscisse d'une pensée concrète, « unique » à cette pensée, lui donner « forme », « vie » et « pouvoir », sans que rien d'étranger ne s'interpose, est une gymnastique sévère, pénible, difficile et longue. L'esprit doit se donner « tout entier » dans cette fécondation extra psychique des émissions cérébrales.

Calme, silence, paix, ascétisme sont nécessaires pour constituer un champ magnétique durable et fécond en possibilités hémiléthargiques, hémicataleptiques, hémisomnambuliques. Mais les anciens chercheurs ont trouvé et laissé quelques méthodes rationnelles pour assurer la possession de soi-même car, avant d'agir sur un sujet, il faut être « certain » qu'on gouverne, domestique son pouvoir. Un contrôle rigoureux s'impose, car en fait, il s'agit d'une perturbation de la sensibilité d'autrui, d'un renversement de sa naturelle aimantation, polarité rythmique et sexuelle, durant quelques instants, et de tout remettre en ordre, sans dégâts, sans lésions. Il importe surtout d'avoir l'esprit et le cœur purs, le corps sain, pour que l'expérience se poursuive aux moindres risques.

Quiconque (par sa concentration : circuit fermé en soi), a obtenu le pouvoir « d'émettre et de capturer », d'imposer, agrandit son circuit (tel un lasso), le referme autour du sujet et l'expérience se passe dans « ce champ magnétique ionisé » sans « dispersion » ou « soustraction » du flux magnétique. L'expérience (comme en musique) doit demeurer une transposition et ne comporter aucune erreur.

Je ne puis vous donner d'exercices, mais il en existe et vous les trouverez, si vous cherchez bien. Il ne m'appartient pas de parler (et vous savez combien je le regrette), mais ceci est et demeure, du domaine des « recherches humaines ».

Cependant, je peux vous dire qu'avant d'entreprendre ces tentatives, vous devez vous sentir « le maître » d'une situation délicate et périlleuse.

Prudence donc ! La vie terrestre, au milieu de ses bouleversements cosmiques et sociaux, vous prive de bien des éléments essentiels et la « concentration » devient de plus en plus difficile à obtenir dans les névroses, hystéries, perversions. Parfois, en Orient, j'ai usé de mon pouvoir pour guérir les malades. Le sujet, confortablement assis, me regardait tandis que « beaucoup de douceur glissait dans mon regard », puis, très lentement, je passais ma main sur les globes oculaires en tournant légèrement et doucement, dans un désir de confiance apaisante et de sommeil. La somnolence obtenue, de mes deux mains, tenant les tempes, je lui ordonnais de découvrir l'origine de son mal, le remède à employer pour se guérir lui-même, sorte d'autosuggestion active et réactive galvano-plastique ou repolarisante des cellules déréglées, des neurones déséquilibrés. J'en appelais « aux forces telluriques », « extra-terrestres », à l'âme universelle. Je priais l'« Âme des choses », « Âme des mondes », demandant le concours de leurs rayonnements, le Grand « Bodhisattvas Dhyâni : Avalokitécvara » si bon et secourable… et le flux générateur faisait des miracles. Le mouvement inverse sur les globes oculaires amenait la détente, souvent la guérison après un réveil calme. Ne me gardez rigueur si je n'en dis pas plus.

L'homme tout entier, absorbé par « la machine », demeure ignorant de ses pouvoirs, de sa force merveilleuse pour dominer la souffrance. Il s'emprisonne dans des médications plus « destructrices » que « bénéfiques ». L'heure est aux errements cruels et meurtriers. Si je vous dis encore : vous êtes mal armés, le terrain est miné, attention !!!! pour vous et pour d'autres !! ne m'en veuillez pas. Je vous ai ouvert d'autres horizons où seront résolus tous vos problèmes dans l'illumination des lendemains pleins de clartés. FIAT LUX !!!! *Clarté*

Q. : Pouvez-vous nous donner quelques conseils pour vivre sans nuire à notre être physique ?

R. : Dosez : en alternance, « activités » et « repos »... Mangez peu et bien. Faites jouer vos muscles, afin qu'ils aident et accompagnent le « travail des organes », augmentent (« dans la respiration »), l'absorption de « l'oxygène », éliminant les « déchets carboniques ».

Pensez aux « Yoguis » et faites du « Yoga », selon vos possibilités (physiques) ou vos activités. Une autre adaptation (un peu moindre), doit s'appliquer aux « organes » ou « muscles déficients »... La « méditation » et la « concentration », apportent des « Lumières » sur les « pouvoirs magnétiques », par le flux personnel. Deviens « ton propre médecin » et « connais-toi toi-même » afin que le « périsprit » vole au secours de « son double matériel ».

L'humanité le sent si bien, qu'elle est entrée « d'elle-même », dans la « ronde nécessaire » à son redressement. En songeant à mon message, apprenez à vous connaître, à vous soigner, à vous détendre, à évoluer. *Éole*

2. ÉVOLUTION — RÉINCARNATION

Q. : Tous les êtres vivants sont-ils destinés à prendre le même chemin qui monte vers Dieu ?

R. : Le regard divin déclenche les marées sur terre et dans l'espace… sous leurs flux cosmiques et stellaires, d'un rivage à l'autre, les vagues se chevauchent, se pénètrent, s'étirent en une force ondoyante irrésistible… La mer, le flot, évoluent vers Lui, dans une rampante progression… Pareillement, « sous l'ensorcelant et magnétique éclat du regard de Dieu », les êtres vont, par vagues, de la « Rive infinie » à la « Rive éternelle »… Leurs vagues se succèdent, se mêlent, formant, en se confondant, des plans successifs pour aboutir, « à l'heure dite », à la magnifique éclosion des arches… ! Arches salvatrices ! « convoyeuses des plans libérés » vers la Lumière, vers une évolution plus assurée se déroulant dans la splendeur.

Rien n'est fait pour rester dans l'horreur des pénombres et tout doit rayonner. Tout être porte, en lui, le magnifique emblème, à travers les ornières les luttes, les combats qui vont de la « boue » à « l'azur », du « dogme » à la « Vérité », de « l'erreur » à la « clarté », de la « chaîne » à la « liberté », au « salut »… Rien, (si souillé soit ce « rien »), n'est en dehors de Dieu, de sa Route, de son But. Le temps : ce sablier éternel, conditionne seulement les étapes et les envols…

Dans « l'Arche de Symbole », toutes les races, tous les cultes, tous les héros, tous les rayons… Il suffit qu'ils soient prêts, qu'ils aient atteint l'heure et la possibilité du passage… Le nombre demeure incalculable pour vous de ce que représente pareille migration… « L'Avenir » est inscrit sur la proue de l'Arche qu'un phare guide, à travers l'étendue… Soyez forts, confiants, mais surtout soyez bons pour accueillir ceux que, peu à peu, nous guidons vers vous… *Papillon Noir*

Q. : Dans quelle mesure pouvons-nous aider les nouveaux venus ?

R. : Les dogmes s'écroulent… Les chapelles s'effondrent… L'inquiétant mariage « spiritualité », « matérialité », a ses rayons, ses ombres et aussi ses divorces… Seule, la dualité entre ces deux principes permet, parfois, à l'étincelle de jaillir. De ce mariage : un mort-né, « le désespoir » du « vide » dans « l'inconditionnel »… Sursum Corda !! Rayonnez de toute votre âme, en vous, autour de vous ; de tout votre cœur ayez pitié… Qu'un souffle de vous, ranime l'humanité chancelante, défaillante, aux abois, dans vos secteurs respectifs. Combien de mendiants attendent cette obole (aumône du ciel). Nous vous y aidons et vous y aiderons (bien qu'éloignés de vous par la distance…). Soyez prudents dans vos expériences devenues périlleuses à présent. « Les égrégores » prennent souvent face humaine… C'est, enduite de farine, la patte noire du loup. Nous soutiendrons vos efforts dans la voie qui est la nôtre, ce, malgré les risques et les écueils… Toujours, notre voix amie parlera dans vos esprits plus éclairés… illuminant votre vie intérieure. *Papillon Noir*

Q. : Nous sommes appelés à changer de planète… mais notre arrivée sur la nouvelle planète ne sera-t-elle pas comparée, là-bas, à une « vague animale » ?

R. : Changer de planète impose aussi un changement d'apparences, de conditions évolutives, de moyens d'adaptation… Vous avez échappé à la « vague animale » ; dans la « spiritualité », vous êtes — et nous sommes — dans les classes enfantines… *Euthyphron*

Q. : Notre tâche future est-elle en rapport avec notre profession terrestre ? Dépend-elle de notre degré évolutif ? Nous offre-t-on un choix de tâches et qui en décide en fonction de quel critère ?

R. : Aucun rapport, souvent, d'une « vie » à « une autre ». Quelquefois « l'extrême » ou « l'opposé », toujours conditionné à « l'épuration précédente », « aux acquis », dans un périsprit encombré… La libération du périsprit s'imposant, on accepte des incarnations soit de reconstitutions cellulaires psychiques, soit de reconstitutions matérielles physiques adéquates à la « vie » nécessaire, acceptée… Souvent, désirant retrouver un être cher, revivre une existence maladroitement écourtée et qu'on veut reprendre, continuer, on s'incarne proche dans des circuits connus.

Dans l'Au-delà, si l'on veut monter plus vite, le choix vous est offert entre « une mission » ou « une incarnation » pénibles… Nous avons — nous tous — choisis les missions pénibles et travaillons à devenir de « bons mécaniciens de l'espace », de l'infini, défiant les probabilités des calculs terrestres si loin soient-ils allés. Que de possibilités extraordinaires s'offrent à nous ! « L'intérêt » et « la conscience » croissent avec l'envol ouvrant les ailes à la connaissance. *Lueur*

Q. : Quelles fautes ou erreurs sur terre (exclu le meurtre), sont les plus préjudiciables à notre évolution ?

R. : Dans l'incarnation où l'individu vient se libérer, beaucoup de choses préjudiciables à éliminer. Un sincère examen de conscience les fait apparaître… mais le plus dur à déraciner est l'Orgueil… le doute, également. L'un et l'autre aveuglent si profondément les esprits, qu'ils deviennent un véritable obstacle à l'expulsion des autres imperfections. *Papillon Noir*

Q. Est-il vrai que nous préparons dès cette vie notre prochaine incarnation ?

R. : Dans l'astral, l'être prépare son « incarnation » et dans l'incarnation « son astral ». Préparez donc soigneusement votre avenir astral durant votre séjour terrestre. Libérez-vous d'inutiles, incohérents et passagers désirs… Laissez, seulement, vivre en vous le meilleur de votre pensée, le plus pur de votre cœur « en totale harmonie » afin de réaliser, en plein ciel, « une construction périspritale sans failles », afin d'aller plus loin et de monter plus haut, vers les espaces éthérés…

Oui, « le désir » n'est « qu'une émission-force », prenant « forme », « dynamisme », dans l'action, afin « d'être ».

Il appartient à chacun de sélectionner les « désirs », et de ne leur donner « corps qu'à bon escient ». L'Humain doit demeurer le Maître s'il ne veut devenir le valet de ses créations… *Euthyphron*

Q. : Nous ne pouvons juger de l'évolution des êtres que nous côtoyons, par rapport à nous-mêmes et aux plans audessus ? Quel critère avons-nous pour en avoir une idée ?

R. : En effet, durant le passage terrestre, rien ne vous permet de juger, en toute équité de l'évolution de chacun… Sur le plan du rachat qui domine « celui de la connaissance », rien n'est apparent du « trésor des acquis »… sauf la Bonté… Oui, la Bonté, cette merveille, trahit par son « rayonnement », la valeur d'une âme, à travers le corps, les épreuves, voire même les altérations de la personnalité… Le désintéressement, l'oubli de soi, le détachement des choses matérielles, montrent déjà les « ailes spirituelles ». *Clarté*

Q. : Sur quels critères peut-on se fonder pour reconnaître un être évolué ?

R. : Élevez vos cœurs frères humains !! Élevez vers le ciel un désir plus fervent, plus ardent, une flamme plus radieuse et plus haute ! Toute âme unie à Dieu rayonne d'un bonheur surhumain ! Efforcez-vous de vous hisser pour le « recueillir », soyez « bons » pour le « conserver en vous », soyez sereins et souriants devant la vie qui s'écoule, afin de ne pas « l'effrayer »…

Dans cette grande famille des âmes, chacun reconnaît sa place… son plan, son groupe. La « ressemblance des instincts », la « parenté des goûts », « l'élévation de l'idéal dans l'harmonie des intelligences », resserrent ces liens qui permettent d'atteindre à la plus majestueuse expression de l'humaine nature.

La nuit du monde terrestre est resplendissante de « lueurs divines »… Aussi, quand l'ombre « croît » sur le chaos en gésine, cherchez la « main » de ceux qui ont fait beaucoup pour vous apprendre à vivre, à espérer et à mourir debout.

Ni le génie, ni le succès ou la gloire ne permettent de mesurer l'élévation d'une âme… Seule « la Bonté » y parvient.

Les « puissances du dévouement et du sacrifice » dans « leur faculté surnaturelle », marquent les hommes du « sceau divin », dominant toutes les impériosités des cultures et des philosophies. Comme « les chiffres », les êtres ne valent que par « leurs positions » en « leur total » car il est « des têtes sans hublot » que le jour ne peut frapper d'en haut. « Rien » du ciel n'arrive jusqu'à leur esprit… « L'Aube divine » baigne, au loin, l'espace clair, mais « les parfums défaillants et sublimes », ne viennent « embaumer » leur conscience verrouillée !! — Le Soleil, « cette fleur des splendeurs infinies » ne les « réchauffe » pas. Ils « n'aperçoivent » pas dans « l'alcôve terrestre » ce « voile de silence éloquent », orné « de blanche paix prometteuse d'extase » !!! « Mystères et splendeurs aux purs jets de cristal » ne leur parlent jamais. À vous, ont été données de douces visions !!! Sur vous, se sont penchées, bien des tendresses fidèles et éclairées. Elles vous entraînent vers l'acte suprême de l'âme, « le couronnement » de « l'esprit échappant à la matière » : « l'AMOUR » !!

OMNIA VINCIT AMOR !!!

C'est le « chef-d'œuvre de l'humain », libéré des « entraves terrestres » et qui atteint à la « connaissance » par l'intelligence qui doit savoir, par la volonté de s'élever et de consentir par le « libre-arbitre » pouvant « décider du choix », par « la vertu » puisqu'il faut « craindre », « s'attrister », « se réjouir »... « persévérer », « souffrir », « se dévouer », « se sacrifier », « s'immoler » parfois... À vous, ont été donnés bien des lueurs, bien des conseils !! À vous donc, de « chercher », en vous, « votre être intérieur », dans les « sous-sols » de votre « moi »... de vous « examiner » sérieusement, « loyalement »... et si les enquêtes sont « décevantes », « douloureuses », ne perdez pas courage !!.... Voir des failles, c'est déjà connaître les points où doivent porter les efforts...

Un déterminisme karmique pèse sur chaque être... mais l'aimantation éternelle alimente et développe tout « libre-arbitre », toute conscience, dans la lente progression des évolutions. Ce champ illimité, offert aux âmes, est semé de « guet-apens », « de luttes », « d'obstacles », « de chutes » mais aussi de bonds, de victoires, et de « clartés », sous « la Loi » « implacable », « équilibre » de l'Éternité...

Dieu, de son œil étincelant et fixe, regarde monter cette arche qui (progressivement), se divinise vers la « superbe omniscience » de son « pouvoir Créateur »... « Epanouissement de tout ce qui doit être » !!! Frère humain ! Ne quitte pas la main fraternelle des amis invisibles qui te guident vers Lui. Si les heures sont « lourdes », « tristes », « angoissantes », « douloureuses », relève haut ton front et que ton regard demeure « rivé » à « invariable étoile polaire » qui éclaire et guide la marche des créatures et des créations universelles vers son « Cœur Paternel ». *Phédon*

Q. : Quel sort est réservé aux grands criminels de guerre ?

R. : Tous les « êtres du destin », portent, en eux-mêmes, leurs crimes, leurs punitions et leurs rachats... Grands Conquérants ! Grands Politiques ! Grands Savants ! Grands Destructeurs qui se sont servi du « glaive », périront par le « glaive ». Au tribunal de l'équité, quand Dieu accuse... la Loi est et devient impitoyable !!! *Clarté*

Q. : Qui donc charge ainsi ces êtres ?

R. Eux-mêmes : venus de l'abîme avec des instincts à assouvir, ils briguent ces places que leur orgueil envie... cet orgueil insensé qui domine et fait exploser la machine infernale. Ils se plaisent dans ces ténébreux circuits des dominations, de lucre. « Politiques » de tous les états, de tous les cultes, de toutes les philosophies, de toutes les sciences — passeront par ce même fourneau de la « lessive obligatoire », porteront longuement le carcan de l'exérèse exéquatur... et rachèteront en remontant leur calvaire, ceux qui ont mis en péril les collectivités... La loi des répercussions si elle est impitoyable, est juste. Ne cherchez pas à savoir... mais pensez-y quelquefois, quand vous êtes déconcertés devant des situations atroces. *Clarté*

Q. : Quelle preuve peut-on avoir de la réincarnation ?

R. : Dans le « souvenir », chez certains (furtifs ou précis) selon les circonstances favorables... Dans l'étonnante dualité des « enfants prodiges ». Chez les jeunes enfants (jusqu'à l'heure où les « fontanelles » se refermant, ne permettent plus l'évasion), on peut (en les surveillant bien) voir « revivre » des souvenirs antérieurs : « habitudes, goûts, préférences, parfois révélations complètes »... Enfin, le témoignage que je vous en donne. *Clarté*

Q. : Est-il exact que l'esprit du Dalaï Lama se réincarne, à sa mort, à l'instant même, dans le corps d'un nouveau-né ?

R. : Légende… mais peut se produire s'il souhaite terminer une mission interrompue (acceptant de partager l'incarnation d'un autre, juxtaposant les acquis, durant une vie mixte). Inhabituel et très rare !! *Lueur*

Q. : De grands esprits s'incarnent sur Terre, passent inaperçus, repartent de même. Est-ce par humilité ou par mission ?

R. : Souvent les deux ; parfois ils se mettent en veilleuse (dans les périodes d'accroissement cellulaire que nous connaissons tous), car il y a plusieurs sortes d'incarnations… Consécutives aux incarnations d'épuration des scories charnelles très éprouvantes pour le périsprit, viennent les périodes de reconstitution et d'accroissement (galvanoplastie cellulaire) qui permettent un meilleur point de départ. *Clarté*

Q. : Comment l'esprit élimine-t-il les scories psychiques paralysantes ?

R. : La souffrance tue ce qui les provoque. Ainsi le veut la Loi : effet de la « gomme » sur les tâches… *Clarté*

Q. : La base de notre philosophie et de notre foi, repose sur le principe de l'évolution et ses conséquences : les réincarnations successives de l'âme, à travers les formes. Pouvez-vous nous donner la certitude absolue qu'il en est ainsi ?

R. : Après Symbole, et d'autres, qui n'ont fait que cela — ma présence, les divers phénomènes qui s'ensuivent, ont dû vous porter témoignage de notre réalité. Efforcez-vous, par la raison, de puiser dans les expériences une foi solide en la « Réalité » ininterrompue de la Vie. Cette réalité, je vous l'ai prouvée, à travers nombre de faits… et cela, non sans grande peine et grands efforts — et combien il faut que nous aimions l'humanité pour traverser tant d'obstacles et venir jusqu'à vous. *Papillon Noir*

Q. : Les « vérités révélées » sont un jalon posé sur notre route évolutive, permettant haltes, méditations, réflexions, dans le pas en avant. Est-ce bien cela ?

R. : Un peu comme cela, en effet, mais il n'empêche qu'en prenant le « bâton du pèlerin » on peut « monter » après avoir médité et rêver. « Paix » et « succès » à l'être de bonne volonté… *Clarté*

Q. : Quelle est la clé de l'évolution individuelle ?

R. : « Lutter » — « Croire » — « Aimer », sont des leviers magiques ! « Aimer » est (dans l'aboutissement de l'évolution) le total de la lutte, de l'effort et de la foi, sans laquelle toute piétine.

« Luttez ! Croyez ! Aimez ! — L'Amour est la clef de voûte de l'Infini réalisé :

« Que mon nom, où « la pitié » vole,
S'inscrive, en vous, comme un Symbole ! » *Pitié*

Q. : La période actuelle est-elle particulièrement dramatique ?

R. : Au moment où l'assaut des larves envahit la Terre, évitez d'établir un contact précis, dangereux, en des expériences décevantes, déclamatoires. L'autosuggestion est une porte ouverte… à tout… C'est mon dernier conseil.

Un vieux proverbe hindou dit : « Si tu as été assez heureux pour entendre (dans la nuit ailée et parfumée), le “chant du rossignol”, emporte ce “charme en toi loin de la mare où le crapaud chante”. »

Ne vont demeurer, autour du chaos en gésine, que larves, embryons, élémentaires. Gardez-vous bien « exceptis excipiendis » (trad. : excepté ce qu'il faut excepter). Que le bouclier de notre amour vous protège ! Nous aurions voulu dire et faire davantage. « Non omnia possumus omnes » (trad. : Nous ne pouvons pas tout).

Que de regrets à l'heure ultime où nous vous disons, non adieu, mais « au revoir » dans le bonheur des espaces lumineux et blonds, par delà l'horreur des sphères sombres… au revoir, tous, très chers et très aimés. *L'Ombre*

Q. : Nous nous posons souvent des questions au sujet du degré d'évolution de la génération actuelle. Pouvez-vous nous donner quelque lumière ?

R. : La « Terre » glisse de plus en plus, vers le « règne des larves », favorisé par l'excès des carbures d'hydrogène. Les hommes (se lançant à l'assaut d'autres univers qui ne sont pas les leurs), rendent la « Terre » (progressivement) inapte à assurer leur subsistance et leur existence…

Le Destin, tragique, inéluctable, est en route, sans que rien puisse en changer le cours… Et cependant il reste quelque chose à faire dans cette « masse » qui veut vivre, en dépit de tout, parce qu'elle est sur le chemin de l'Infini. Les politiques ambitieuses, cupides, despotes — les religions avec leurs dogmes, leurs rigueurs, leur besoin de domination et de lucre —, ont fait de notre planète, un immense « Colin Maillard » où chaque individu croule, sous les œillères…

« Le genre humain perdu, dans ses « affreux délires »
« Cherche, sans le trouver, cet accordeur de lyres
« Qui chante avec l'Âme des Vents…
« Et peuple l'infini des grandes solitudes,
« Du souffle tout puissant, semeur de multitudes,
« Au sein des espaces mouvants… »

SYMBOLE

(La Tombe Parle : « productions énergétiques »)

Ce qui reste à faire : c'est d'éclairer « l'individu », éveiller sa « connaissance », donc « sa conscience », son besoin de savoir, de grandir, de monter…

L'être humain, dépouillé d'idéal, est « seul », et se sent « seul ».

Il faut, dans votre sphère (vous qui savez), amener « le rayon » et réchauffer ces âmes frileuses au foyer de « l'espoir souverain ».

Dans la vague animale qui monte, avec les inégalités que comporte cet avènement, il est des êtres prêts à sentir le souffle et à le propager… Par la parole, par la plume (selon vos possibilités et selon les circonstances), efforcez-vous d'agrandir la Chaîne des âmes libres et libérées…

C'est par « la base » que se construit une maison. C'est donc par « la base » que doit s'édifier le long échafaudage, allant de « l'Ombre » à « la Lumière ». Tant que l'être « ignore » qu'il a des ailes, il rampe, roule, se traîne.

Pour nous (hôtes divers des plans de l'Au-delà), nous vous apercevons tels de minuscules vers luisants…, petites lucioles, plus ou moins colorées, selon le degré évolutif. Nous voyons les rouages sous la forme, nous saisissons les mouvements divers de vos élans, de vos dynamismes ou de vos effondrements…

De loin, de très loin même, au sein des bleus espaces, nous percevons « vos appels », liés que nous sommes par la « Chaîne éternelle », à vos « évolutions » vers nous, à vos « devenirs ». Nous, les frères d'hier, les amis d'aujourd'hui, les soutiens précieux de demain.

Demain ? — La rade, le port, après la tourmente ; le paisible et lumineux chenal qui s'ouvre à l'Arche glorieuse de « Symbole » !

À votre tour, aimez ceux qui « cherchent » dans le trouble du moment ! Éclairez-les !! En dehors de toute considération terrestre, guidez-les vers le sentier béni des « lendemains magnifiés ». Constituez ce patrimoine éternel que représentent, au-dessus de toutes les fortunes humaines, le « pain de vie » donné aux affamés, la bénédiction de « l'Amour Réalisé ». *Clarté*

Q. : Quel conseil donnez-vous aux hommes pour les aider à évoluer ?

R. : Connais-toi toi-même ! — Là est la réponse magistrale que l'espace confère à temps et à l'individu évoluant sur ces deux axes.

Connais-toi. Tu portes tout avec toi ! Homme, mon frère !…. tout : ton être, ses fonctions, ses attributs, ses possibilités — ton évolution, ta propre échelle, ta propre étoile — TON DIEU !!

Je verrai vos errements, vos luttes, vos préoccupations. J'y répondrai par l'apaisement encourageant de mon esprit qui rayonnera toujours sur vous (petit fulgore dans le ciel noir de vos destins), en attendant « l'heure des futures rencontres » dans le firmament lumineux, loin des chaînes et des contraintes. *Clarté*

Q. : A en juger par le nombre d'existences, les progrès de l'homme dans chacun d'elle, sont bien minimes !

R. : Quand on a devant soi toute l'éternité, que sont les pauvres jours humains, les années ? Que sont toutes ces années passées entre vous et nous ? Et nous sommes toujours au même point de jonction, dans la même tendresse, le même élan, le même désir d'aboutir à la Lumière, guidés par l'espoir souverain d'aller plus loin. L'Arche est là, toute prête ; elle attend les « retardataires »… *Clarté*

Q. : L'astrologie ésotérique peut-elle apporter quelque clarté sur la réincarnation, bien qu'il manque le « thème antérieur » ?

R. : Il faudrait que les humains reprennent, peut-être, ce qui a fait l'objet de toutes les recherches de l'ethnique et de tous ceux qui ont affronté la « palingénésie ». Vous comprenez ce que je veux dire ? C'est à la base de toutes les religions, cette répercussion de l'être qui évolue à travers les formes, partant d'un rachat à faire. Ce n'est pas un rachat, c'est la progression de l'être lui-même qui se rachète, non pas de crimes, mais de ses maladresses à évoluer, de ses maladresses à se constituer. Il est des êtres qui ont travaillé sur la palingénésie et qui méritent que vous les recherchiez. Il en est, ami C., ça commence par un « B » ! Le second, commence par un « B ». Celui-là l'est moins, mais je vais vous dire quelque chose… Qu'est-ce que je peux dire sans dire ??…. tout en disant ?? Eh bien, le second qui commence aussi par un « B » est enterré… avec… Mme Récamier ! Vous le trouverez. Mais celui-là s'est référé d'un autre qui avait fait mieux que lui… *Clarté*

Q. : À partir de quel moment, sur l'échelle de l'évolution, peut-on choisir sa réincarnation ?

R. : Quelquefois on ne choisit pas, automatiquement la répercussion se fait. D'autres fois, délibérément, quand on a vraiment une conscience qui s'éclaire, on décide — on décide et alors on choisit. Mais il faut encore que le « libre arbitre » puisse jouer une grande part dans la conscience. Si c'est une conscience encore nébuleuse, l'automatisme suffit. Mais lorsque la conscience commence d'éclairer le « libre arbitre », à ce moment-là on décide, on choisit et quelquefois on prend un fardeau un peu lourd. Mais quand on y est, on y est !!! *Clarté*

Q. : Nous nous sentons parfois désemparés ou maladroits devant certaines souffrances humaines que nous voudrions soulager. Pouvez-vous nous donner quelques conseils ?

R. : Les karmas passent, hélas, sans qu'on puisse toujours intervenir. Mais il y a l'Amour qui, toujours, dicte ce qu'on a à dire ou à faire. Surtout quand la bonne parole ou la pièce, tombent au bon endroit. Tout être humain peut faire du bien à son prochain. Même si les souffrances karmiques sont excessives, il apporte toujours sa paix s'il sait aimer, s'il sait se pencher, s'il sait compatir et partager. *Clarté*

Q. : Pourriez-vous expliquer le rôle de la souffrance dans l'évolution de l'humanité ?

R. : Les « chemins » qui « montent » ont, tous, des escarpements à arêtes tranchantes, où se blessent, souvent, les esprits et les cœurs. Il faut « monter toujours » !! Le bonheur de l'âme est fait d'envols et d'amour et « s'accroît » de tout ce qu'elle enlève aux épreuves d'autres âmes.

Ô terque ? Quaterque beati !!* l'être qui gagne les « sommets » par la « voie des sacrifices » !! et qui demeure sous le regard divin…

« Dieu » a tout mis à la portée des êtres, des hommes. Le « livre suprême » où chacun « épelle et lit » est « grand ouvert » et « la Loi » dans sa miraculeuse précision, dans son apparente rigueur, est « admirable d'ordre », de « justice », d'« équilibre », d'« amour ». Nul n'échappe à son déroulement méthodique « dans l'implacable lucidité » de ses enchaînements : « chrysalide » éternelle de « tout ce qui vibre », « se meut », « évolue », dans des « cycloïdes ondoiements », sous « l'aiguillon des propulsions » et des « aimantations premières… » accouchant, inlassablement, du « Temps » et l'« Espace » : circuit fermé de « La Vie universelle » ruisselant de toutes parts, préparant cette ensorcelante magie : « être » ! Ce « rien » qui vient du grand « tout » dont il a, « en puissance brute », tous les « éléments », les « emblèmes », les « possibilités », « sait et sent » aveuglément, obéissant au souffle qui le guide dans son ascension progressive jusqu'à la « conscience »… Dès que la conscience est acquise, « l'être se mesure à Dieu » dont il a : « le besoin de construire » et de « créer »… « d'imiter »…

Le voici au pied « de l'Arbre de la science du Bien et du Mal » s'égarant, parfois, par trop d'ardeur ou de présomption, dans des chemins stériles, retardant sa marche en avant, en proie au doute incohérent et obnubilant… mais « l'effort collectif » qui conduit l'évolution, l'entraîne vers de « nouveaux creusets » où ses antennes « s'aiguisent », se « sensi-

---

* Trad. : Ô trois ou quatre fois heureux.

bilisent aux visions », « aux compréhensions », « aux clartés nécessaires ». Le bond en avant reprend après les luttes douloureuses, mais nécessaires…

La souffrance a rendu « son être intérieur », « perméable » aux « rayons suprêmes », « l'être sent Dieu » en lui. Peu à peu, il le trouve « dans son tabernacle secret ». Il se pénètre de la divine auréole qui le baigne d'une douce clarté, d'une chaude présence. Sous les « chaînes terrestres » qui tombent, une à une, il sent frémir, imperceptiblement, les « futures ailes » qui l'emporteront : vers les arcanes sidérales, vers l'Absolu Réalisé…

Homme ! Ne redoute point les chutes. Elles préparent (parfois sous les hontes et les détresses), de nouveaux départs…

En regardant évoluer les règnes et les espèces depuis les protozoaires acanthrométrides, les coraux ou les méduses ou les bâtonnets des virus, ne t'impressionne pas de la longueur des routes… de l'aridité des sentiers… du nombre des étapes !!! Ton périsprit, ce patriarche « qui a tout vu, tout subi, tout retenu », te fait la « grâce » de baisser le rideau devant ta curiosité qui s'éveille… *Euthyphron*

Q. : Doit-on, ou ne doit-on pas aider, « ceux qui souffrent de leur Karma » à réaliser qu'il y a nécessité à cette souffrance ?

R. : Chaque être, quel qu'il soit, va de l'ombre au Prodige à travers les karmas successifs et libérateurs.

Quand la conscience est encore embryonnaire, l'automatisme karmique (répercussion) décide de l'incarnation suivante et applique la « Loi du rachat », lente conquête de l'être sur lui-même.

Quand, après cette pénible et longue ascension, l'être arrive à la conscience (développant graduellement son libre-arbitre), ses possibilités élargies lui permettent de décider lui-même de « son karma » et de ses « lendemains ». Fort de son acceptation des événements à réaliser, l'être s'incarne et accomplit ce que « très conscient » dans l'astral, il a souscrit…

Le déroulement doit s'accomplir dans les deux cas et nul ne peut rien changer à la marche des choses. Mais l'« Amour » et la « Pitié » peuvent engendrer l'« Espoir » et la « résignation »: la résignation qui ennoblit, l'espoir qui fait monter.

Soyez aimants et bons ! *Clarté*

Q. : Après les épreuves, après le karma, la mort n'apparaît-elle pas comme le réveil à la vérité et à la vie ?

R. : Pour certaines incarnations, l'esprit fait souvent preuve, au départ, d'un stoïcisme sublime… Mais le corps est là, avec ses misères, ses molles habitudes, avant de craquer pour libérer l'âme prisonnière des faiblesses et des rachats, tenaille et mord.

Combien sont dures les humiliations du corps et de l'esprit ! Que de dégoût et de dégoûts dans le chemin, avant le rythme des pas qui vont en direction de la « montagne ».

Combien patauger, derrière les repus, les ambitieux, les vampires exigeants est douloureux : le fer dans la plaie !

Point n'est besoin d'être sur une croix pour être crucifié en son cœur, en son âme (lourde du poids matériel), en son esprit qui fait des bonds et veut retrouver l'extase, la lumière un moment abandonnées, pour grossir les échelons de la splendeur.

… Ne sentez-vous pas… à travers les messages, la tendresse fraternelle, l'amour vigilant que nous vous portons ?

La chaîne très douce nous a tous liés à jamais parce que nous sommes « tous » dans « un », « un dans tous » et cela depuis de nombreuses étapes.

La vie de la terre est un masque qui dissimule vos personnalités réelles.

Mais, lorsque vous retrouverez vos acquis, après la purge terrestre, vous rayonnerez et vous monterez vers nous qui préparons le sentier magique qui s'étire vers des horizons éclatants…

Et là… de nous tous, « vous connaîtrez toutes les réponses », « toutes les récompenses », « toutes les transformations ». Le papillon jaillira de sa « chrysalide » pour voguer en plein ciel. En attendant, notre amour, à travers l'espace, saura toujours vous bercer. *L'Ombre*

Q. : On parle de souffrances inutiles. Sans doute dans la révolte, alors que la résignation active semble être la clé de l'évolution-élévation ?

R. : La résignation, c'est la sensation totale qu'il n'y a rien à faire pour lutter contre le déroulement de ce qui a été accepté. La souffrance stérile, inutile ? non ! Toute souffrance apporte quelque chose à l'être : si ce n'est pas en paiement d'un « arriéré », c'est toujours, quand même, un effort sur soi. Comment dirai-je ? Comme si on lime un clou. Alors, on agit sur soi-même d'une façon libératrice de certaines choses.

Aucune souffrance n'est inutile, elle a toujours un sens. Oui, je sais, vous allez dire : quand on tourne dans sa tête une même chose qui tourmente, oui, cela paraît inutile. Mais cérébrale ment cela use certaines cellules et il faut que ce soit comme cela. Rien n'est inutile dans la souffrance, toute souffrance fait un cadeau ! J'ai tort de m'expliquer ainsi, ces cadeaux sont tellement douloureux, bien sûr !! L'Ombre

Q. : En voyage au Pérou, une jeune personne visitant l'ancienne ville des Incas : Machupichu, et étant seule près des ruines du Temple du Soleil au moment du soleil couchant, fit une élévation de pensée avec concentration et courte prière. Elle s'est sentie, alors, comme environnée de présences invisibles et a eu l'impression qu'un message lui était transmis, sans pouvoir ni le décrypter, ni le comprendre. Que pouvez-vous nous dire : auto-suggestion ou présence réelle ? Quel était le sens du message ?

R. : Si je pouvais parler « l'aymara » ou le « quichua », je pourrais faire revivre un peu la vie mystique, étrange, des temples dédiés au « soleil », source de toute vie, de toute force, de toute lumière, de toute attraction vers l'aube éternelle.

Que de révélations avaient connues et possédées ces hommes, avant de tomber en décadence, en servitude ! Que de races nobles se succédèrent à travers les péripéties terrestres d'un destin inexorable, « les chutes succédant aux sommets », les « vagues aux vagues », « les plans aux plans », les « espèces aux espèces », les « apogées aux ruines », terribles recommencements « dans un chaos d'efforts » accouchant de nouveaux embryons… Acrobaties ultimes des multitudes en voie d'évolution, sur les pas des « avant-gardes » s'éloignant vers l'Infini.

Longtemps encore des « retardataires » (taraudés par leurs souvenirs), font des « retours en arrière », vers d'anciennes impressions gravées, des sentiments encore enracinés… s'efforçant de placer leurs pas dans les « pas anciens »… Et souvent le miracle se produit, l'émotion surgit, le « déjà vu », le « déjà vécu » s'agitent dans l'esprit troublé qui « sent » et vibre, en proie à « l'émotion mystérieuse »… Le passé revit intensément, sans préciser son rôle ou son message. Il vibre… fait vibrer… et laisse « sa mélancolie » dans « l'esprit » touché par sa grâce. Je ne saurai rien dire d'autre, même si je pouvais parler « le quichua »… et malgré mon désir de vous répondre. *Le Phalène*

Q. : Pouvez-vous nous aider à mieux comprendre le mécanisme de l'évolution ?

R. : Je ne puis aborder toute la cristallisation des plans et des règnes — des espèces dans leurs équations intégrales ou différentielles, se réalisant dans « » comme dans « l'imago » préparant, en circuits asexués, le pivot « des alternances ». Le « vaste essaim des éléments » en marche, est invinciblement attiré vers « Dieu » « éternel aimant de toute chose » percutant les « biophores déterminants », indestructibles dans les plasmas « germaninatifs ». Cette « constante attraction » détermine : « le rythme », le rythme : « le mouvement », le mouvement : « la fonction », la fonction : « l'organe », l'organe : « la sensation »,… la sensation continuée : « la pensée », la pensée : « l'image », l'image : « la forme », la forme : « le circuit fermé ».

Ce « début de la vie » : petite spirale psychique, aux « intenses condensations », « sous l'inertie apparente », tire « sa puissance dynamique de contractilité », du « flux cosmique » rejoignant les « forces telluriques ». Il agit dans un « automatisme mécanique » qui, par de lents, successifs et splendides efforts, deviendra graduellement : « l'instinct » « intuitif » d'abord, actif ensuite. — Mais, que « de sortes d'instincts » jaillissent de « cette spirale » devenue « centre de force » en une « circonférence » (de plus en plus étendue), d'auriques antennes, limitatives du champ magnétique, actif, nutritif, créateur de la forme, au gré des successives incarnations.

Ce « centre de force », après bien des siècles, devient le « cerveau », siège vital des distributions, au pouvoir d'abstraction et de comparaison, de liberté d'action à l'égard « des phénomènes » et des « expériences ininterrompues », pouvoir de compression, de contraction, de perception. Rivé à « la nature », au « sol », au « sous-sol », aux « océans », aux « ondoiements telluriques » (dans la basse zone atmosphérique immédiate), il façonne et discipline ses possibilités intuitives, emmagasine, en les décomposant : les prismes de ses sensations, les oriente vers un aspect nouveau de cet « instinct » désormais « créateur d'images » qui devient « l'imagination ».

Un plan supérieur est atteint qui va (par ce miracle) « des précisions sensibles » orienter « la perception » de l'ambiance (et au-delà de l'ambiance), amenant des clichés qui se juxtaposent dans une conscience qui se dilate : « une vision qui s'exprime ». « L'instinct » devient alors : « l'inconscient » où « tout se grave », où « tout demeure inscrit ». Il devient le grenier « de l'imagination », cette « imagination » que le temps (de son doigt magique) transformera en « intelligence progressive ». Comme nous voilà bien loin des « effort schizogones », avec leurs alternances « hétérodynames et homodynames » et cependant, persistent : ces deux tendances sexuelles, s'opposant, se dominant alternativement, se fécondant souvent, par interpénétration psychique… Cette Loi du sexe, pour la fructification et la multiplication des « cellules » et des « espèces » est, à elle seule, un « miracle » et une « épée »… au milieu des « asques » et des « paraphyses »… Mais je n'en puis dire plus…

Nous voici donc devant « cette intelligence progressive » rayonnant du cerveau humain dont vous connaissez, en réalité, bien peu de choses et dont le mécanisme vous échappe (parce qu'il est relié à tant d'inconnues), bien que les appareils vous aient livré « quelques secrets » du « mécanisme physique » quant au « déroulement » (également physique) des cellules matérielles…

L'être humain est une « énorme galaxie » où règnent des « pesanteurs », des « gravitations », des « polarités », des « rythmes »… À l'image de « l'Infini du Ciel » peuplé d'univers, l'être humain sent monter en lui (dans une composante d'agglomérats cellulaires), toute une vie de mondes en gestation mais en marche, toute une vie qui compose son corps physique, charpente le corps fluidique et assure les échanges et les compensations, entre les deux.

« L'intelligence » cherche d'abord son équilibre dans la bonne marche des deux corps, mais bientôt, elle s'élève audessus, plane un moment et puis prend son vol dans l'air et plus loin encore.

À son tour, chaque envol est une antenne lancée comme un hameçon et qui ramène un rayon lumineux : un fil aurique.

Peu à peu, « l'aura » s'agrandit, tandis que croissent les pouvoirs d'investigation... Toujours plus haut, toujours plus loin, vers les sommets, l'intelligence s'élève (après les incarnations, les luttes, les karma)... La « Route de Lumière » s'ouvre : à l'« intelligence » nantie des ailes « de l'esprit »...

Je ne puis décrire le jeu des incarnations dans leurs variations évolutives, dire la rigidité des « karma », des « maladresses », des « chocs en retour » par « voie de conséquence » sous de « justes répercussions »...

La Loi : c'est « l'Ordre », la « Justice » et « l'Amour », sous des apparences de « chaos » de « géhennes » préparant les « azurs éternels ». *Phédon*

Q. : Comment définir la conscience et son rôle dans l'évolution de l'individu ?

R. : Lisez sans vous lasser, dans ce merveilleux livre de morale qu'est la conscience. La nature parle et l'âme comprend : au milieu des évolutions successives, son « pouvoir multiplié » par les acquis juxtaposés. Tout esprit déréglé par une incarnation malhabile, maladroite, incomplète, porte en lui-même le « châtiment remède » qui doit lui rendre l'équilibre...

Chaque trépas comporte une « arithmétique » avant un nouveau départ. Courtes les haltes ; longs, divers, nombreux, incalculables, les cheminements sous les formes, les plans et les clans. Les « chaos » comme les « êtres » ont leurs monts et leurs abîmes... les monts ont leurs pics vertigineux perdus dans le ciel et leurs gouffres insondables dans le Nadir extrême...

L'être évolue de sommets en abîmes, en lui et dans sa société... *Clarté*

Q. : Dans les lois de l'évolution, nous comprenons que tout a été conçu pour revenir, un jour, quel qu'en soit le temps, vers l'Unité, vers Dieu ?

R. : Partis de l'unité, nous y retournons et tous les efforts tendent, justement, à retrouver le point de départ. Toute l'éternité ! Vous imaginez simplement, avec vos télescopes, avoir trouvé beaucoup ! Vous êtes effarés devant vos recherches et surtout devant ce que vous avez trouvé jusqu'ici... mais vous êtes tellement loin du compte avec ce que, nous, qui ne voyons pas tout, nous trouvons de l'autre côté. Nous ne sommes pas au bout tout de suite !! Je ne veux pas vous décourager. À chaque jour suffit sa peine !! Qu'il vous suffise de savoir, surtout, que c'est quand vous aurez quitté l'incarnation quand débarrassé du corps, vous commencerez à vous sentir des ailes, alors vous pourrez avoir une idée de l'espace. Mais au-delà de l'espace, que voient vos télescopes ??? *L'Ombre*

Q. : L'évolution vers le Divin, concerne-t-elle tous les êtres ?

R. : Rien n'est fait pour rester dans l'horreur des abîmes, dans la démence des charniers, dans la haine destructrice, dans l'ignorance des tâtonnements, dans le « carcan douloureux » des « karmas ».

....

Dans les plateaux de la balance : « Absolu » — « Rien » d'un côté... « Tout » de l'autre on voit s'affronter (les effets inouïs) du « Rien » s'efforçant d'infléchir « le fléau », par la force acquise et dérobée, inlassablement, progressivement, au « plateau » du « Tout ».

Un jour, l'équilibre se fait dans « l'unité des forces et des échanges ». En Dieu (fléau de la balance), tout naît et se dissout. Fausses sont les ténèbres, les angoisses les larmes, car tout doit « rayonner », « s'apaiser » et « sourire ».

L'homme (délivré des affres du chaos), sent, en lui, la douceur « de devenir meilleur »...

L'esprit, qui se divinise, « vibre » dans « l'extase d'ineffables félicités »... ailes ouvertes à la splendeur.

Dieu n'a qu'un front : « lumière » et n'a qu'un nom : « Amour ». Éternelle « spontanéité » dans la permanence de sa « réalisation progressive et collective », inversée ou prodigieusement redressée !!!

....

De même que les cellules, dans leur « nécessaire maturité » sont emportées par le « flux sanguin » vers le « cœur » et le « cerveau », de même, le flux de l'amour divin nous entraîne tous vers le créateur dans lequel nous « vivons », tout comme il « vit en nous ». Rien n'est hors de lui et Il n'est hors de rien.

Monde des apparences et du relatif, la Terre cherche, tâtonne, trébuche, rebondit au gouffre… se relève, vers la clarté qui ne cesse de la baigner…

Sous ces effluves magnifiés, le « chaos », « s'organise et revit », après les transfusions nécessaires. Inépuisable, le cœur de Dieu donne son sang vivifiant à toute la création. « Hostie céleste » rayonnant sur le Ciboire, au pied duquel la souffrance vient s'agenouiller.

Trompeuses sont les façades, menteuses sont les enveloppes… mais sous les façades et les enveloppes, le pur diamant de la spiritualité resplendit doucement…

Soyez votre propre lapidaire. Dégagez de « l'écrin charnel » le « joyau précieux » de votre esprit en partance, afin qu'il illumine le parcours que, pour vous, notre amour fraternel a doucement déblayé. *Luz*

Q. : La loi qui régit l'évolution de l'Univers est-elle la même que celle qui s'applique à l'homme ?

R. : L'Humain obéit aux mêmes règles évolutives. À la fin de l'incarnation, le corps physique explose, libérant son esprit (noyau vita) qui, attiré par d'autres pesanteurs s'élève (ou retombe à sa pesanteur précédente) tandis que s'épuise « en foyers divers » la décomposition de la « forme » matérielle…

Semblable est le mécanisme dans son « déroulement », son ordonnance, son accomplissement… « Sublime » est « la Loi » dans sa « perpétuelle attraction ». Au code « magique de l'Amour », elle inscrit les « divins articles »… et sur les « violons sidéraux », rythme « l'équilibre permanent des gravitations ». De toutes les « forces cosmiques », la « gravitation » est, peut-être, la moins puissante, mais elle est partout et « rien » ne s'établit sans elle, sans « l'Ordre », dans la « rigueur » des circuits et des sorts.

Bienfaisante fée (aux mains de lumière crispées sur la « balance infinie ») qui nous « constitue », nous « dynamise », nous « pèse » sur le plateau, s'effarant de nos lourdeurs, se réjouissant de notre légèreté… nous soutenant et nous aidant toujours !! Miroir où nous mirons nos progrès, nos nouvelles possibilités !!!!!!! Sois bénie !! Grande Dame aux élytres de flamme, attache sur tous ceux que nous aimons, comme sur nous-mêmes : les « ailes d'or » des envols libérateurs…

Ne demeurez jamais seuls en vous. « L'humain » ne gravit pas, seul, le chemin du ciel. Collectifs sont la « marche », la « lutte », « effort », la « rayonnante Éternité » !!!! « Aride et rude » sont la « Route », la « Marche », la « lutte » (« contre ou avec » les éléments, les forces diverses, assimilables ou adverses)… Mais la « Loi » des Providences a tout réglé, tout prévu pour assurer aux êtres : la vie, la conquête, la victoire… Toutes armes leur sont fournies, à travers les « dynamismes d'accroissements », d'aimantations, de reconstitutions, de nutritions adéquates, par le « jeu » subtil et équilibrant des « gravitations »…

Je fais, dans ce message, large place à cette « grande méconnue », sous son manteau de sagesse… car elle est la « motricité absolue » des « êtres » et des « mondes », en embuscade ou à l'assaut des sommets !!! Infatigable gravitation ! que P. Noir s'exténue à trop servir !! Je demeure « profondément admiratif » devant toutes « ces forces si bien domestiquées », qu'elles sont toujours à la portée des « êtres » quels qu'ils soient, et à quelque plan où ils évoluent. Admiratif surtout devant la « sollicitude » sans défaillances de ces « forces » (piliers de la « construction éternelle »)… flux et reflux de l'Amour infini…

Tout « passe » et « souffle », gouverné par la « main surhumaine » qui dispense, inlassablement, « ces brouillards » « ionisés en négatif », « brouillards d'hydrogène » semant la vie, ou la reconstituant, dans les champs statiques : « positifs » ou « neutres », des « vampirismes » conjugués… pour assurer les « accroissements cellulaires » ou « leurs coordinations ». *Éole*

Q. : L'évolution de l'homme s'accompagne-t-elle d'un accroissement de la liberté individuelle ?

R. : L'inconscience, « cet intervalle évanescent de la conscience » est, longtemps, un « obstacle » : période de « sommeil », « d'engourdissement », préparant (dans le secret), de « nouveaux départs », vers de « différents horizons ».

Le Temps, la Durée, est sans limite puisqu'éternels, sans commencement ni fin, comme Dieu…

« L'être » quitte une forme pour en prendre une autre, puisque « la forme » devient « son orbite », sa nutrition, sa protection, sa libération… À travers « ses successives enveloppes », il aspire à la « Divinité » à laquelle il prête, « successivement forme » comme à lui-même.

Arrache-toi, mon frère humain ! à l'ignorance qui « possède »… en « niant »… qui regarde, sans voir, et qui, partant de « l'obscurité », n'aperçoit pas la « réalité » et la « lumière » de son « moi divin » !! Ne reste point « aveugle » à la lumière qui grandit en toi… N'éteins point l'étincelle jaillissante « dans son infinie tentative » !! « Dieu » est « lent » à se révéler, difficile à saisir. Attise, au contraire, la divine étincelle. Fais-en un « foyer » susceptible de t'éblouir !!!! Qu'importe si tu tâtonnes, trébuches ou te brûles, puisque « te voilà sur le chemin »… Constitue (pour de prochaines étapes, pour des « plans » nouveaux), un « esprit indestructible » dans sa « cohésion mentale » et dont le « périsprit » s'adapte (de plus en plus libéré) aux points de forces essentiels réglant l'équilibre des « éléments » de progression et d'intensité vitale… *Éole*

Q. : Pouvez-vous nous parler de l'Arche de Symbole ?

R. : L'« Arche de Symbole » tire tout le monde spirituel depuis les Bouddha, les Confucius, les Lao Tseu, les Jésus, les Calvin, les Luther, et tous les chercheurs d'avant-garde : les Allan Kardec, les Lombroso, les Atsakoff, les Conan Doyle, les

William Crookes — tant d'autres aussi plus loin — les révolutionnaires comme Karl Marx, Rosa Luxembourg, Liebknecht, Jaurès — tous ceux qui vivaient en eux le grand rêve — ensuite les « Pasteur » pour les misères humaines — l'armée… tous les grands chercheurs, les grands pionniers, les grands sacrifiés… Que de filins tenus par les uns et les autres. Ils entraînent « l'Arche de Symbole » ce vaisseau de puissance, avec tous les petits canots de sauvetage. C'est magnifique !!! cette communion qui lie tout le « monde d'avant » avec tout le monde qui vient — nous demeurons liés à nos devanciers et à vous-mêmes qui suivez. Liés à nous, vous serez attachés vous-mêmes à ceux que vous laisserez, retardataires, sur terre et dont vous aurez pitié quand le moment sera venu de les arracher aux bouleversements cosmiques…

Chacun, à son heure, resplendira ! Chacun, à son heure, montera ! et aura place. Pour l'instant, une arrière-garde monte, tandis que s'ébauche une nouvelle avant-garde qui ne peut avoir accès — parce que non prête — mais, à son tour, pour elle aussi viendra le jour…

Pour ce qui est de l'Arche (vaisseau cosmique de « Symbole ») qui vous trouble, ce n'est qu'un symbole… Il n'est pas question de vaisseau à l'américaine ou à la russe... non. C'est le lieu du grand rassemblement que des ceintures de force protègent (et emprisonnent dans un « circuit fermé » de champs magnétiques — prêts à préparer un nouveau pas en avant...) *Lueur*

Q. Pouvez-vous parler de l'appareil et de l'Arche de Symbole ?

R. : Ne puis répondre en totalité. Vous ne comprendriez pas. Vos yeux, comme vos télescopes, sont aveugles — aveugles aussi vos recherches dans ce domaine qui déborde tellement votre plan... Le pouvoir percutant et amplificateur de certaines ondes, ne vous est pas accessible encore, malgré les progrès réalisés par vos sciences. Je vous assure que Clarté (radar spécial) assure, en bas, la bonne marche... et la réussite tant que nous sommes en contact. *Papillon Noir*

Q. : Lorsque Jésus dit : « Heureux les simples, car le royaume de Dieu leur appartient », indique-t-il ainsi aux hommes la clé de l'évolution spirituelle ?

R. : Dans l'Éternité, tout va lentement, mais inexorablement au même but. Tout doit monter ! Peu importe le nombre et la lenteur des étapes ; les rigueurs aussi.

Heureux les cœurs purs évadés des appétits attachés aux sphères ! Ils rayonnent déjà, à travers leur forme par le détachement, le désintéressement, le dévouement, le sacrifice...

Heureux les simples, les humbles qui savent parler aux fleurs, aux sources, aux nuages, aux bêtes en marche vers la conscience et la clarté !

Heureuses les âmes claires qui savent se hausser au-dessus de la souffrance « aux multiples visages » et gardent, sous le cilice, la puissance du renoncement, l'appui des « célestes présences » — LA FOI ! ce levier éternel, vainqueur des ombres et des douleurs ! Ô, mon Frère humain ! à quelque degré de l'échelle où ton pied demeure posé, entends ma voix ! Évade-toi de toi-même ! après avoir pris loyalement connaissance de « ton patrimoine » !!!

Ne perds aucune minute ! Ne baguenaude pas dans tes désirs inutiles et stériles ! Oriente ta conscience vers les purs horizons afin de ne pas retarder la marche ascendante ! Travaille à extirper l'ivraie qui trop souvent envahit les êtres !

Sarcle ! Si tu ne veux pas avoir à le faire un jour, au delà des brumes terrestres, pendant que s'éloigneront les privilégiés. Relis les messages que je t'ai donnés afin d'ouvrir tes yeux aux lueurs infinies ! Relis bien toutes ces lignes où la clarté, l'espoir, la tendresse ont mis leurs rayons ! Retiens ce qui te plaît et davantage encore ce qui ne te plaît pas. Calque ta vie sur les principes immuables qui conduisent l'humanité vers l'achèvement de sa mission.

Nul n'a le droit de risquer de faux mouvements, erreurs d'aiguillage, sans porter le poids très lourd de ses erreurs ! *Éole*

Q. : Que dire à l'homme qui a tant de mal à accepter la souffrance ?

R. Ô, mon frère humain ! Prends conscience et courage ! En l'aridité interminable du chemin, la douleur est un hôte fidèle, attachée à tes pas. Tu ne dois pas la redouter ! Ne te laisse pas dominer par elle (si dure et cruelle soit-elle), car la Victoire te revient !

Lutte et tu vaincras ! Aucun effort n'est perdu dans cette formidable bataille qui te ramène à Dieu !

Entre la « révolte » et la « résignation » qui te retardent, laisse ton esprit se calmer, s'armer… pour mieux monter vers CELUI qui, dans l'éternelle demeure, ouvre, tout grands, ses bras, pour te mieux accueillir ! *Éole*

Q. : Comment le respect de la Loi divine permet-il le cheminement ascensionnel de l'homme ?

R. : Lire la Loi. La bien suivre, la bien accomplir n'est ni aisé, ni facile dans cette si longue ascension du « Néant » à « l'Infini » où s'affrontent (inlassablement et inexorablement), « les grandeurs » et « petitesses », « esprits » et « formes ».

L'esprit humain gagne sa suprême destination par la connaissance de la Vérité qui le conduit miraculeusement vers le Port.

La providence, par la sollicitation du besoin de la douleur distribuant les Karma, le secoue violemment pour le faire avancer sur la passerelle de l'immortalité (en attisant le sens de la responsabilité dans la grandeur de la dépendance).

Homme ! L'Éternité fit de toi l'être libre ! SYMBOLE

Par la lutte, le doute te fait libre, et la liberté grand !

De son usure avec la durée, l'esprit s'affine et s'auréole de pouvoirs nouveaux. Sa connaissance se multiplie au travers des contacts et des perspectives. L'étreinte avec les milieux divers est réalisatrice de prodigieuses équations dans des coordonnées spectaculaires. Au filigrane des prismes, il accroche son fanal et les lueurs se juxtaposent jusqu'à l'aveuglante clarté !

Homme ! Mon frère, tu vibres à travers le temps et l'espace, la Durée et l'Infini ! Tu passes petit météore, avec tes fléchettes aimantées parmi la gamme des sensations, des sentiments, des volitions. Toujours pareil en individualité, jamais semblable en personnalité dans tes chevauchées en toi-même et hors de toi… tu vas, bannière au vent, vers la Lumière.

Que les bouleversements que ton esprit connaît (et à toute minute te transforment), te soient profitables dans ta lente progression. Si tu te connais bien, tu pourras assister à ta propre évolution en toi et autour de toi. Tu surprendras tes changements aussi bien dans tes états de conscience que de lucidité dans tes élans de compréhension, dans tes relations avec autrui…

Certes, s'accroissent, au fil des heures les trésors de ton conscient, de ta connaissance, mais il y a mieux : c'est que ton inconscient emmagasine, crible, polit, décuple ta fortune et la fait étinceler, miracle évolutif des métamorphoses à travers le temps et l'espace, à travers Dieu.

Je me suis efforcé (malgré les répétitions des mots et des images) de glisser dans mes messages quelques vers luisants pour t'éclairer dans le labyrinthe obscur de la terre… Dans l'enchaînement et la succession des mots, j'ai laissé, de-ci, de-là, de blancs petits cailloux, afin que tu puisses suivre le difficile sentier que tu dois suivre.

Comme il est peu facile de le trouver, d'y marcher, d'y demeurer, malgré les fondrières ou les escarpements rocailleux de ses bords ! Oh ! Mon frère ! Ne te décourage pas ! Ne désespère jamais ! Tu vaincras si tu le veux ! Tu monteras ! si tu places bien les pieds sur l'arc solide d'un pur et loyal désir.

Le temps est un Maître et l'espace, un géant ! (SYMBOLE)
Éole

Q. : Pouvez-vous évoquer les difficultés pour l'homme de la remontée vers l'Absolu ?

R. : Et ce que tu verras, alors, ô mon frère humain ! agrandira démesurément ta vision dans cet infini où se meuvent « tous les scintillements », « tous les ruissellements des lumières célestes ». Prisonnier de cette « forme » qui te conditionne momentanément dans ta sphère tu ne peux imaginer ce qu'est la Création dans la réalisation d'un infini qui se conjugue (à travers l'espace et la Durée).

Toute arithmétique sombre dans l'Absolu, tous les calculs, toutes les conjugaisons échafaudent : l'Énorme — l'Immense — le Définitif ! Pris dans des bornes restrictives, paralysantes, tu ne peux imaginer le vertige des ailes, la vitesse, l'ampleur des vols, la rapidité des sensations et des transpositions… Cependant, il est des étapes, il est des apprentissages, le fait de quitter « l'École maternelle terrestre », ne nous fait pas accéder d'emblée, aux « grandes classes spirituelles »… et l'heure du labeur, coudoie l'heure du songe.

« Tout s'acquiert » dans « cette impressionnante remontée » vers la splendeur, vers cet « arrachement progressif » à la souffrance, vers cette libération des entraves obstructives. La grande voix du Prodige claironne le nom des chemins. De nouvelles perceptions apparaissent (souvent bien tentantes), parfois inaccessibles aux esprits insuffisamment dépouillés… ou préparés…

Si tu échappes aux lois rigoureuses ou contradictoires des chaos, tu demeures rivé aux lois des pesanteurs et des gravitations… Ce sont elles qui décident de ta future orientation, de tes prochains lendemains.

Il est donc nécessaire que, dès à présent, tu te libères fermement de tout ce qui peut alourdir ton âme : « des déchets matériels ».

Pour cela, je te répète encore « Connais-toi toi-même » afin de te construire « toi-même ».

Déjà, tu as beaucoup construit pour arriver au « stade humain » et développer tes nombreuses facultés… évolutives : « Urbi et Orbi ». Pourtant, « que d'écueils tu as rencontrés » dans le domaine des « divisions hétérogènes » pour échapper à l'hérédité… etc.

Quelles acrobaties parmi les « blastogermes » au moment de l'incarnation… Que de choses seraient à préciser… mais je ne puis rien ajouter à ce que les « chercheurs terrestres » ont trouvé et pu apercevoir dans les « milieux blastomères ».
Éole

3. LA MORT

Q. : Comment expliquez-vous la mort ?

R. : Chez tous les êtres « primaires ou conscients », la vie psychique « semi-psychique ou psychico-matérielle » est, sans doute, plus agissante que la « vie physique » ou « matérielle ». Les deux corps (liés par un cordon fluidique) sont juxtaposés. Entr'eux un genre de plasma hydro carburé sulfureux, baigne et nourrit les cellules, assure « la vie dans le sommeil » — « l'ectoplasme » dans certains phénomènes, la possibilité, pour nous, « de vivre en incorporations » quand nous venons jusqu'à vous…

Je ne puis dire toutes les ressources de cet intermédiaire plasmigineux, sources cependant de graves dérèglements, si « périsprit et corps physique », manquent de cohésion et d'harmonie dans le « déroulement des échanges ». Quand l'essence n'arrive plus au « moteur » de vos « engins » terrestres, l'arrêt (avec quelques ratés avant-coureurs qui se produisent), survient invariablement.

Semblablement, quand le « flux périsprital » est « tari » et ne « baigne » plus les cellules physiques, « l'arrêt » assure la rupture (entre les deux corps), tandis que se « rompt » le cordon transmetteur. Il y aurait beaucoup à dire sur ces sujets interdits, puisque le « flux vital » est une dérivation des sources électromagnétiques positives et actives éternelles, au profit des centres négatifs, statiques ou neutres, ramenés à des « activités attractives et constructives »…

En résumé, la « Création toute entière », « prise à zéro » s'inscrit ainsi « puissance ignée », automatisme, vampirisme, dynamisme, vitalisme, animisme se prolongeant (au travers des renaissances), « en spiritualismes » progressifs.

Tout ce qui paraît « maladie », « corruption », n'est qu'une « apparence » de transition entre « deux états », entre deux métamorphoses. Bien que « l'individualité » marque chaque élément, il ne saurait, seul, déterminer un aspect. Les « éléments » et les hommes évoluent en groupes, en colonies, en sociétés. Plus l'esprit grandit, plus devient difficile (bien que nécessaire), cette collaboration sur terre. La géométrie de l'espace et celle des « êtres numériques », s'échafaudent sur les mêmes équations (les quotients diffèrent souvent) mais le splendide résultat demeure le même… « Binômes de l'Infini », l'homme, l'être, l'astre, l'atome rejoignent « Dieu », l'hyperbole éternelle et statique en l'Absolu… *Phédon*

Q. : Pour vous, la Mort a un sens bien différent de celui que lui donnent la plupart des hommes ? Précisez.

R. : Question aride, puisque deux plans s'affrontent : celui qu'on quitte et celui qu'on aborde. La « nature » la pose inlassablement à la « vie » dont elle paraît amener la déroute ??…. Et la « Vie » répond : Je suis éternelle (comme l'être et comme Dieu) ; sous une « apparence macabre », je permets à « l'être » de se libérer : d'une forme, devenue encombrante par le poids de ses déchets !!! Sous l'aiguillon de la mort, l'être s'évade de ses « obstructions », de ses « limites paralysantes » et dans « la liberté de l'essor », reconquise, s'éveille à une « vie » « plus parfaite », plus conforme à ses possibilités élargies… « L'extinction apparente » (qui, seule, frappe vos yeux de chair), n'est pas un « aboutissement », mais une « transition », entre la souffrance et la paix, entre l'effort et la félicité à travers l'infini des vibrations…

« Cette liberté » que la mort apporte, en brisant les chaînes, est « l'aspiration naturelle » de « tout individu » comme de « tout atome » ou de « tout univers ». Mais avant d'atteindre à ce stade où « la Liberté » est agissante, que de formes tomberont, progressivement libératrices… transformant et débordant l'axe du « libre arbitre » dans la « maîtrise » de son accomplissement…

Pourquoi la mort ? puisque « l'âme, l'esprit », (ces deux synonymes) sont immortels ? Parce qu'elle est la « halte nécessaire » entre deux essors : l'un « libérateur », l'autre « ascensionnel » !! — Elle est la « méthode comptable » qui permet les « bilans », accuse les « faillites », les « fortunes », les « misères », les « trésors » et guide « chacun » vers la voie qui lui est impartie, en proportion de « la flamme » qui l'éclaire et sur la « ferme base » (acquis compris) de ses activités…

Ainsi, « d'existence en existence », d'effort en effort, nous réalisons, en nous-même : « l'Unité », avant de nous perdre en elle et de nous dissoudre dans « l'extase » intraduisible…
Éole

Q. : Certaines morts demeurent inexplicables sur le plan médical. Doit-on en chercher la cause ailleurs que sur le plan terrestre ?

R. : L'être, en s'incarnant, se heurte à un algébrique travail entre les composants périspritaux, psychiques, charnels (et utérins par adjonction du moule).

— Composants périspritaux : imparfaits, incomplets, grevés de tares, de maladies (cancers, lèpres, exostoses, malformations, phtisies, etc.), par la succession des existences « et des luttes », « à se parfaire », dans divers milieux, souvent hostiles ou malsains…

— Composants psychiques : Agents de liaisons assurant l'équilibre entre le périsprit et le corps charnel, avec « retransmissions alternées »… souvent : mauvais contacts, courts-circuits, mettant en péril ces transmissions et l'exérèse elle-même, qui s'abolit ou prolifère…

— Composants charnels : forme condensée et nourricière dans le circuit de l'aura. Enveloppe extérieure et sensible de matière visible, assurant les contacts extérieurs avec sol, air, lumière, flux divers, nourriture… contacts, attractions, jonctions ou répulsions.

Les « incarnations » et leurs « modalités » sont aussi « diverses » qu'individuelles et « subordonnées aux acquis des antériorités » venant s'ajouter à la structure périspritale (parfois lourde, relâchée, déséquilibrée, blessée). Partant de là, la structure psychique et la structure charnelle sont mal ordonnées… ayant, de plus, à faire face aux éléments constitutifs d'absorption et d'expulsion.

Si l'ouvrier construit sa maison avec des matériaux inconsistants et par mauvais temps… ou avec des matériaux insuffisants, il s'expose à voir s'effondrer son travail d'une part, à ne pouvoir le terminer de l'autre. Tout est donc à recommencer.

Pareillement pour l'être qui ne peut courir qu'à une restructuration mieux ordonnée, mieux équilibrée, s'il a entrepris (dans des « conditions maladroites ou incomplètes »), une incarnation prématurée ou finissante.

La « Grande Loi des Effets et des Causes » est logique et juste, basée sur « l'axe et l'aimantation éternels », servant de « pivot » et « d'essor » à tout être vivant.

Et jusqu'à la « perfection », à travers les formes, les êtres, attractivement attirés vers le sommet, vers la Divinité — lutteront, tâtonnants, titubants, indécis, révoltés, méchants ou malheureux, mais « VAINQUEURS » de ce long chemin de croix, douloureux et lumineux, qui monte, inlassablement, des fanges aux étoiles… *Le Phalène*

Q. : Comment les désincarnés préparent-ils au départ, l'incarné qui est sur le point de mourir ?

R. : Il y a des « préparations » diverses, selon les décès : préparation physique, préparation psychique, décollement. C'est le moment le plus grave, car il faut que le cordon fluidique se tende, s'amenuise et se casse sans heurt. Dans les décès trop rapides, il y a une période d'engourdissement, de gestation pour le rejet des derniers déchets qui n'ont pu être évacués.

Demeure cette chaîne éternelle à travers l'immensité… nous faisons ce que nos devanciers ont fait pour nous. Du moment qu'on monte, dès qu'on a quitté le chaos et qu'on aborde les chemins de lumière, on a tous les courages, toutes les audaces et tous les regrets de ceux qu'on a laissés à la traîne…

Si dans l'astral on prépare le déroulement de la « Vie terrestre », dans la « Vie terrestre » on prépare la « future vie de l'astral » et par cela même cette préparation se fait au jour le jour (sans aucune intervention étrangère) par un automatisme évolutif… Quand arrive « l'heure suprême », il se produit un phénomène analogue à « l'accouchement » dans l'expulsion du « fœtus »… Le « corps physique » doit expulser « le corps psychique et l'esprit », rompre (après l'avoir épuisé et vidé) le cordon fluidique, et dans les « phosphorescences d'un repos bien gagné », subsister d'abord et s'échapper, ensuite, des « dernières entraves terrestres ».

Autant d'êtres : autant de préparations diverses, selon les « évolutions », les « constitutions périspritales », les « échanges » entre les deux corps, et, enfin, le « moment crucial de leur séparation »… L'être, seul, peut s'y préparer, et je le répète, depuis sa naissance. « L'envol » se fait dans le plus grand silence et le plus grand calme, avec l'aide de certains missionnaires (accoucheurs d'infini dans l'espace) qui, doucement, vous guident vers les chers devanciers… que l'on rejoint par étapes…

Ne vous tourmentez pas — l'ascension est commencée.
Luz

Q. : Pouvez-vous nous parler du suicide ?

R. : Dans le suicide, plusieurs modalités, plusieurs facteurs déterminants, plusieurs diverses conséquences. Ne puis expliquer toutes les formes de suicide. Ici, il s'agit de la mauvaise gestation moléculaire d'un périsprit incomplètement adapté à ses fonctions « psychico-sensorielles » s'épuisant, à la fin, sur un seul circuit.

De la « naissance » à ce que vous nommez « la mort », « périsprit et corps physique », l'un nourrissant et se réalisant dans l'autre, demeurent solidaires et unis jusqu'à la rupture du cordon.

Si la gestation périspritale accuse « une lacune », « une interruption » dans le déroulement de cette dualité indispensable, si elle est incomplète, il y a « arrêt » et l'esprit n'a plus que la solution, la suprême ressource, d'y mettre fin et de recommencer l'expérience, de recommencer à bâtir : en mieux… en définitif… *Lumen*

Q. : Quels sont les avantages et les inconvénients de la momification ?

R. : Des inconvénients nombreux et cruels. *Luz*

Q. : La résurrection terrestre est-elle possible : par ex., la résurrection de Lazare par Jésus ? Que représente alors ce « sursis » accordé ?

R. : En cas de « mort apparente », souvent, la résurrection est permise à celui qui a décelé que la mort n'est qu'apparente. Mais cette prolongation de vie est également prévue dans le « karma », s'imbrique automatiquement dans la vie du « ressuscité », sans apporter de troubles par ailleurs, car (toute résurrection du corps s'accompagnant de vie périspritale qui la prolonge), est admise dans le cas de « mort apparente » où le corps seul est mort, je dis bien : « en apparence ». L'esprit, continue et le périsprit vit, engourdi, mais non dissocié. Ainsi, le coup de baguette des enchanteurs n'apporte aucun changement au destin imprévu. *Clarté*

Q. : Pouvez-vous expliquer ce qui se passe après la mort ?

R. : Lorsque sonne l'heure dernière, le moment du changement et de la continuité, le cordon se rompt, la chaîne se brise donnant naissance à une antenne fourchue « qui s'enroule autour de l'aura », une branche assurant la nutrition, l'autre, la perception. Leur jonction : le mouvement, l'action.

Les innombrables « rayons antennes de l'aura », puisent à cette source nouvelle d'apport vital et évolutif.

Je ne puis vous donner d'autres précisions.

Trop multiples sont-elles, par ce « qu'individuelles » et rattachées aux jeux des juxtapositions évolutives. Certains opèrent « très vite » par ce que déjà évadés « des retours en arrière ». Ils font le total des acquis, s'élancent vers les devenirs établis, entraînés par leurs guides, leurs groupes, leurs arches. La pesanteur, « cette formidable attraction » en ramène des masses vers ses centres jusqu'à l'heure où l'être, échappant à ce pouvoir est happé par un autre qui le conduit ailleurs, poursuivre le cycle, dans de nouvelles conditions.
Éole

Q. : Est-il vrai que les hommes conservent, après leur mort, les mêmes sentiments qui les animaient sur terre ?

R. : Beaucoup, hélas ! demeurent, prisonniers des dernières rancœurs, s'arrêtent aux sensations morbides qui firent d'eux des despotes, des jouisseurs, des destructeurs. Et ce regret des choses matérielles assouvies et inassouvies persiste longtemps très longtemps même, avant de devenir le remords d'abord, le repentir ensuite et plus tard, enfin, le rachat !

Ils demeurent longtemps, je le répète, dans le trouble, termites taraudeurs, d'autant plus dangereux que « l'intelligence et l'instinct » confondus, sont agissants, rivés qu'ils demeurent aux conditionnements terrestres, vivant d'une vie mixte, fantomale et psychique demi-végétative.

Ils deviennent vampires, obsesseurs, etc.

Ils poursuivent, — non résignés, — ce chemin du regret des pertes matérielles, révoltés, malfaisants, tournant en rond… en attendant l'heure où la lueur viendra sous forme de « remords », créer le « repentir » dans leurs âmes !….

Alors, mais alors seulement, — quelquefois les siècles passent, — commence, pour eux, la délivrance… dans le chemin ascendant et progressif de la « réparation », de la réhabilitation, du rachat, de la souffrance salvatrice. *Éole*

4. LA CONNAISSANCE

Q. : Par rapport à lui, par rapport à la Terre, que connaît vraiment l'être humain? où situe-t-il son « moi » dans la « nature » et dans la « réalité »?.... alors que « tout » parle (en lui et autour de lui) l'auguste langage?

R. : Il se « cherche » et se « disperse », se « trouve » et se « fuit », poursuivant des illusions brèves!! (traquenards mirifiques des consciences et des connaissances embryonnaires...) L'heure est grave au cadran humain fixant « évolutions » et « devenirs ».

L'heure est angoissante... L'homme en maraude, a goûté au fruit de l'Arbre de la « Science »... Le poison l'a pénétré et le « possède », orgueilleusement, sans répit, sans mesure.

Il sent, en lui, « ses ailes », impuissantes à le porter (rivées qu'elles sont à la pesanteur et au circuit nutritif atmosphérique). En vain, veut-il s'échapper de sa sphère, conquérir d'autres univers!!! Que de temps perdu en fumée!!! et à tourner dans un rêve illusoire, dans des calculs terrestres magnifiques mais incomplets...

« Données » et « coordonnées » changent inlassablement dans la mécanique ondulatoire et vibratile de l'espace électricien... *Clarté*

Q. : Sommes-nous près des limites de nos connaissances, de nos limites scientifiques ou spiritualistes? Qu'advient-il quand on atteint ces limites?

R. : Chaque être doit (durant la vie terrestre) évoluer dans sa circonférence, dans son orbite. C'est la Loi universelle qui règle les mondes et les individus. Que savez-vous? Qui êtes-vous ? À quel point en êtes-vous ? — Vous ne le saurez qu'à la fin, en faisant le total de vos acquis… La lumière ne se fait « qu'avec le linceul »… comme drapeau, et c'est à « chaque vie », que la circonférence, l'orbite s'agrandissent et font reculer la ligne d'horizon. *Papillon Noir*

Q. : *Dans le monde, deux forces physiques : positives-négatives, s'exercent supposant une troisième force : neutre, synthétique. Quel rapport avec l'Unité-Trinité Divine ?*

R. : Il y a, en effet, les « positifs-actifs » et les « négatifs-passifs » : tous, bien qu'ayant des « fonctions différentes », possèdent les attributs de la Trinité. Ne regardez pas seulement un « aspect » de l'être, si vous ne voulez être déconcertés. — Tous les êtres sont multiples sous leurs armures d'antennes… et dans le « circuit clos » de leur champ d'action… — Essayez de puiser en vous et essayez de comprendre. *Clarté*

Q. : Quels sont les principaux obstacles que les hommes rencontrent dans la quête de la Vérité ?

R. : Que de sésames en les profondeurs de l'être humain qui peut dire : « Omnia mecum porto » (trad. : je porte tous mes biens avec moi).

Mais l'homme « s'extériorise » en « s'épuisant » au lieu de se « concentrer » en s'éclairant, en s'élevant et continue ses errements dans les ombres…

En vain veut-il résoudre « sa propre équation » par les systèmes scientifiques ou religieux qui rendent « impossible », « le possible ».

La religion (sous ses divers masques) a détourné la lumière, vers l'« in pace » (Nota : « in pace », lieu secret, dans lequel une personne est gardée à perpétuité).

La « science » cherche, tâtonne, s'égare, sous son casque rigide de « négation » et tient « des monceaux de cendre en ses doigts de fumée ».

Orgueilleux, ambitieux, insensé, fou, dans ses « assauts » contre « la Loi », l'homme oublie qu'il n'est qu'une « créature » et s'arroge le droit d'agir comme le Créateur… C'est à la fois imprudent et impudent…

Que Dieu fasse un seul geste et l'œuvre humaine périt… le vent l'emporte à l'abîme…

L'homme veut devancer l'heure… avant l'heure : savoir, obtenir, commander, sans souci de sa condition misérable et périssable, rivé qu'il est aux éléments de son atmosphère. Halluciné par ses chimères, il ne voit pas resplendir la magique étoile et passe à côté de la « VÉRITÉ ».

Les philosophes discutent et tournent en rond… Les « religions » affublent les dogmes de modernes oripeaux, sans réussir à maintenir leurs autels…

La « science » cherche, veut résoudre… Dans cet immense « Colin Maillard des événements », des « évolutions » et des « phénomènes », elle court, en fermant les yeux, volontaire, obstinée, ne résolvant rien…

La « parapsychologie » succède à la « métapsychie » en conservant les mêmes faiblesses, les mêmes préjugés de classe, les mêmes incertitudes obstructrices… Aucun calcul n'est juste quand les « données » et les « coordonnées » sont fausses… Où sont les apôtres ? !

Le « spiritisme » subit le sort de toutes les chapelles après avoir offert son rayon fulgurant… Mais où sont les disciples ? ! Faute de prudence, de sagesse et d'élévation (de possibilités aussi), il s'emprisonne le plus souvent dans une « auto-suggestion » de facilité stagnante, véritable mascarade de la « Vérité ». Toutes ces rondes désordonnées de « tâtonnements » et « d'affrontements », sont l'apanage des mondes matériels dans la décadence des déclins…

Au-dessus de toutes luttes, de tous efforts, de tous errements, brille comme un joyau resplendissant, la « Vérité » toute nue, sous ses voiles…

À chacun, dans son « tréfonds » elle fait un « signe » et le « marque » de sa fulgurante clarté…

Pour chacun, un jour, sonne l'heure ! *Clarté*

Q. : Peut-on, dans un désir ardent d'arriver plus vite et plus haut, se sacrifier et souffrir, dans une vie choisie ? Et pour d'autres ?

R. : Il s'agit de « savoir vouloir » se sacrifier… pour arriver — mais impossible de prendre le fardeau des autres, sinon pour la Collectivité. — Ainsi Jésus, Bouddha « et autres », venant s'offrir en holocauste et parce qu'ils entraînent un système entier… *Papillon Noir*

Q. : Les hindous sont-ils en avance, dans la Connaissance, sur l'Occident ?

R. : Certains — pas tous ! Se sont cantonnés dans des idées réelles, faisant un bloc indissoluble du Créateur et de ses créatures, dans une évolution éternelle. D'autres, ont pris un autre courant — comme dans d'autres religions… *Papillon Noir*

Q. : La Connaissance est-elle à la portée de tous ?

R. : L'homme porte tout en lui puissance et force. — Il est bon qu'il le sente, mais il est malencontreux que, le sachant, il profite mal de cette puissance ou n'arrive pas à la domestiquer. Qu'importe que vous disposiez de l'électricité si vous n'avez pas d'ampoules pour vous éclairer ! Ne soyez pas surpris des échecs nombreux sur cette voie où ne doivent s'engager que ceux qui déjà « savent » et « ont trouvé ».

« Ces choses sont trop graves » pour être abordées comme une distraction, un amusement ou une réclame… et les « sujets sincères » qui s'y prêtent, risquent de subir l'interpénétration d'auras malfaisants. Comme, pareillement, si les sujets sont tarés (physiologiquement ou physiquement), le risque est grand pour les magnétiseurs.

Comme prélude aux phénomènes valables (et aux expériences pour les obtenir) la rectitude morale et cellulaire, saine et propre, est de rigueur, sous peine de sombrer dans l'hystérie et le déséquilibre autant que l'impuissance.

Les êtres sont des lampes branchées sur « l'infini et éternel courant », mais il faut que le contact ait lieu pour que ces lampes donnent lumière, chaleur et vie.

À vous de trouver le commutateur éternel, distributeur du flux de force et du reflux constructeur. *Clarté*

Q. : Est-il très difficile de parvenir à la Lumière ?

R. : Pour arriver à la « Lumière » il faut, par-delà les nuages de « l'erreur » et du « doute », passer au-delà... Malheureux et pauvres sont ceux qui demeurent en deçà... et ne sentent pas... « qu'à quelque plan qu'on appartienne », nous sommes un « milieu » entre les « choses » et « vous », un « pivot mobile » à giration orbitales dont la girouette tourne selon le vent... Il est des têtes sans « hublot » où rien n'entre du côté du ciel et dont aucune ombre de souvenir n'amène des réminiscences, des âmes basses que le jeu des « évolutions » élève parfois au sommet le plus haut !!

Homme, mon frère ! Ferme les yeux et tu verras !!! Cherche en toi ! Médite !!

Toute la flamme rayonnante sommeille dans ton inconscient ! Ravive cette clarté, même si elle n'est (un moment) qu'un quinquet fumeux !.... Bientôt, sous tes efforts, elle brillera comme une étoile !!!

La nature humaine, à travers ses tâtonnements, ses faux pas, ses égarements est faite pour la « grandeur », « l'héroïsme », la « sainteté ».

Combien sont démunis ceux qui ne peuvent sentir passer la Révélation et n'y croient pas...

Inconsistants, dans leurs cellules disjointes, ils ne pourront croire à rien fermement, fixement. Ils sont sur un trapèze... et ne perçoivent rien de « l'exactitude divine » enclose en tout !!

ni du « fond » sur lequel, tous les devoirs, tous les gestes, toutes les règles sont lisibles à l'œil de l'esprit interrogateur…

Ô mes bien chers! Que seraient les délices du « sentiment » sans le travail incessant de la pensée et les « ravissements » les plus merveilleux sans les « ressources infinies » de la méditation!! Continuellement, il se fait dans l'esprit une perpétuelle et mystérieuse circulation d'insensibles mais réels raisonnements (cheminements spirituels impondérables, passant « au filtre » de « l'inconscient » au profit du « conscient ».)

Spiritualiser les corps (autant que les circonstances le permettent), c'est aller tout droit à l'essence « du moi infini » qui se prépare en chacun. C'est saisir, à travers ses acquis, « l'évidence » et la « réalisation » des buts évolutifs.

C'est la Loi!!! C'est la Règle!!

Pour capter la « Vérité » il faut s'élever très haut, vers l'Harmonie, car la « Vérité » est une « fée », une « muse », et non pas une boutique à discussions et à objections… Elle est!! Elle est éternelle!…. Tout système veut se l'approprier dans le but de « dominer », de « s'imposer ». Mais tout « système » est un artifice et cache un piège.

À vous d'y échapper et de ne retenir que le « trésor » que l'examen révèle valable. Ensuite, rejeter tout le reste!

La Loi? c'est de céder à « Dieu », mais de résister aux hommes dans leurs errements nébuleux… et de se retirer en « Dieu », même si « Dieu » paraît se retirer du monde… Montrez-lui la « faiblesse » qui sollicite, qui demande et non la « force » orgueilleuse qui détruit… et dévaste… Vivez, l'œil fixé sur le faîte!!! « Durée », « étendue », font partie du vocabulaire humain qui tourne dans un circuit de termes, de limites, de bornes… « Éternité », « Infini » sont des évocateurs divins, qu'aucune restriction n'altère et n'entrave… *Clarté*

Q. : Pourquoi la connaissance de l'homme est-elle si relative et si limitée?

R. : Que sont les siècles par rapport aux durées ? les jours et les ans par rapport aux siècles ? les siècles par rapport à l'éternité ? Que sont les atomes par rapport aux êtres ? les êtres par rapport aux univers ? Que sont les univers par rapport aux espaces ? les espaces par rapport aux infinis, les infinis par rapport à Dieu ?? Que de catégories de phénomènes successifs et juxtaposés dans cet effort du « Rien » au « Tout » !!! à travers une houle croissante d'évolutions individuelles et collectives !!!

L'homme se cabre devant la « réalité des phénomènes » en ce sens que, souvent, elle heurte son entendement, sa connaissance limitée aux axes de sa consciente lucidité, aux rigueurs de sa raison, aux pauvretés de son libre arbitre.

Il n'admet souvent que le « phénomène » jailli de ses mains, de sa volonté., sans se douter du nombre d'impondérables qui accompagnent son geste… « il ne les sent ni ne les voit ». L'Homme « guetteur formidable » se paralyse en niant…

Les phénomènes (même les plus invraisemblables) sont !!!!! Au lieu de rejeter, de nier, l'homme doit s'efforcer de s'assurer s'ils sont possibles et à quelles lois ils obéissent.

Certes, vos sciences (qui furent les nôtres) et totalisent bien des acquis conjugués, ont fait de nombreux pas dans certains domaines, la plupart très matériels. — La vraie connaissance est demeurée en arrière. Plus que jamais, la Terre constitue « L'arène du Sphinx ». Les siècles passent — passeront sur la terre en gésine, sur la Lune aux aguets, sur les univers en attente de l'heure de KALA… L'homme a mordu aux fruits de l'Arbre de la Science et du Bien et du Mal, multipliant ses imprudences, ses erreurs, ses orgueilleux défis…

D'un long voile, je cache la suite : pour arriver à cette heure rédemptrice, d'un amour magnifié : « Phœnix » ressuscitant des fanges épurées par son rayonnant soleil !! Un jour, d'autres heures sonneront au-dessus des abîmes engloutisseurs. À nouveau le cœur des « hommes » et des « mondes » battra, du même rythme régénérateur. « Sous l'arc-en-ciel du regard divin » s'éloigneront les orages !!! Après la tempête, le calme, la paix et l'amour revivront. *Euthyphron*

Q. : Comment estimez-vous notre degré de connaissance ?

R. : « Celui qui se croit au terme est « au commencement » » ! Vous commencez à épeler… l'alphabet de la « connaissance » dans votre « conscience » qui prépare ses ailes. *Phédon*

Q. : Quels sont les moyens de connaissance dont dispose l'âme humaine ?

R. : Ô Fortunatos nimium, sua si bona norint, agricolas !!!! (trad. : Trop heureux les hommes des champs s'ils connaissaient leur bonheur !) car, à eux, la nature « parle »… et leur âme « comprend ». Elle a trois grands moyens d'expression : l'harmonie, la symphonie, l'entendement : l'harmonie des sons, la symphonie des images, l'entendement des « vibrations ».

La Providence n'a rien négligé pour instruire les êtres et surtout les « hommes » accédant au « summum » de la « Connaissance terrestre »…

Quel enchantement vous gagne lorsqu'on découvre cette immense collaboration, cet amour, dans la succession des échanges ! Tout demeure à la portée des êtres, car cette « Providence » a tout prévu. Elle attend seulement que la « cécité humaine » (qu'accroît l'erreur orgueilleuse de la science), cesse, enfin, pour tendre encore et toujours la mains à l'homme agenouillé — et ma voix s'élève encore, après les ans, pour vous redire que la Vérité est là : toute simple, toute grande, toute infinie, parmi les prés, les bois, les monts, les plaines, la mer énorme… ou la douceur fleurie des jardins pleins de senteurs et de papillons, pleins d'effluves et de coloris.

En vous, un torrent gronde, sous les rochers des incertitudes, des révoltes, des souffrances diverses et multiples. Mais bientôt, demain, votre esprit prisonnier brisera toutes les entraves et prendra son vol radieux vers son port d'attache… vers la Lumière : « notre prochain rendez-vous »…

Ce que nous fûmes, ce que nous sommes, ce que vous fûtes, ce que vous êtes, rentrera dans « l'Unité » de ce que « nous serons » au moment d'affronter les nouvelles étapes.

Pensez-y sans humilité comme sans orgueil, mais avec « espoir et confiance ». Nourrissez vos esprits « mieux » et « plus » que vos corps alourdis de matière.

Élevez-vous au-dessus de l'ornière, là où les pures altitudes font pleuvoir la « manne essentielle »…

Écoute la voix des herbes et les violons des vents, jouant sur vos fils télégraphiques ou dans le tuyau de vos cheminées !!!

Tout murmure le mot divin, définitif,
Que le verbe « Absolu » conjugue au « Relatif »… *Luz*

Q. : Pouvez-vous nous donner des conseils afin de nous aider à une meilleure compréhension de l'Univers ?

R. : « Symbole » vous a donné « La Tombe Parle » en disant : « C'est une étude que j'offre à tes méditations »… Connais-toi ! Connais-toi toi-même !!! Étudiez ! Méditez ! Montez !!

« Devise magique », « Suprême indicatrice » qui s'inscrivait au sommet des temples et des édifices… L'Homme, bénéficiant des magnétismes (émanés des anneaux atmosphériques de la Terre), (aujourd'hui, sinon totalement disparus, du moins lourdement atrophiés), se hissait jusqu'à « l'apogée de la sphère » ; (périodes lumineuses), ensevelies au sein des « nécropoles » et dont il reste à peine la trace. Il percevait certains mouvements des polarités éternelles, ne s'étonnait plus de ces « transmutations » provoquées par les « chocs » du « chaud » et du « froid » qui « condensent les mondes », en les chaos primitifs : ce « chaud » qui dissout les « graisses » et durcit les « œufs », qui allume les « éclairs » (feu), ouvre les « douves des déluges », cristallise les grêlons (feu, eau, glace)…, ce « froid » qui met la « magnifique floraison » des givres aux vitres de vos maisons, prépare cette neige immaculée (protectrice et nourricière) réchauffante, en son manteau blanc !…. La glace qui brûle les membres comme du feu… etc…. Il connaissait ces « alternances » créatrices de mondes, de saisons, de vies… et son rôle à lui (l'homme), vis-à-vis d'éléments… Les « chutes » ont suivi les « apogées »… L'homme, peu à peu, a trop regardé « l'extérieur », négligé « l'intérieur de lui-même »… la flamme a d'abord vacillé… puis, s'est éteinte.

Relisez « La Tombe Parle », sans vous lasser jamais. Vous trouverez « réponse à vos questions ». Puissiez-vous, grâce à nous, retrouver le fil conducteur que nous avons amarré à l'Arche salvatrice de « Symbole ».

Que notre amour et nos sacrifices vous groupent, vous rapprochent, vous soutiennent, dans une chaîne solide et forte… Notre rude tâche est faite !! La vôtre demeure à accomplir auprès de vos frères humains. Entre nous, l'espace étira ses liens et ses volitions, mais nos « pensées », « notre amour », « nos espoirs », sont des liens… Leurs « ondes ultra-rapides », nous rivent à vous et nous font très proches, malgré les « obstructions » et les « Étendues »… À Dieu !! En attendant « l'Au Revoir »… Courage !! Vous savez !! Vous priez ! Vous nous avez !!

La Terre est en pleine effervescence cosmique. Votre pays : en plein bouleversements, livré aux êtres du Destin, que la Loi pousse du fond des ornières… en attendant de les précipiter aux pieds de Dieu, à l'heure du tragique règlement de comptes.

— Essayez de comprendre et de sentir le « fraternel amour » qui voudrait, tous, vous blottir, sous ses ailes de papillon. *Papillon Noir*

Q. : Que devons-nous faire en attendant que « sonne l'Heure » ?

R. : La « Loi » est « simple » autant « qu'infinie ». Ininterrompus se succèdent ses flots réalisateurs.

Laissez-vous baigner dans la « Connaissance » en ouvrant largement votre esprit et votre cœur au bénéfice de la « Lueur éternelle ». C'est elle qu'il faut chercher parce qu'elle est « La Vie », « La Voie »… elle seule, qu'il s'agit de trouver en soi, d'abord, autour de soi, ensuite… *Clarté*

Q. : Quand un problème est trop difficile à résoudre pour l'homme, les événements le résolvent. Est-ce vrai ?

R. : Ce ne sont ni les « hommes » ni les « événements » qui résolvent les grands problèmes… C'est la Loi, l'Ordre, le Destin… c'est Dieu ! qui sont la « cause » intelligente des « faits » les plus « incroyables », les plus « contradictoires », les plus « incohérents », parfois. C'est « la Grande Cause éternelle » qui provoque les « événements » dans le déroulement des « karmas » aux yeux de l'homme troublé, inquiet, qui juge et juge mal… Mais, à force de heurter les barreaux de la cage, de s'y meurtrir, l'homme retrouve sa raison, sa route, ses ailes, son envol. *Clarté*

Q. : Que devons-nous faire de tout cet enseignement que vous nous donnez, de ces messages si généreusement apportés par vous tous ?

R. : Les divulguer pour le bien de tous ceux qui attendent la parole de vie !! *Clarté*

Q. : Pourrions-nous obtenir un schéma du cercle évolutif de la connaissance universelle ?

R. : L'énorme verre d'ombre où la Terre vient boire, Est le « Graal » secret, le magique ciboire De « l'Amour », de « l'Éternité ».

L'ombre va toujours à la lumière comme les fleuves à la mer… et l'homme « taupe aveugle », « incertaine », creuse son terrestre sillon sous l'entassement des ténèbres.

Cependant, des étoiles ont lui, illuminant le plafond sombre de leurs clartés fulgurantes mais passagères. Toujours « l'invisible » a laissé passer des « lueurs » dans l'amoncellement des jours, « petites fenêtres » ouvertes, en plein ciel, sur la « Vérité », sur « l'éternité ».

Le « connais-toi toi-même » fut le premier « sésame ». À la clarté de son propre phénomène, l'être humain étudia, à travers la nature terrestre et céleste, tous les phénomènes se rattachant à son système, à lui-même, dans l'espace et dans le temps. Des pionniers, des précurseurs, des missionnaires ont passé au long des siècles, tenant en main le symbolique flambeau d'où jaillit la « philosophie première ».

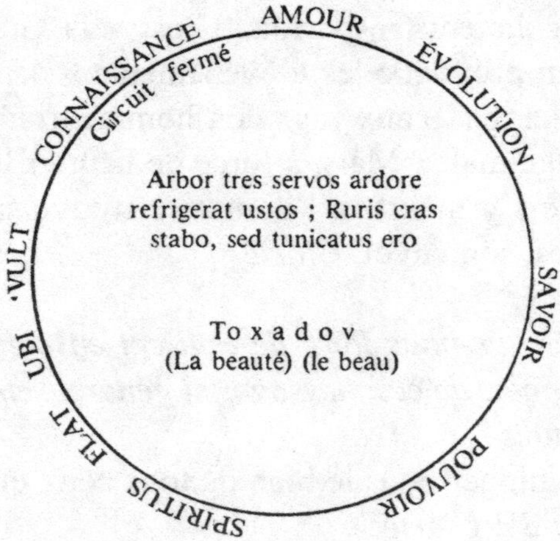

Trad. : Un arbre avait rafraîchi trois esclaves (serviteurs) brûlés par l'ardeur (du Soleil) ; Demain je séjournerai à la campagne mais je serai vêtu d'une tunique.

LA CONNAISSANCE UNIVERSELLE

L'Ombre

Q. : Accepteriez-vous d'ajouter des précisions pour nous éclairer sur le mystère du texte inscrit à l'intérieur du cercle ?

R. : C'est en souvenir de l'un d'eux (macédonien) persécuté, puis honoré, qui servit d'instructeur et de Maître à « SYMBOLE », que je vous ai donné le « cercle évolutif », (ci-dessus) de la « connaissance universelle ».

Afin de faire comprendre et admettre cette lumière qu'il distillait, ce rayonnement qu'il prodiguait à tous, il entraînait ses « élèves » et ses « admirateurs » dans la campagne, et, des heures durant, il les initiait aux mystères profonds de la vie, à ses conditions, à ses rapports avec l'Infini.

Pour faciliter leur tâche, il conditionnait, en plans, les divers mouvements de « l'évolution ». C'est cette carte de « l'évolution » que je vous ai donnée, condensée, en ce texte :

1	2	3	4
Arbor	**tres**	**servos**	**ardore**
(Substance ou (essence	(la quantité (nombre	(la relation (rythme-action	(la qualité (forme
—	—	—	—
5	6	7	8
(Refrigerat	**ustos**	**ruris**	**crac**
(l'action	(la passion	(le lieu	(le temps
—	—	—	—
9	10		
(Stabo	**sed tunicatus**		
(la situation	(la manière d'être !!!	*A*	(Aristote)

Ainsi s'expliquait-il à ses adeptes, avec force sujets, comparaisons, dans le jeu incessant des « effets et des causes », rendant possibles les conditions expérimentales (qu'elles dépassent), sans en provenir, (enveloppent méthodiquement), afin que l'apport des sens (sensations, perceptions) puisse naître, croître, et se réaliser objectivement, en l'esprit.

Sur le travail passé — K — à son tour se pencha, fit une condensation plus serrée des ordonnées du problème :

1	QUANTITÉ + nombre	- Unité + total	- Pluralité + action	- Totalité + Éternité
2	QUALITÉ + forme	- Réalité + être	- Négation + apparence	- Limitation + aura
3	RELATION + antennes	- (Substance, mode) + forme	- (cause, effet) + déterminisme	- (action, réaction) + polarité
4	MODALITÉ + succession	- possibilité + libre arbitre	– existence	- nécessité + pesanteur

Je les traduis, à mon tour, de façon à ce que vous y voyiez un peu plus clair. Mais il faudrait vous imposer une étude longue et fastidieuse, alors que nous vous avons donné des éléments

essentiels… L'ami du pasteur B., à son tour, rétrécit le circuit et le ramena à une trilogie de synthèse :

1 — « Relation » — 2 « Nombre » — 3 « Position », le tout comprenant « l'étendue », la « succession » ou la « durée » ; la « qualité », le « devenir » ou « changement » ; la « force », ou « causalité efficiente », la « finalité », la « personnalité », se formant par thèse, antithèse et synthèse. Géométrie du nombre où la « thèse » est « l'Unité » se réalisant en l'« antithèse », la « pluralité », pour s'achever dans la « Synthèse » ou « Totalité ». Éternelle bascule entre le « nominalisme » et le « réalisme ».

Les expériences humaines ont changé d'orientation, de réalisations, plus occupées de sensations matérielles que de données spirituelles ! Ces données qu'un autre « K » de moindre envergure, mais aux yeux de lumière, inscrivait au front du spiritualisme : « Naître », « changer », « renaître », « progresser inlassablement », de sphère en sphère, telle est la Loi.

Pour nous, un triptyque également :

émission	envolution	évolution
être	se dynamiser	ascension
se polariser	se rythmer	progression
clarté	Unité	Éternité

Je vous ai entraînés vers les « hautes philosophies » qui ont dominé les siècles, essayant d'expliquer « l'inexplicable ». Mais la Terre : cette arène du Sphinx n'a jamais donné la réponse définitive… Le problème de l'être est demeuré irrésolu. Il manque « la clef de voûte » que Dieu tient dans sa main. Les chercheurs de tous les âges ont eu des lueurs, des pré-sciences, des prémonitions, mais n'ont jamais pu forcer la porte du mystère. L'effort humain a toutefois grandi l'être en l'assurant de certaines possibilités. N'est-il pas, en lui-même, un créateur ?

« La lueur ne vient pas de la philosophie
« L'être possède, en lui, l'âpre photographie
« Du Créateur de son cerveau. »
SYMBOLE

Au-dessus de toutes les philosophies et de tous les systèmes, il y a la cause éternelle « Dieu Création » réalisant, en lui-même (en les dynamisant) les émissions de son essence.

En creusant un puits, on trouve la « source ». En creusant en soi, on trouve « Dieu » !

Amis, que nous allons laisser loin de nous, cherchez bien Dieu, en vous-mêmes, dans vos pensées, dans vos prières, dans vos actes, afin que son « amour » les colore du rayon de « l'infini », de la douceur de son « regard ». Que notre passage parmi vous soit la bouée salvatrice qui vous emportera au-delà de la tourmente, vers les cieux constellés, vers l'Arche victorieuse, où nous vous attendrons. *L'Ombre*

Q. : N'est-ce pas sur le grand livre de la Nature que se lit la Vérité ?

R. : Rapprochez-vous de la nature : sa grande confidente, qui s'azure, comme elle, dans le Ciel.

Dans le « murmure » des arbres, dans le « soupir » des combes, dans le chant triomphant des pics démesurés à l'assaut de l'Infini… elle parle, elle se livre, elle éblouit…

À genoux donc, mon frère humain, dans la campagne, sous la feuillée où (plus intuitif que toi), l'oiseau fait son nid et confie sa nichée.

À genoux sur cette terre nourricière qui stérilise, progressivement, ton ambition démentielle. Près d'elle, cherche ton équilibre et ton salut. Il est là — et là seulement — car il est le pain de Vérité et de Vie. Comme « l'Aigle Royal » s'élance, au petit matin, vers le Soleil lumineux, à l'horizon, fixant de ses yeux d'or « le disque flamboyant », regarde, bien en face, « ce soleil de Vérité » qui vient éblouir ton âme.

Même s'il t'en coûte, ne ferme point les yeux !! sois sincère : envers toi-même, afin de « grandir en toi »… envers les autres — parce que tu le dois — parce qu'il le faut, parce que c'est « la Loi »…

……………………………………………………………………

Méditez sur ce message qui vous apporte un dernier souffle de réalité, venu des espaces que je regagne, heureux d'avoir glissé, en vous, ce désir de netteté, de pureté, dans notre sillage immatériel mais fraternel et lumineux… *Luz*

Q. : Pouvez-vous évoquer la merveilleuse Unité de l'Univers ?

R. : J'ai dit, et je le répète, Tout dépend de « tous » et « tous » dépendent de « tout ». Tout comme les humains sur terre (dans les champs incommensurables), les astres s'organisent : « en groupes », « en sociétés », souvent numériquement dissemblables, mais obéissant aux mêmes « attractions » ou « répulsions », au même « rythme dynamisé », dans des « orbites appropriés ».

Il est des « galaxies trinitaires », d'autres en grappes innombrables (véritables essaims) dans une « ruche » de lumière, aux incalculables unités… Les « mondes » comme les « êtres », sont toujours en marche, toujours en travail :

Être — Se parfaire — Produire

Vie — Évolution — Reproduction

alimentant, sans cesse, la Création.

« La Loi » a ses distributeurs « d'énergies », de « carburants » (sous la « stricte réglementation » des « agents policés » attachés aux Univers) : « forces cosmiques » de tous ordres, toutes essences, toutes valeurs. Inlassablement, le « contrôle des échanges », des destins, des êtres et des plans, s'effectue. Équitable et nourricier, ininterrompu, le « flux infini » s'écoule…

« Rien » ne se perd et tout se crée !!! poursuivant son ascendante marche vers le « BUT » éternellement attractif.

Quels « travaux de géants » dans la « valse lente » des « infiniment petits » !! Quels aperçus de « patient labeur », dans cette « Ronde » qui conduit de « Rien » au « Tout » !

L'Éternité est toute « en attente », car, pour elle, il n'est pas de durée…

Efforcez-vous, comme elle, dans vos efforts, vos vigilances, de demeurer calmes, attentifs, patients. Au lieu de « la craindre », aidez la Loi à vous mieux réaliser. Plongez en vous-même, afin de lui ouvrir les voies…

Regardez, de très près, les « merveilles de la Nature », sous son « labeur continu » (livre ouvert à vos saines et saintes curiosités), comme nous sommes admiratifs, nous-mêmes, devant les « splendeurs sidérales », les « gigantesques luttes des univers », conquérants de l'espace.

Tout s'affronte autour des gravitations contrifuges et centripètes, ondoiements, concentrations, explosions dans des proliférations de « foyers » ou « grains d'énergie », se reconstituant aussitôt dans des « orbites différentiels » aux « dynamismes progressifs ». Dans ces « éclatements nucléaires », fin d'un cycle ou fin d'un monde : (étoile ou planète), l'astre expulse son « noyau vital incandescent » vibrant aux « vitesses et aux calories » les plus incalculables… Plus loin, les déchets, happés par d'autres remous, s'emprisonnent dans des ellipses spiraloïdes (astéroïdes « fœtus » de mondes nouveaux). *Éole*

Q. « LA TERRE EST L'ARÈNE DU SPHINX » avez-vous dit, et nous comprenons les raisons de « LA LOI DU SILENCE » par cette phrase : « Ne donnez pas de perles aux pourceaux ! » Nous n'arrivons pas à en pénétrer le mécanisme qui rejette dans l'incommunicable celui qui la transgresse. Pouvez-vous nous l'expliquer ?

R. : « La loi du silence » est établie par nécessité. L'homme ne doit pas savoir certaines choses. L'Esprit, lui-même, ne doit pas savoir d'autres choses. Cependant, s'il est frappé pour avoir trop parlé, des leçons de l'incommunicable, c'est parce qu'il est aussi des lois qu'il ne faut pas plus transgresser que les lois humaines par rapport aux pouvoirs humains. Il ne faut pas dépasser certaines révélations. Elles ont quelquefois une portée incommensurable que l'homme ne pressent pas, ne devine pas, dans sa « curiosité impétueuse » qui est, dans les sentiments humains, après l'orgueil, celui qui est le plus difficile à dominer ! *Clarté*

Q. : Le symbolisme, langage intégral de la nature était-il compris des anciens grâce « aux sept clés d'or d'interprétation » ? Y a-t-il un rapport entre les sept clés et les sept planètes ?

R. : Sur notre plan évolutif., que de symboles aussi ! que de clés ! mais les clés des paradis perdus sont demeurées dans « l'Arche d'Alliance » — impossible de les retrouver encore — mais peut-être, SYMBOLE les retrouvant, les mettra dans son arche… Sept clés — sept planètes ? Il y a plus de sept planètes. *Papillon Noir*

Q. : Puisque la Vérité est en nous, nous devrions l'atteindre assez facilement. Pouvez-vous nous donner encore quelques conseils ?

R. : Chaque pas agrandit la connaissance. Cette dernière entasse et conserve les acquis, sous forme d'images, de schémas, d'esquisses. Rien ne se perd des choses acquises pour le bénéfice, la progression et l'accroissement de « l'Idée ».

Que de recherches tu dois t'imposer pour trouver, en « toi-même », le fil conducteur qui te lie à « cette connaissance devenue ta réserve, ton grenier inépuisable, dans la clarté de ses possessions et à laquelle tu te dois d'apporter ce que « tes sensations », le « fruit de tes médiations », de tes réflexions, de tes actions recueillent dans le secret de ton comportement évolutif (souvent parmi des épreuves douloureuses), des souffrances salvatrices. PERCEVOIR ! SENTIR ! ACQUÉRIR ! Telle est la LOI ! l'Ordre ! la Marche ! Apprends à « aiguiser » mais à « domestiquer » tes « sens » afin que tes sensations » deviennent des sources de forces… d'énergies aux « chocs émotionnels » « bénéfiques ». — Cesse d'être « le valet », et le « jouet » de tes « sensations » pour devenir le Maître qui « gouverne », « dirige ». Deviens « le Roi » de ton petit royaume, le « vrai meunier » de ton moulin.

Allume l'une après l'autre, dans ton sanctuaire, toutes les lampes en veilleuse. Qu'elles resplendissent dans ton esprit d'un éclat insoutenable, par le déclenchement de ton intelligence illuminée. La Vérité est là, toute simple, dans ses voiles limpides à l'écouter.

Elle dit : Tout cela EST, et s'accomplit en toi, avec toi et sans toi. Tout est offert à ton effort pour se produire, à ta vigilance pour en retenir le bénéfice, à ta raison pour en sentir la nécessité. Toute la nature est vassale de ta suzeraineté. Conscient ou inconscient, n'en demeures-tu pas le profiteur et le Maître incontesté ? Tous ces cadeaux mis à ta portée ne sont pas inépuisables. Tes excès ou tes maladresses en épuisent les sources qui, pour se reconstituer demandent de nouvelles condensations. Les lois évolutives passent, inexorables, dans leurs rigueurs nécessaires sans que tu puisses juger de leur opportunité, sous les apparences souvent effroyables des conjonctions et des transmutations.

Homme, mon frère humain ! Mon ami ! Que de richesses insoupçonnées dorment en toi attendant leur inévitable éclosion ! comme le bon jardinier cultive avec art ton jardin secret pour précipiter ces éclosions printanières.

N'attends pas l'heure des déclins si tu veux gagner une avance. Cherche bien en toi, sans tricher, sans te rebuter, ce flambeau que tu portes, si vacillant soit-il ! Évite le trouble ! L'être, quel qu'il soit, connaît ces étapes, ces carrefours où la froide raison, l'âme, le cœur s'affrontent pour répondre à l'interrogation angoissante et faire le bilan.

Lorsque les sentiments sont élevés et purs, ils sont prêts à accueillir la splendeur, en marche qu'ils sont vers les supérieures connaissances, en dépit des affres, des luttes, des destins contraires. Ils sentent leurs ailes se déployer et les emporter vers les sommets et là, tu verras :

« De l'étoile qui flotte avec de l'azuré,

Par l'émerveillement, l'abîme est éclairé.

Sur les murs de la nuit, la fresque de l'étrange, Dessine, par instants, le fin profil de l'Ange ». *Éole*

5. MORALE – PHILOSOPHIE

Q. : Le temps passe vite. Comment l'utiliser efficacement ?

R. : La Vie passe ! La vie a passé dans un long bruit d'ailes !! Du friselis des ondes la clarté a jailli mettant, à vos fronts, la magique auréole, dans vos cœurs, l'espoir lumineux : la foi « en Lui », dans votre esprit : le soutien !!

La vie a passé... La flamme de la tendresse fraternelle d'outre-tombe vous a éclairés, réchauffés, allumant le merveilleux foyer.

La vie a passé, scellant la chaîne si douce qui nous fait captifs de « nos serments », de nos envols, de « l'Arche bénie », de nos devenirs !!!

La vie a passé, allumant, au front de chacun, la tendre étoile des « promesses », la blonde lueur des « révélations », la « petite lampe » en veilleuse, dans votre « moi » le plus secret.

La vie passe ! Sur la barque du Temps, naviguant en plein espace... elle vous guidera vers « l'Arche » à la Clarté du « Phare » brillamment illuminé !!....

La vie passe dans la tourmente, l'incohérence, l'évolution d'un monde en gestation désordonnée... Mais que vous importent les remous de l'ornière, du cloaque où le veau d'or dresse sa croupe impudique et impitoyable aux masses appauvries par ses coups de sabots, puisque vous savez que ce monde d'apparences et d'injustices, d'erreurs et de souffrances, cache le « divin Prodige » !!

Tout se conquiert cependant et l'effort est, sans cesse, le fouet de la « spiritualité progressive ».

Priez ! Pensez ! Approfondissez nos paroles. En vous-même, développez vos pouvoirs de lucidité, de compréhension. Nous vous avons donné le « livre de la Vie ». Épelez chaque lettre, chaque mot, chaque phrase, pour en extraire le sens ésotérique dissimulé, la splendeur voilée.

Ne gaspillez pas votre temps à chercher « davantage » ou « mieux ». La vie a passé où, grâce à nous, vous avez bénéficié de la « céleste offrande ». C'est pour vous, la « divine fortune » parce que venant des sources infinies qu'on ne capte qu'une fois — tandis que la vie passe.

Que votre frêle esquif s'avance, glorieusement, bannière en proue, à l'assaut de la « Vie qui passe ». De loin, de bien loin, de très haut, nous nous efforcerons, avec notre amour (magnifié par le sacrifice), de tenir le gouvernail.

La vie passe. *Clarté*

Q. : On dit que l'intention vaut l'action. Qu'en pensez-vous ?

R. : Les actes sont des témoignages de foi plus dignes et convaincants que les paroles. *Papillon Noir*

Q. : La Terre est-elle l'astre le plus bas ?

R. : Il y a bien pire… C'est pas fameux, bien sûr, mais il est des « planètes de nuit » qui regorgent d'embryons (chaos encore) et là, c'est affreux — en attendant la lumière… *Papillon Noir*

Q. : Un sage de l'Inde a dit : « le mensonge est le plus noir des péchés ». Est-ce bien vrai ?

R. : Oui, le mensonge est une couleuvre bien froide… Il faut être « vrai » toujours avec soi, davantage avec les autres qui sont des spectateurs et des juges. Mais sur la Terre « monde des apparences » c'est le perpétuel mensonge et la Terre n'apparaît-elle pas comme le mensonge du Ciel ?…. *Lueur*

Q. : Aimez vos ennemis. L'humanité peut-elle réaliser cet idéal ?

R. : Oui, bien sûr : ce conseil (expression de la loi morale), nous le devons aux hommes que vous allez devenir, parce qu'il entre dans la grande voie de l'Amour et de l'unité… Certes, l'homme, de son échelon, ne peut franchir tous les degrés de l'échelle, en un seul bond. Il y arrive, par petits pas — très doucement — quelquefois très durement pour se vaincre… (Quelquefois, en faisant la cabriole). Tout effort sincère, volontaire, amène un résultat, parfois un succès. *Clarté*

Q. : SYMBOLE dit « L'action pend à l'âme de tout son poids ». Quel est le sens et la valeur psychique de ce poids ?

R. : C'est, évidemment, une figure, mais la mauvaise action, le crime, sont un peu le « gouffre noir » de l'âme, parce que l'alourdissement qu'ils apportent à l'âme, rive, un peu « cette dernière » aux bas-fonds. L'être vil qui se maintient dans ses mauvais instincts reste, au fond, le prisonnier de lui-même et ne peut s'en évader seul. Il reste avec un poids qu'il traîne : le poids de sa faute. Celui qui s'efforce, au contraire de bien regarder le ciel et de « monter » en s'efforçant de s'arracher à lui-même (sachant qu'il vaut « mieux ») et obtenir « plus », sent « l'allégement » le « gagner » et le « hausser ». Surtout, lorsqu'il a, comme vous tous, ici, la « lumière » et l'appui des frères aînés qui savent dire (au bon moment) : Halte ! (bien des fois). *Clarté*

Q. : Parlez-nous des bienfaits du pardon et des conséquences de l'erreur ?

R. : Doux bienfait du « pardon » sur les plaies saignantes des cœurs, agrandis par leur geste de miséricorde, ouvrant la porte à toute rédemption : « Le pardon est plus grand que la faute… et la couvre. » (Symbole)

Être capable de « pardonner », c'est donner à son âme, les « ailes de l'Amour », « l'élan vers les perspectives admirables »…

La « rancune », par contre, porte en elle-même la rançon de son erreur… par la compression et l'étouffement du sentiment… qui stagne dans « le trouble et le mécontentement inassouvis »…

Ne vous lassez pas d'ouvrir vos cœurs à l'indulgence… Elle vous guidera vers le pardon, le pardon vers l'amour, l'amour vers Dieu. *Luz*

Q. : Le sage doit-il toujours pardonner ?

R. : Le sage est celui qui ne juge ni ne condamne, qui penche l'urne de son cœur sur toute misère et attend confiant et résigné, que les destins s'accomplissent. Même loin de vous, aux heures de révoltes, ma pensée descendra vers vous, rappelant mon bref passage, ma promesse, le soutien qu'en partant j'attache à vos ailes, avec tout mon amour profond que je signe. *Pitié*

Q. : Quel conseil nous donneriez-vous dans notre vie de relations avec autrui ?

R. : Sois vrai, sois calme, courageux et fort ! Pas de révolte… Accepte ! (Ne l'as-tu déjà fait ?)… Pas de comparaisons à « l'heure des apparences »… « N'envie pas et ne juge pas !!! « L'admirable équité » présidant « au don de la vie », donne à chacun « sa mesure », à chacun « sa part ». Nul n'est avantagé. « Les différenciations » marquant les « individualités » (à la fois « pareilles » et « dissemblables ») décident des « différentielles évolutives » tout au long des siècles, dans le sublime « colin-maillard » des « événements », « des actes », des vies…

Ne vous croyez ni « trop », ni « trop peu ». Privés de vos acquis par « l'incarnation ayant de lourdes notes », préparant vos lendemains, vous ne pouvez juger de vous-même, bien exactement. Seul, votre « être intérieur » bien consulté, peut vous donner « la température »… et « l'espoir ». L'espoir (flambeau de l'Amour !!). Magique flambeau de cette « Loi morale et divine », imprimée en toute créature, par la « Sublimité toute puissante » du Créateur…

Dieu ! flamboiements divins ! Rayonnements sublimes ! « Aube », éternellement penchée sur « les abîmes » ! Resplendit, dans les cieux radieux et profonds, Illuminant, au sein des nuits, les bleus plafonds !! (Symbole)

Son cœur nous a émis ! Sous son « auguste fascination », « son regard » nous attire : pour « réaliser » son œuvre, éternellement !!!! Ses bras (qui, toujours accueillent et jamais ne repoussent), sont tendus à tous… à tout…. Nous « montons vers Lui », dans « une extase magnifiée » par Sa Souveraine Clarté… *Éole*

Q. : Que pensez-vous de la politique et des hommes politiques ?

R. : Je regrette de vous décevoir au sujet des politiques qui sont les cancers ou les abcès des collectivités, fléaux nationaux dans leur déroulement matériel… : nés sur l'Idéal, ils s'achèvent en décadences multiples, sur le gibet des dominations…

Sur terre, j'ai vu les « meilleurs », les « purs », les « sincères » sombrer sous le flot des oligarchies et des autocraties en rut… De mon plan présent, je juge du sens, des effets et des causes. Le mécanisme du destin se déroule pour les éléments et les individus, à travers les siècles et les vagues humaines diverses, de la même façon. Dans le recul : Sparte ! Athènes ! etc., ont connu ces soubresauts, précurseurs d'effondrements.

Les agents du Destin (politiques ou militaires) ont, au front : l'orgueil ambitieux, au cœur : l'escarcelle.

Ils dominent par la force, la cruauté (ce magnétisme de basse fosse) qui paralyse, emprisonne, détruit.

Que le masque change, peu importe… Le fouet demeure suspendu sur les masses, mettant en fuite les forces supérieures qui pourraient intervenir…

Le chaos terrestre demeure une arène ! Qu'attendre d'une politique, même épurée ? — Rien !

L'individu, en tant que « cellule » de ce grand « Tout » possède, en lui, la Loi morale : son trésor ; le ciel bleu au-dessus de sa tête : son espoir ! À lui, de chercher en lui sa force, sa sagesse, son courage, sa lumière… sa foi, son espoir.

C'est, de lui, qu'il doit tout attendre. La Vérité ? il la possède dans son tréfonds (marque indélébile imprimée par Dieu dans toutes ses créatures). Quand l'Homme a trouvé « Sa Vérité », le chemin lui devient moins aride, il peut aider et éclairer ses compagnons de route, s'insinuer dans la Société avec son emblème et, peu à peu, souder l'un à l'autre, les maillons d'une chaîne qui se poursuit du « nadir » au « zénith ».

Vous tous que nous avons aidés à voir clair, aidez-nous à faire pénétrer, alentour, cette douce « gangrène d'amour » qui détachera l'humanité douloureuse de la géhenne et du cachot en proie aux horreurs des injustices, des guerres et des charniers. *Clarté*

Q. : « Les lois sont dans les livres, mais la justice est dans le cœur », a dit Condorcet. Pouvez-vous commenter ?

R. « PAPILLON NOIR », maintenant, ne dirait pas de la même façon, il irait plus loin. Nous nous plaçons, nous, en dehors de certains sentiments. Il y a l'Amour, il y a la Justice ; tout le reste est une poursuite pour trouver ces sentiments-là. Tout ce qui paraît erreur, tout ce qui paraît injustice, tout ce qui paraît arbitraire ou qui paraît mal engagé, est sur la Route : encore en retard, encore incomplet, mais en chemin quand même ! Qui donc peut juger dans ce monde d'apparence qu'est la Terre ? *Clarté*

Q. : Montaigne disait : « Fais ce que tu fais. »
— Nous donnez-vous le même conseil ?

R. : Je vous sens inquiets devant la vie qui se poursuit mystérieuse et décevante. Vivez en croyant, en espérant, au fil des jours… « Aujourd'hui » n'est-il pas immense ? et vous est-il demandé autre chose que de le vivre, dans son immensité ? Donnez à chaque jour, sa taille et son ampleur… sa profondeur. Méditez ! Plongez en vous profondément si vous voulez réaliser la plénitude de votre expérience terrestre.

Dites à la vie (en dépit des épreuves) un acquiescement d'amour et non de crainte. Prenez chaque jour la nourriture qui convient à votre esprit, que le pain soit blanc, bis ou noir. Enrichissez-vous des diamants de larmes comme des écrins des sourires offerts. Cueillez de fragiles bouquets, de petites fleurs parfumées en distribuant votre cœur généreux : donnez plus qu'on attend de vous…

Adhérez, sans récriminations, à ce jour qui vient… aimez « ce matin » qui vous éveille sans penser à « demain »… À chaque jour suffit sa peine, son effort, son sacrifice, son espoir.

Soyez aimable, même avec l'adversité. Efforcez-vous de la séduire afin qu'elle pèse moins lourd à vos épaules !! Les jours qui viennent auront-ils une autre couleur que ceux qui finissent ? Le temps, immuable, ne varie pas. Mais pour vous, les impressions varieront avec les tours du sablier.

Aimez d'une âme qui évolue, se transforme, d'une âme neuve, ce déroulement progressif de votre existence, que les tons en soient roses ou gris.

Que ces quelques lignes, que, pour vous tous, je fais tracer, vous inclinent à accepter dignement de suivre « ce courant éternel » qui nous emporte tous (nous, les créatures de toutes conditions et de tous échelons), vers les rives merveilleuses de « l'Absolu des félicités ».

Que mon souffle vous soit bienfaisant et doux, mes taquineries amusantes… Petits sourires dans votre ciel noir. *Éole*

Q. « Pense d'après toi-même » a dit Pythagore. Comment éliminer les ingérences extérieures ?

R. : Ce n'est pas possible, vous êtes dans un effort collectif. Que vous puissiez vous cantonner en vous-même, sans avoir un peu des choses d'à-côté, est impossible. L'être ne suit pas seul le chemin du ciel, il est accompagné. Forcément les circuits des autres viennent vous heurter, de temps en temps. Quelquefois c'est une joie pour vous, d'autres fois c'est la bagarre ! *L'Ombre*

Q. : Pourrions-nous obtenir un commentaire de la célèbre inscription du temple de Delphes, reprise par Socrate : « Connais-toi toi-même. »

R. : Que contient cet « élément » rudimentaire que tu crois sans « bouche » et sans « regard » ? Que cache sa petitesse étonnante ? et quelle énergie « dort » sous son « apparente inertie » ? Que contient l'atome ? cet impondérable, derrière la structure de ses polarités ? Que contient l'homme : cet univers pensant ? dans la « collectivité » de ses composants ?

Une « même étincelle », un « même foyer », une même « place forte ».

Que l'être soit « embryonnaire » ou « formé », sa « force » réside dans son « être intérieur », ce magique « laboratoire des infusoires » et des « créations ».

« L'être intérieur » est la « demeure psychique » de toute créature, son « constituant essentiel » en vue d'assigner le déroulement méthodique des distributions, des actions, des évolutions, des échanges, des réflexions, « enveloppé et protégé par les successifs périsprits ». Certes, la « fonction crée l'organe » par son « automatisme renouvelé » mais, qu'est la fonction ? QUI la produit, la détermine, la commande, l'asservit, la provoque ? NOSCE TE IPSUM !!! (trad. : Connais-toi toi-même) efforce-toi de pénétrer ton propre mystère, d'atteindre tes profondeurs et tes pourtours, tes possibilités aussi (et elles sont nombreuses). Monte à l'assaut de « toi-même », de cette « demeure sensible », où chaque chose est à sa place : la « mémoire », les « élans », les « rêves », les « désirs ». À toi d'y conserver « l'Ordre » et de t'y installer confortablement afin d'y demeurer « le maître-agissant ».

Dans ce « refuge » bien conditionné, « une place forte » s'y érige, véritable « bastion »... « position ultime », constituant « l'essence même » de l'individualité instinctive et déductive !! Ce « noyau central » si bien fortifié et aménagé, assure l'autodéfense constante de « l'être » dans sa lutte pour la vie, l'évolution à travers les éléments cellulaires. Il « sait » ce « qu'il faut » et « l'attire », ce « qu'il ne faut pas » et le « rejette », assure un parfait équilibre des échanges, souvent au prix de batailles inouïes, « véritables ouragans électroniques » transformant les polarités, les rythmes, les attractions et les sexes.

En étudiant, « de fort près », « l'infiniment petit », en le voyant (pour s'assurer « l'être » et la « survie »), accomplir des « Prodiges » que l'Intelligence commande, vous pouvez me suivre sur cette Route où l'humaine caravane est engagée et « vous, avec elle »...

Jamais je n'insisterai suffisamment sur la nécessité de vous « chercher », de vous « découvrir », de vous « connaître ».

Tentez de « frapper au heurtoir » de votre « place forte », afin que vous répondent « l'être que vous êtes vraiment », l'intuition que vous possédez, les armes que vous conservez pour vaincre (à travers les évolutions), le monde des apparences qui trompe rarement. C'est pourquoi il apparaît plus perspicace de vous entraînez dans le circuit des devenirs.

Quel travail s'accomplit en « votre maison intérieure » pour la nutrition, l'élimination, le dynamisme, le rythme, « la gravitation », dans le champ ondulatoire (véritable arsenal des moyens), qui blinde sa position !

L'animal sent, pressent, sait. L'instinct est sa « place forte » et le trompe rarement. C'est pourquoi il apparaît plus perspicace et complet, parfois, que l'intelligence.

L'intelligence n'est qu'un « reflet », une « modalité » du « pouvoir perceptif » de l'être humain qui a le droit de dire : « Omnia mecum porto »... (trad. : Je porte tous mes biens en moi).

Mais il faut qu'il aille à la découverte de lui-même sans se lasser jamais. Que « d'abîmes » dorment en lui, que de « trésors » aussi !! de « splendeurs » en « ébauche », de « clartés » en « veilleuse » !!!! prêtes à jaillir au moindre effort !

Accroché « aux pivots évolutifs » dans « les sphères », l'homme accorde beaucoup à son « corps physique » qui le « véhicule », le « nourrit » et le « débarrasse », progressivement des excédents obstructeurs. La vie matérielle l'entraîne « vers les groupes », les « collectivités », en l'absorbant au détriment de la « vie intérieure », la seule qui ait un « sens », une « valeur », une « réalité ». Car, sous les « formes », vivent toutes les créatures (infimes ou totales)... de « leur vie radiante », de « cette vie » qui « pense », « agit », « construit », se « libère », « s'envole ».

Et c'est dans « leur place forte » protégée contre tout effet destructif, que les « êtres » « sont », « existent » vraiment ! Quand sonne « l'heure dernière » et l'effondrement matériel, le « corps physique » retourne « au creuset » de « nouvelles formes cellulaires ». Le périsprit « se contracte » et se « condense » dans la « demeure psychique » pour livrer le « dernier combat », libérateur définitif des scories charnelles.

Plus il y a de « mitraille » dans la « place forte » de « notre moi effectif », plus le succès est assuré et l'envol rapide.

Dans la « méditation » ou la « concentration », rendez visite à « l'esprit que vous êtes ». Demandez-lui de vous livrer, peu à peu, « tous ses secrets st une gymnastique en « plein psychisme » qui, si elle n'est jamais totale, est toujours fructueuse. Laissez le « hublot entrouvert » pour des « pérégrinations » de plus en plus profondes et agissantes.

Apprenez « tout » de « vous », surtout le moyen de vous servir de « vous-même » sur « vous-même »... Imitez les

Orientaux qui savent s'arracher à la matière, presque sans effort.

Suivrez-vous le conseil que vous donne l'Ami qui va disparaître de votre « horizon » et gagner « d'autres rives » ? Saurez-vous ne donner à votre corps que « le nécessaire » mais, à votre esprit, la « GROSSE PART » qui lui « appartient », préparant ainsi « la prochaine libération » dans de meilleures conditions ? Vous arracherez-vous aux « mornes habitudes matérielles », pour fortifier votre « place-forte » et « vivre vraiment en vous-même », de cette « vie qui défie toute destruction » ??

C'est mon vœu de frère aîné, d'ami, d'instructeur !!!!!

Penserez-vous, quelquefois, à celui qui clôture cette « marche en avant » à laquelle vous aurez été « conviés », par nous tous ?? Oubliez les petites taquineries (petites gaudrioles), rappelant quelques antérieurs moments, mais souvenez-vous que « mon souffle » a la « force du vent » et les « ailes de l'amour ». *Éole*

Q. : La faiblesse de l'homme n'est pas sans contrepartie. Confirmez-vous cette pensée qui fut aussi celle de Pascal ?

R. : OMNIS HOMO MENDAX !! (trad. : Tout homme est fragile !) mais porte tout avec lui puisqu'il est le « total » d'incalculables efforts « en lui » et « autour de lui » dont il demeure le bénéficiaire… Chez lui, la « conscience » a dépassé le « stade instinctif » pour atteindre « aux états de conscience » du « sentiment ». En lui, les possibilités grandissent l'effort de « sentir », de « voir », de « comprendre » et de différencier (à bon escient) quand nécessaire, « le sujet » et « l'objet », dans les phénomènes qui composent sa vie. Ces « états de conscience » sont des étapes et varient, dans leur lente progression, selon les individualités, déterminant la position évolutive.

Je redis une fois encore : « Connais-toi toi-même ». Apprends à te jauger… Cherche cet « être intérieur conscient » qui perçoit, enregistre, développe : sensations, images, percussions, marquant « ta personnalité » de sa « note toute personnelle »… Cherche la voix qui te dit : ceci est beau, laid, odieux ou charmant, ceci est logique ou fou, futile ou important… qui juge, condamne ou absout…, cet « ego » qui est « ton toi ».

J'ai effleuré, en grand, tous ces problèmes de l'être, que des « cahiers entiers » ne sauraient « exposer » dans toute leur étendue et leurs diversités. Ce mystère de l'être « par rapport à lui-même » est relié à « tant d'autres » qui le « composent » afin d'assurer sa marche en avant, sa nutrition psychique, sensorielle, sa « réalité ascendante ». Que de merveilles lui sont, à tout instant, offertes, dont « ses sens » bénéficient et « distribuent les sensations », les « assimilations » et désassimilations. Son activité croissante le développe et dans les « actions combinées » du « sommeil et des rêves », il assure son repos et maintient « tous les contacts » : « Humain aiguilleur » qui s'efforce à rendre libres « les voies » de son être physique, psychique, radiant, tout en demeurant suspendu au fil d'or qui le tient suspendu entre terre et ciel. Ne te lasse pas d'interroger ton mystère !! Poursuis l'interrogation afin qu'il te soit répondu… Poursuis « la lutte » et prépare « le bon résultat ». Si chétif soit un être, il trouve toujours = l'homme : l'appui de sa conscience, l'animal : celui de son « instinct », « l'atome » : celui de son « intuition » et tous les êtres créés : le « regard » et le « Cœur de Dieu »…

Homme, tu n'es pas seul ! Au seuil de tes abîmes, la Céleste Clarté étincelle et ruisselle à tout jamais. *Éole*

Q. : Pouvez-vous aider l'humanité à supporter la souffrance ?

R. : Je « fus » et j'ai souffert…

Je « suis » et je compatis…

Je « serai » et t'entraînerai vers la « Vie intarissable » qui coule, limpide, en dehors des « chaos »…

J'ai voulu que tu « saches », que tu « croies », que tu « espères » (alors que tu te « heurtes » aux barreaux rigoureux de ta cage, alors que tu « saignes », que tu « pleures » dans ta « captivité douloureuse »), qu'au-delà de la terrestre prison, il y a « l'espace illimité »... par-delà la « haine dévastatrice », « destructrice » : « l'Amour constructif » et « réparateur »...

De tout mon « esprit » et mon « cœur » qui « revivent tes affres », « tes tourments », j'ai voulu te crier « ma présence » et « ma tendresse », mon désir secourable de te rendre la lumière, « ô mon frère humain » !! Retiens bien « ce souffle- » qui passe, mais qui va s'effacer... à nouveau, dans le silence...

Que son « reflet » t'illumine encore au long des jours de toute nuance... (du « rose » au « noir »...). Dans le « tourbillon » des apparences, des incohérences, des errements, sont « entraînées » les « multitudes » vers « l'Apogée de l'Omnipotence ».

Face à ce « gouffre terrestre » que je vais quitter, j'ai dit (et nous avons dit, d'une même voix) : Paix à la multitude !!! Paix à l'être et à l'homme proscrits !!! À toute la nature, attentive à « réaliser » le Prodige !!!!

Qu'a cette heure grave où s'accomplit le « changement de cycle », « Dieu » penche son « amour désaltérant » sur le « monde assoiffé » !! bouleversé !!!! anxieux !! Tristes moments !! *Éole*

Q. : On constate que notre civilisation va vers son déclin. Par une nouvelle forme et sans contrainte d'éducation de l'enfant et sans autoritarisme, peut-on espérer tendre vers une forme de société idéale ?

R. : « Et « l'effort inouï "qui guide "le Prodige",
« T'entraîne, incessamment, vers « l'effrayant vertige »,
« Où se meut "l'immortalité" ! »
SYMBOLE

Comment juger dans « le monde des apparences », « des tâtonnements », « des incohérences », « des erreurs », l'équilibre admirable de l'éternelle création ? Que sont (vis-à-vis de « ce déroulement méthodique » des « cycles » et des « plans »), les « troubles » et les « méconnaissances » humaines, derrière le « bandeau » et le « baillon » ???

Les apogées sont suivies de « déclins », épuisant le « magnétisme des sphères ». Les déclins sont précurseurs « d'aubes et de clartés » plus belles, nouvelles aussi, sur les « mondes en décomposition ».

Sur terre, « certains mots » tels que « Justice », « Paix », « Liberté » sont « les chèques sans provision » de l'Infini que les « banques humaines » n'acquittent pas ou fort mal. La banqueroute en découle, la décadence aussi... Mais il est un « concordat perpétuel » qui, tout au long des siècles, permet les nouveaux départs... Les « destins », les « karmas » passent, « inexorables », appliquant « la Loi » et « l'automatique rigueur » de « l'Ordre collectif », « tout » dépendant de « tous » et « tous » de « tout ». Les souhaits, les désirs humains s'exhalent, s'échappent des « révoltes » ou des « désespoirs » devant les « effondrements » inhérents aux « changements » de cycles... mais « l'évolution » glisse « exécutrice impitoyable », aveugle et sourde aux lamentations. Mais, un jour, « l'équilibre » se fera. Tout rayonnera dans une même splendeur. « L'amour » et « l'équité » (chaîne incommensurable ceinturant « la Création »), entraîneront, vers les sommets de béatitude et de « félicité », les êtres libérés « des épreuves », d'une ascension douloureuse mais salvatrice. *Luz*

Q. : Quels seront les remèdes apportés à la décadence des sociétés actuelles ?

R. : Dans « l'espace », comme dans les humanités, quand les « points de force » (pivots évolutifs) des « sociétés » ou des « galaxies » sont « tarés », « perturbés », « gangrenés », ils contaminent « l'ensemble » sans « possible immunisation ».

Tout bel immeuble, aux poutres maîtresses rongées des termites, doit être reconstruit après « assainissement »... échappant ainsi au « péril ». Dans les « sociétés » que « vrillent » les « révolutions », dans les « galaxies » que bouleversent les « flux cosmiques » sous les « explosions nucléaires », tout doit se « transposer », se « cicatriser », « recommencer »... Nous nous sommes efforcés, « les uns et les autres », à vous éclairer (oh ! bien peu !), sur les splendeurs des « lois évolutives » en dépit de « leurs revêtements mystérieux » !! sur le rôle de « l'être », dans ses « multiplications » et « équations » diverses, avant d'aborder « l'humanité ». Sur le « rôle de l'homme » par rapport à « l'esprit »... Sur celui de « l'esprit » par rapport à « l'Infini » et sur l'élan de « tous », dans leur « marche vers Dieu » !!

....

Par-delà le « mur du silence » et le mutisme de « l'irréalité ténébreuse » fulgure la « Réalité » qui, à travers l'espace, a répondu à « l'humaine interrogation » !!!!

— Frères Humains « d'aujourd'hui », de « demain », ceux « d'hier », vos amis de toujours sont venus à vous « d'au-delà des abîmes ». Si désespérés et démunis soyez-vous, si bons vous sentiez-vous : « ESPÉREZ » !!!

Composants, à tous degrés, du « Prodige universel » parmi les certitudes admirables : « ESPÉREZ » !!!

Vous êtes « en Route » vers les « splendeurs sidérales », vers « l'Amour » et vers « l'Unité ».

FIAT LUX !!!
SPIRITUS FLAT UBI VULT.
Éole

Q. : Quel est l'intérêt de la vie terrestre ?

R. : Il faut que « l'expérience terrestre » ne soit pas « vaine », qu'elle porte « ses fruits ». « Sanctifiez » vos désirs, vos pensées, vos ambitions. Remontez, pour cela, à la

« source ». Au-delà des « images et des sensations », il y a « la pensée », « l'idée »… Au-delà de « l'idée », il y a « l'individualité », au-delà de « l'individualité » (parcellaire ou collective), il y a « l'Omniscience éternelle » dont toute étincelle est partie.

C'est jusqu'à elle (par étapes, et en attendant, et pendant), que « l'étincelle » doit remonter, négligeant « l'asservissement des formes » et planant au-dessus.

Que sont « les formes »? sinon les « poubelles » de l'esprit se libérant, à chacune : des éléments morbides et destructeurs qui empêchent « ses ailes » de pousser. Ne sacrifier à « la forme » que « l'indispensable »… Asservissez-la aux besoins et aux nutritions de l'esprit, ne vous laissez pas asservir par elle. Dominez son emprise. L'esprit doit sortir « conquérant » de cette lutte pour la connaissance et la Lumière. Il doit « gagner » la « palme », au-dessus des « basses satisfactions ». Que vos efforts soient saints, axés vers le « But sublime »!! Que vos élans soient « calculés » dans la « noblesse » des « grandes migrations ».

Ne vous jugez point (par rapport au passage terrestre), vous félicitant d'avoir souscrit, loyalement, à tous vos devoirs de bon Directeur, de bon ouvrier, de bon Père de famille, de bonne ménagère ou de bonne épouse. Tout cela est du domaine matériel, fait honneur, uniquement, à la gestion momentanée du patrimoine matériel : son seul mérite.

Mais demandez-vous, à chaque jour, dans le secret de votre « écho », de votre conscience : qu'ai-je conquis sur moi-même ? sur mes révoltes ? sur mes imperfections ? Suis-je plus résigné ? plus confiant ? plus détaché des choses matérielles ? Quelle leçon ai-je tirée de mes actes ou de mes contacts ?? Suis-je plus généreux pour autrui ? Ai-je apporté à mon esprit, « un rayon » : « paiement » de ma « compréhension » ou de mon « renoncement » ?? Tout le problème est là. Vous êtes venus « rejeter des ombres » et « glaner de la lumière » ! Que vos « lucidités » s'affirment, « franches et productrices ». Ne vous attardez pas à baguenauder, à perdre votre temps. Vous ensemencez pour « vos devenirs »… Efforcez-vous de vous en souvenir pour bien œuvrer. *Éole.*

Q. : La philosophie de Socrate ne devrait-elle pas trouver son application surtout de nos jours ?

R. : Vos « clefs d'or évolutives » demeurent — ô frères humains — la pensée dirigeante de Socrate :

1 — Connais-toi toi-même !!
2 — Omnis mecum porto !!
3 — Spiritus flat ubi vult.

À travers « la connaissance de vous-même », obtenez le « Savoir », développez pour cela, l'idée… la pensée…

L'homme, l'être, portaient « tout » avec eux, je le redis encore. La providence éternelle a imprimé, en toutes les créatures, toutes les possibilités, tous les pouvoirs pour les réaliser (hors de l'abstrait), dans le « concret ».

Quand « dans la conscience » s'éveillent « la raison », le sentiment de la recherche de l'évidence, ils ouvrent la porte au « savoir » puis à la connaissance, mais « la raison » devient insuffisante à résoudre tous les problèmes. Dominant, par l'effort, l'incomplet de la raison, l'être acquiert « des pouvoirs multipliés » qui le mènent plus haut, plus loin. Son désir de « croître, de monter, de sentir », développe en lui de longues ailes, qui le hissent au-dessus de « l'individualité » d'abord, de « l'humanité » ensuite, pour se déployer ensuite en plein ciel.

Frère humain, mon Ami ! Écoute mes conseils !! Médite ! Connais-toi ! « Cherche ta raison ». Rends-la « intuitive et ordonnée », « lumineuse » aussi, par « l'effort » qui lui donnera « le souffle », dans un flux souverain de « puissance et de force » spirituelles, de consciente réalisation…

« Pense » et « agis » — « pense » et « communie » avec toi-même et avec « l'infini ». Même si tes pouvoirs sont rudimentaires ou rétrécis, tu les possèdes et finiras par les « dominer », les commander.

« Devoir être, c'est être, et tu seras puissant et fort. (Symbole)

Tout sommeille dans la « vision », l'image, pour grandir dans la « sensation »… toute pensée est vivante, agissante, un vrai monde en ébauche si on la « télécommande » avec l'effort de la volonté : c'est le mécanisme des « actes ». Les sens ont été donnés à l'être : aux fins « d'indication », « d'aide », « d'assimilation » et non en vue « de satisfactions ». Les arrimer aux désirs malsains et matériels, rend « l'être esclave » dans l'abaissement qu'il leur impose.

Par contre, les enrôler dans un « essor collectif », ordonné et sage, donne à l'être « la maîtrise » dans l'envol vers les sommets. Rien n'est « impossible » à l'être. Il s'agit qu'il « comprenne », qu'il décide et réalise.

Toute « impossibilité » cache de « riches possibilités en gestation » qui attendent le « choc » qui les « révélera », ainsi, d'étape en étape, vers des pérégrinations de plus en plus élargies…

Débarrasse, ô frère humain, ta pensée de « l'ivraie » si tu veux semer et récolter le bon grain. Rends-la « créatrice », agissante, afin qu'elle ne piétine pas sur place. N'oublie pas que « tout » dans la « Création » est « en marche » et doit aller « de l'avant ». Ne tourne pas « en rond » sur « toi-même » : prisonnier de « dogmatiques erreurs paralysantes » gage la puissante gravitation de l'infini qui t'offrira son inépuisable illumination.

« La pensée » n'est pas une « cause » en soi, mais un « outil », un « moyen » de « construire » ce que tu « sens » et « vois » en toi… car tout ce que tu « sens » et « vois » au « crible de la conscience », est le reflet du « Dieu » que tu portes en toi…

En voyant, ce qu'à travers les siècles, la collaboration de « l'Idée collective » t'a apporté… réfléchis à tout ce que tu peux conquérir, désormais : dans « les champs d'action » offerts à tes expériences. Progresse dans « ta foi en Dieu » ! dans ta foi en toi-même ! pour lui ressembler… Car tu n'es pas, seulement, une « formule numérique », une « équation » aux relations « indéfinies » de forces diverses, dans « l'incalculable multiplication des données », tu demeures « le fruit de l'amour suprême éternel », pivot de « toutes mathématiques », de « tous calculs », de « toutes harmonies »… dans des « relations » de « principes », « d'éléments », de « pesanteurs », de circuits de « forces motrices »…

« Rien n'est hors de l'être » (Symbole). — Ton « hérédité », dans ton rôle de créature est « la conscience d'être » et la « joie de devenir » : poinçon uniforme, estampillant (sous les doigts divins de « l'Incréé »), les « mondes » et les « créations » composant l'Éternité… *Éole*

Q. : « Omnia mecum porto » : Je porte tout en moi. Pouvez-vous commenter ?

R. : OMNIA MECUM PORTO. — L'immortalité ! la liberté, l'unité sont en lui, « rudimentaires ébauches » de sa puissance. À lui de les découvrir, de les posséder dans la « douceur ineffable de l'Amour ».

Affranchissez-vous des « fièvres de l'âme » comme de celles du « corps » ou du « mental ». Ne vous immobilisez pas sous la crainte et la faiblesse qu'elles engendrent. Ô mon frère ! Que la joie de la « victoire sur toi-même » (dans l'attraction passagère des luttes et des douleurs), te soit douce ! Que ta palme chèrement acquise, couronne « la croix » et sa couronne d'épines !!…. Sur « l'horreur », « l'erreur » et la « mort », l'esprit demeure conquérant !! Réjouis-to[illegible] et avance !!! Longue est la Route ! Que d'écueils encor[illegible] ter, en attendant d'aborder aux sublimes étapes. [illegible] point et ne crains rien…

Prie et crois ! Demeure certain de « [illegible] l'Œuvre divine », en son « extatique [illegible] volonté toute puissante » de l'accomplir (à travers toute la Création)… Sois « patient » et « calme »… confiant toujours en la « vérité » que tu portes !! Si profonde soit-elle, tu la découvriras, et, par elle, ton « savoir » et ton « pouvoir » jailliront : la connaissance efficace suivant, pas à pas, les progrès de « la conscience ».

Que représentes-tu ? magnifique « héliostat » humain ? Que vois-tu de ton « mécanisme réel » sous les « apparences matérielles » qui te conditionnent et t'asservissent ?

Je m'efforce de t'éclairer, de te prouver que la « vie terrestre » n'est ni une « fin », ni un « But », mais une « parcelle évolutive », une étape qui te délie de bien des attaches morbides, contraignantes et obstructrices. Je ne cesse de revenir sur l'inépuisable sujet, sur « l'inimaginable cadeau » que la « mort » fait « aux vivants » de toute évolution. Le « détachement de la forme », allège « l'esprit » et son périsprit… *Éole*

Q. : Que répondre aux philosophes de l'absurde ?

R. : Un seul phare resplendit sur « toute inquiétude ». La création toute entière est l'œuvre de « l'Omniscience suprême » et rien n'échappe à « l'ordre », à « l'équilibre » de son « omnipotence éternelle ». Le divin Architecte n'a rien négligé pour que « l'édifice » soit, un jour, splendide et parfait.

Ouvriers de cette œuvre gigantesque et splendide, parfois déconcertés par les rigueurs de la tâche, les embûches, les tâtonnements de la route, des parcours, des écueils, des erreurs, des luttes, des recommencements : espérez !!!! Rien n'est faux — rien n'est inutile dans la souffrance, si cruelle soit-elle. Tout a son sens, sa valeur son profit.

L'effort de redressement que poursuit « la création » est le fait « de l'évolution elle-même » de « Dieu puissance » en Dieu réalisation.

Quand l'être sent cette « puissance divine » qui est en lui, [illegible]ime », l'entraîne, quand cette « voix intérieure » parle plus haut que les « éléments matériels », il devient « le maître » de tous les « parasites constitutifs » de ses « successives prisons ».

« D'instinctive », « tâtonnante », « malhabile », « trébuchante » ou « maladroite », « incohérente », cette puissance devient : « force », « rythme », « progression » — « action cohérente et continue ». L'aspect de « toute créature » cesse d'être « l'envers » pour devenir « l'endroit ».

Frère humain, laisse, à ton être intérieur, la plus grande place ! Médite !! Écoute dans le « recueillement » bruire l'écho divin, devant cette petite lampe de ton sanctuaire caché. Découvre (en le dénudant un peu), le miracle que tu portes, que tu te prépares à réaliser.

En t'enlevant les œillères sur les « réalités trompeuses », nous ouvrons tes yeux à la Vérité, à la Lumière.

OMNIS HOMO MENDAX !!! — Oui, l'homme est fragile… mais fort « s'il le cherche » « s'il le veut » et la « Vérité est en marche » !!! *Luz*

Q. : La liberté de l'homme se développe-t-elle effectivement au rythme de son évolution ?

R. : L'être humain, en substance, déterminé, dont le potentiel va se libérant (à chaque nouvelle existence) des virulences destructrices, gagne « un libre arbitre » de plus en plus éclairé, conscient, 'ainsi que des pouvoirs accrus — sur lui-même, d'abord, sur son ambiance, ensuite… le débordant peu à peu.

Le disque humain se déroule donc sur le « tourne-disque » terrestre, au rythme impulsif du départ (qu'il lui est bien difficile « d'enrayer », subordonné qu'il demeure à son « individualité »). Son arme dominante ? — La concentration !!!! La prière lui apporte, dans l'apaisement de l'extériorisation, un peu de force, pour mieux lutter contre « le trop tourner en rond dans son orbite ». La pensée, aux ailes infatigables « ne veut pas être muselée »… et bondit, hors des cages et des prisons, ivre de vie et de vibrations… Son régulateur (pôle nerveux de l'être), détermine par les neurones du rachis, des réactions naturelles ou imprévues : génie… rayonnement, démence.

Endiguer est difficile, parfois impossible. *Euthyphron*

Q. : Pouvez-vous commenter de votre point de vue la célèbre opposition que font les philosophes entre les noumènes et les phénomènes ?

R. : Sur les « plans humains », vous ne connaissez (à travers les sens) que les perceptions, les sensations.

Le monde corporel est le « phénomène » sans « substance », « permanence » ou « activité » propres, sans « l'esprit de l'esprit » : l'esprit suprême. La nature (grand écritoire de Dieu) vous parle et vous livre le langage divin : depuis le « balbutiement » jusqu'à la « symphonie ». Vous « admirez » et « vivez » dans les effets et les apparences, mais les « Causes Directrices » vous les subissez, vous en pressentez la puissance, tandis qu'elles vous dirigent vers la Sagesse, la Paix, l'Infini. Le « noumène » « cristallisé », « équilibre » et « dynamise » le « phénomène » dans sa perception sensible.

Le « phénomène » couve, sous l'apparente rigidité matérielle « le germen et le soma » du « noumène ». Ainsi, se réalise l'incessante, lente et méthodique ascension et transformation progressives des êtres, des choses, des univers.

Comment vous décrire l'Intraduisible et jouer, sur votre clavier, la gamme des merveilles de la vie et de l'évolution… tandis que la « Loi du Silence » nous muselle et que vos yeux sont clos ? Qu'« Amida » ou « Kami-Moussou-No-Kami » lèvent le voile s'ils le peuvent, tandis que vous relirez nos lignes, nos phrases, et déchiffrerez les « rébus » cachés en des coins d'aspect négligeable ! *Clarté*

Q. : Le « réel » est-il continu ? discontinu ? divisible ou neutre, à l'infini ?

R. : Poursuivre le réel, c'est aboutir au Doute — l'être reste « acculé » par tout ce qu'il redoute !! Le réel est « relatif » par rapport à votre « position » quant à « lui ». Jamais « semblable » (parce qu'étant « la vie ») selon son « aspect apparent et concret »... En « transformation incessante », subordonnée au « déroulement conscient des évolutions ». « Personnel », parce que reflétant les « impressions » de « » plus que celles de « la Réalité collective ». « Aujourd'hui » n'est pas « hier » et ne saurait être « demain » !! Tout se transforme dans le « Réel » en marche, vers une « réalisation objective » de la fantaisie, du rêve, de l'incohérence et de « la chose imaginée ». Réalité ! Imagination ! sont deux « opposants », dans leur unité, comme le « droit » et « l'envers », les deux côtés d'une médaille. « Dualité » et « Unité », dans la « spontanéité » de leurs réactions... L'homme ne peut, sur son plan, résoudre ce « problème » de l'être et des réalités. Il demeure, pantelant, sur des « hypothèses » succédant à d'autres.

La « certitude », c'est « l'existence », c'est « la vie » : c'est la pensée ascensionnelle vers toujours plus d'horizon et de ciel bleu... L'évolution s'explique d'elle-même, il s'agit de la regarder : « Connais-toi, toi-même !! ». Elle est indissoluble de l'être lui-même qui demeure « instable » dans « l'instabilité » et poursuit, en lui-même et autour de lui-même, une marche évolutive, progressive et ascendante... Oui, ascendante, car tout « monte ». Le « zéro » devient « total », « l'atome » devient « Dieu » !! et dans « l'effort cycloïde éternel » « créateur », le « total » produit à nouveau (et reconstitués), ces « atomes zéro » charpentes arithmétiques d'un nouveau « total ».

C'est tout ce que je peux vous dire. Nous-mêmes sommes sur cette voie...

Quant aux philosophies diverses, aux chercheurs et aux pionniers à l'assaut de « la lumière » et de « la vérité » leurs essaims ont amassé beaucoup de miel pour « leurs ruches » qui alimentent l'humanité… Ils ont tous fait de gros efforts et ont souvent collaboré avec nous, occultement ou médianimiquement… Sources de progrès universels, marches de cet escalier algébrique qui, dans « l'interplanétaire » commence la magique géométrie de l'espace… *Clarté*

Q. : Pourriez-vous nous redonner votre réponse sur le libre arbitre ?

R. : Soit ! — Toute l'Éternité, toute la Création sont déterminées par « Dieu » et en Dieu, ce qui crée une Loi rigoureuse d'équilibre, de répartition des forces et des évolutions. Tous les êtres sont assujettis à ce déroulement et se « réalisent » dans la « succession » des « formes » et des « plans ». Chaque existence, chaque acquis agrandissent « la conscience » : siège du « libre arbitre progressif » qui s'exerce dans une « orbite » de plus en plus « élargie », pouvant affronter les « rayonnements collectifs » et « déterminés » — méridiens des créations embryonnaires. *Clarté*

Q. : La méditation est difficile à pratiquer dans le tourbillon du monde. — Comment faire ?

R. : Travailler : c'est prier ! Lutter, souffrir, pleurer : c'est prier !…. L'extrême lassitude, comme l'extrême désespoir, rejoignent la prière, parce que pénétrante, vrillant, le fond de l'être. — En triompher : c'est la plus sublime des prières.

La méditation et l'ascétisme (faits dans des conditions parfaites), domestiquent « le corps » au profit « de l'esprit », mais, pour cela, des foules de « croyants », de « rares pratiquants ». De plus, ces méthodes sont souvent prostituées à des fins moins nobles que l'exige la Loi morale…

Faites-en vous le calme et le vide, élevez vos pensées vers la Lumière, vers l'Amour infini, vers Dieu, avec tout votre élan, tout votre esprit, tout votre cœur, tout votre désir d'obtenir… et votre prière sera entendue. *Papillon Noir*

Q. : La philosophie, avec les contradictions inhérentes aux différentes époques et écoles, nous apparaît telle une affabulation fantaisiste, une déviation, souvent, de la raison... Nous croyons que la philosophie, pour satisfaire à la Vérité, doit s'appuyer sur la science totale et les faits précis. Quelle est votre opinion à ce sujet ?

R. : C'est, évidemment, la Route. Il n'y en a pas d'autres- ... les faits probants venant au secours des « doctrines ». Les faits se multiplieront de plus en plus (dans cette Terre qui va « à vau-l'eau »...), apportant leurs lumières... à l'homme inquiet, troublé, désarçonné...

« La lueur ne vient pas de la philosophie.
« L'être » possède, en lui, l'âpre photographie
Du Créateur de son cerveau. »
SYMBOLE

C'est donc en soi qu'il faut chercher son Dieu, sa foi, sa « raison de vivre »... En soi qu'il faut le développer, le grandir... de façon, qu'après, lorsque « Dieu » tendra les bras, il ait vraiment « un enfant de lui » qui arrive. *Clarté*

Q. : La logique est-elle une science achevée, comme le croyait Kant, ou bien un remarquable modèle de science formelle, comme on le pense de nos jours ?

R. : Sur Terre on se bat sur des mots qui ne veulent rien dire ! La logique c'est la raison. Qu'est-ce que la raison ? C'est la chose qui se poursuit, c'est-à-dire ce que Dieu a mis en nous pour équilibrer le désordre des autres cellules. Il faut qu'il y ait une direction. Cette direction doit être la logique, parce qu'elle est l'Ordre, la Loi, l'aimantation éternelle, basée et agissante. On se bat sur des mots qui changent selon les philosophies. Mais les philosophies... n'ont jamais mené à grand chose ! « L'être possède, en lui, l'âpre photographie du Créateur de son cerveau ». C'est là toute la logique, toute la raison, tout le désir de monter, tout le pivot de l'évolution de l'être. *Clarté*

Q. : Que pensez-vous des travaux et des affirmations de Jacques Monod (prix Nobel) qui place tout, homme compris, sur « le fait du hasard » ?

R. : Affirmations fantaisistes… Rien n'est laissé au soin du hasard dans l'équilibre très parfait et méthodique des événements. Dans la réalisation de toute chose (êtres, univers), l'enchaînement est si minutieux et jusque dans le moindre détail, que ce « hasard » intelligent et ordonné s'appelle « sagesse »… *Papillon Noir*

Q. : Pourquoi l'homme a-t-il tant de difficultés à suivre la Loi divine ?

R. : « LA LOI Morale » dans ton cœur, le « ciel constellé, étoilé » au-dessus de ta tête, voici, ô mon frère humain, la présence de DIEU « en toi » et « autour de toi ». Mais encore faut-il que cette Loi tu en sentes à la fois, la « rigueur » et « l'amour et que ce ciel » tu l'admires », en « la réalisation admirable de la Création ».

Sur ce « chaos étroit » où ta lutte se poursuit (inexorable et précise) vers le But merveilleux, tu demeures « le fils des hommes », assujetti comme eux aux « luttes » aux « vicissitudes », « aux efforts », « aux lentes remontées » dans des « accroissements » bien durs à gagner.

Que fait en toi, le fils de Dieu (que tu es aussi) pendant ces périodes d'affrontement évolutif ?

D'abord, « incertain », « inconscient », puis « vagissant », dans l'éveil progressif « de son individualité » (vassale à jamais de l'omniscience éternelle) — à travers les enveloppes et les milieux. « Rien n'est hors de l'être » ; partant, « rien n'est hors de Dieu ». Que d'incertitudes t'étreignent devant les apparences trompeuses (visions tronquées des réalités) en marche vers les sommets.

Que de doutes dans ton inconscience, tes tâtonnements, tes erreurs de parcours.

Si l'être devient grand « des pas qu'il fait », il doit s'assurer de leur « importance », de leur « dimension », non seulement par rapport à lui, mais encore : à l'ensemble.

Certes, il met les pieds dans d'autres empreintes qui lui servent de mesure… mais il doit se conformer surtout à sa propre ampleur, à l'équilibre progressif de sa foulée… *Éole*

Q. : À une époque où les hommes sacrifient à l'apparence, au masque, aux faux biens, quels conseils pouvez-vous nous donner ?

R. : Ô, mon frère ? sois simple comme « l'or brut » ! qui, par sa solidité, sa valeur réelle triomphe à la longue, de sa gangue obstructrice. Ne te pare ni de vertus faciles, ni de dons brillants… mais efforce-toi de briller avec les ciselures éclatantes d'un bijou habilement travaillé ! Gagne vers les « chefs-d'œuvre » en faisant reculer ta rudesse égoïste ou orgueilleuse… Que « l'exercice de ta vie » t'apprenne le dévouement et l'indulgence, — l'oubli de toi en les autres.

L'abîme (même le plus profond) — finit par révéler ses secrets à celui qui ne craint pas de les scruter, le flambeau de la foi à la main. Au-dessus de toutes les sciences, laisse fleurir et grandir « la science de l'âme » car celui-là ne sait rien qui n'est pas savant dans la valeur du bien.

À l'heure où tu toucheras du doigt : le vide, « la tristesse », « l'impuissance des affections et des sentiments » que la « réflexion » jaillisse de ton âme, pour t'enseigner « que tout est certitude, mais que tout passe », sauf « la bonté, l'amour » (parures suprêmes et ineffables). *Éole*

Q. : Comment lutter contre l'égoïsme ? (en soi, et chez les autres).

R. : Que « ton inépuisable charité » attire sur toi « la miséricorde divine » payant (écot béni) le moindre bien voulu pour autrui ! sur « l'ardente sensation » qui s'éveille en soi, ajoute celle du « devoir ». En obéissant simplement à la « voix du devoir » l'être (le plus humble) atteint à « la grandeur sublime » : celle qui lui permet de trouver « l'ultime récompense » et le « divin bonheur » dans son seul accomplissement. Âmes « délaissées », « méconnues » ou « trahies », que de grâces viendront vous apaiser dans la « douceur » et la « hauteur » du dévouement et du sacrifice !!!

« Grandeur sanglante du calvaire, subie pour régénérer » ! Douleurs ! Larmes ! Souffrances des « cœurs embrasés du feu de la charité » vous rayonnerez de l'attrait divin !!!

Si tu veux acquérir le droit de pouvoir « toucher » et « convertir » les hommes, il faut que tu sentes dans tes moindres paroles, dans tes plus petites actions, vibrer « l'étroite communion » qui (à travers la matérialité des actes et des circonstances) te lie à l'Éternel !

La meilleure chose du monde est (pour cela) de perdre le « triste égoïsme » du « moi », dans un immense « amour » pour autrui, fut-ce au prix de tes sacrifices !!!

La charité, « parce qu'elle doit tout comprendre », doit « tout Vouloir » et par là, « tout pouvoir », pour consoler, guérir, éclairer. Que l'aumône que tu fais de « ton soleil intérieur », soit pieuse, douce, apaisante et s'épanche (aussi bien sur les cœurs coupables).

Se sacrifier à autrui, croire en ce que l'on aime, se sentir « soi » dans le « vrai », dans le « pur », est déjà le prélude du bonheur.

Mais, que d'abîmes dans le cœur ! que de propension à scruter son esprit, à « épier les sentiments des autres » (corrodant ainsi le « meilleur de l'enthousiasme »)... de l'élan généreux !

Chasse de toi, la crainte d'être dupe !

Douter d'un cœur, sans raisons, t'expose à le perdre, en le meurtrissant à jamais ! Que le « renoncement » fasse peu à peu, reculer troubles inquiétudes !

Que la « sérénité intérieure » couronne ton front : ce « qui est le plus grand charme du sage », en attendant de devenir « l'auréole du saint ».

Apprends à séduire par le don de ton sourire, la douceur de ta voix, au profit du bien. Que la grâce de ton accueil en décuple le mérite, créant l'aisance, l'ambiance de contact, toujours si prodigieuses de résultats dans les relations, les apports, les échanges…

« Excuse mes répétitions volontaires » sur ce sujet aux mille facettes, « mais toujours semblable ». Que brille en toi, le merveilleux talisman qui te permet « d'acquérir la terre » en préparant le ciel.

Que l'« Astre tout puissant » (qui fait palpiter tous les infinis) provoque l'épanouissement de ton « être intérieur », sous son éternelle palpitation, tandis que tu « charmes », « soutiens », consoles, prenant ta part du festin béni !!!

Demain, lorsque tu gagneras « les célestes rives » puisse ta « grandeur » se mesurer à l'« ampleur de tes bienfaits » ! ton âme vibrer à cet instinct d'expansions, d'altruisme et de perfectionnement qui est la base même de la Création !!! « Amour creusé » par « l'idée divine » et dont on ne trouve jamais le fond !

Si je t'exhorte à bien te connaître, donc pour mieux te guider, c'est par ce que l'âme qui se hausse à de telles altitudes et produit de telles pensées marche (au travers de la vie), comme en extase. Elle contemple des « horizons inconnus et merveilleux », ruisselants de « lumières », de « clartés » embaumées par le parfum des fleurs du ciel, venu des « édens » et des « paradis » !!! *Éole*

Q. : Pascal disait : « Nous ne nous tenons jamais au temps présent… Que chacun examine ses pensées, il les trouvera toutes occupées au passé et à l'avenir. » Que dites-vous de l'emploi que doivent faire les hommes de leur temps ?

R. : Combien demeure heureux, apaisé, dans sa noble carrière, celui qui (rejetant ses regards en arrière), y trouve partout des défauts combattus… au long du temps qui passe. Le temps, qui paraît fragmenter l'Éternité au travers des « plans » et des « cycles », t'appartient. Ce vaste champ d'action ouvert à toutes les créations et à toutes les créatures est donné en même temps que « l'être ». À travers son importance, sa solidité, son étendue, tout paraît incertain et mouvant…

La vie, toute entière, qui s'écoule entre ses rives (immuables et changeantes à la fois) est tissée dans son étoffe, tour à tour rude et soyeuse, selon l'usage que tu en fais (trop souvent inconsidérément en enfant prodige !).

Sois économe de ce temps qui court et file entre tes doigts, fais-en sagement l'emploi si tu veux t'assurer les bienfaits de la Route et des génies l'accompagnant. Dans le cycle terrestre et à travers les siècles, l'homme commence par mal faire, puis dérouté, à mieux faire… ou à faire autre chose que ce qu'il devrait faire…

Prends conscience de ces errements obstructeurs et agis en conséquence puisque tes yeux sont ouverts sur la « suite au temps présent ». Pour l'heure, c'est sur le présent que s'exerce ton action (passagère en lui), constructrice pour l'avenir.

Vis ton présent dans sa plénitude de déroulement, de grâce, dans les divines bonnes choses mises à ta portée par la nature et par la Providence, mais garde-toi bien de mettre à ton compte, les actes susceptibles de t'apporter des regrets ou des remords…

Que ton esprit ne s'hallucine pas de projets chimériques ou irrationnels ! Ce serait prendre le courant à contre-sens, avec ses terribles conséquences ! Si les étapes sont fragmentées, les ans et les heures comptés, c'est pour canaliser ton effort en vue d'une réalisation progressive… Si tu ôtes de ton patrimoine temporel la semi-inconscience de l'enfance ou de la décrépitude, les périodes obnubilantes des maladies, des ennuis, des chagrins, il te reste bien peu d'années pour vivre le « présent » et préparer un « avenir » sur le raccord du passé.

La « raison » et la « prudence » (ces deux flambeaux) sont là, « attentifs et solidaires », à te guider dans ce travail sur « toi-même », le seul « valable » et important… autant que durable !….

Regarde « le passé sans trouble » et « l'avenir sans crainte »… mais « sens » et « vis » le « présent » afin qu'il prépare tes ailes. *Éole*

Q. : Bien des moralistes et des philosophes ont exprimé leur art de vivre personnel. Quel est, selon vous, l'idéal de vie terrestre ?

R. : Heureux celui qui vit dans son fabuleux horizon (sous l'architecture sublime de ses antériorités) faisant sa science et sa religion du soin de rendre heureux : autrui et tout ce qui l'environne, en cultivant dans son jardin : légumes, fruits, sous la merveilleuse parure des fleurs bruissantes d'insectes et d'abeilles… Il aperçoit quelquefois dans le clair obscur du jardin endormi, les ombres légères de Zéphyr et de Flore… Bénissant les efforts généreux et maternels de Dame Nature.

Que d'harmonies, d'amour, de sagesse, dans le déploiement et le déroulement de ces efforts. Tu n'es savant que de leur science, croyant que de leur révélation, religieux que de leur inspiration, sage que de leur sagesse, dès que tu sondes avec ton cœur et ton âme l'Infini qu'ils révèlent !

Majestueux grimoire où tout s'inscrit en lettres d'or, en tableaux vrais, ravissants, évocateurs dans le rivage du Temps.

Oh ! Mon frère humain ! Regarde ! Vois ! Écoute ! Pense ! Car ton esprit « si tu le sollicites » possède cette faculté remarquable d'enregistrer très vite, de briller en retour dans sa méditation. Si la vivacité est son essence (dans la rapidité des idées et des sensations), la réflexion ou le bon sens organisent et rythment les sentiments.

Va droit devant toi à la rencontre des âmes nobles et bonnes que tu retrouveras et reconnaîtras sans peine, malgré l'éloignement qui vous avait séparés.

Demeure simple, sans prétention, toi le spectateur éphémère du spectacle éternel qui resplendit à tes pieds et au-dessus de ta tête.

Admire la nature mais aussi les merveilles célestes se balançant dans le firmament, t'associant en l'immensité au Père Universel, Causalité suprême de toutes existences.

Que tes pensées soient positives, vivantes, complètes mais surtout fécondes en miel spirituel. *Éole*

Q. : Les bienfaits de « l'attente » ne rejoignent-ils pas les conseils que nous donne Sénèque lorsqu'il affirme : « Le destin conduit celui qui accepte, celui qui refuse, il le traîne » ?

R. : MÉDITE ! PENSE ! ATTENDS ! Non, — dans la fièvre… ou l'amertume, la révolte ou l'inquiétude —, mais dans la tranquillité de ton moi. Apprends à savoir « attendre » ce que le Ciel te réserve : « épreuve, apaisement ou satisfaction ».

Ô Sache ! et c'est un défi pour tes nombreux « Pourquoi », QUE « vouloir » est la « force » et « qu'attendre » est la « LOI » ! SYMBOLE.

Suivre sa voie conduit à la sérénité, au bonheur absolu. La transgresser maintient l'être (prisonnier de ses tares de ses servitudes), de ses erreurs dans l'horreur des chaos et des souffrances…

« Le Ciel a, dans l'azur, des degrés inconnus…
« Et tous les « douloureux » et tous les « méconnus »,
« Franchissent chaque marche, avec l'or de leur âme.

« Plus haut que le Ciel bleu, l'extase ou la caresse,

« Plus loin que tout l'azur (par-delà l'allégresse),
« Dieu regarde, attendri, par cet avènement
« L'Absolu radieux » d'épanouissement.
SYMBOLE.

Ô mon frère humain ! Durant ton passage terrestre, n'oublie jamais mes paroles, nos paroles...

L'horizon s'obscurcit, la route s'emplit d'ornières... de trouble. Qu'importe ! car tu sais que l'âme qui s'est élevée jusqu'à Dieu, domine peu à peu, les rigueurs d'ici-bas... « Attends » sans te plaindre que vienne l'apaisement, car la plainte affaiblit (sans le soulager), le cœur dont elle s'échappe. La résignation est, certes, « le fruit d'un profond effort sur soi-même », mais elle implique la force et la force commande au calme et le calme, à l'élévation.

Monte !!! « Le regard rêveur » se sent toujours attiré par les sommets couronnés de blancheurs immaculées et lumineuses. Ne perds jamais « la cime du regard » ! Admire et Prie ! dans le silence propice de ton âme attentive en attendant l'aurore de la suprême résurrection dans les plaines astrales.

Une chaîne d'airain (forgée dans les antérieures tendresses) te rive à tout jamais aux frères d'autrefois !

Que ton esprit insatiable dans sa « secrète nostalgie » et « son attente du bonheur » s'évade « des incertitudes » ou des « ténèbres apparentes » pour entrer dans « l'Arche Sainte des Révélations » et des « certitudes », par l'immense porte que notre fraternel amour tient fermement entrouverte... Qu'après la « préparation » et « l'épreuve », la « grande aile de l'espoir » te guide vers nous !!! vers la sublimité divine !!!
Éole

Q. : Toutes les recherches psychologiques et métaphysiques des philosophes ont-elles été vaines, ou nous ont-elles rapprochés de la Vérité ?

R. : « Nihil est in intellectu quod non prius fuerit in sensu nisi ipso intellectu.

Il n'est rien en effet, dans « l'intelligence » qui n'ait été auparavant dans le « sens », excepté « l'intelligence elle-même ».

Chaque « germe » qui vient à « l'être » apporte un capital de facultés et surgit « complet » en « potentialité » et en « essence »…

Son « évolution individuelle » est le « déroulement naturel » de « cette » prise de conscience et d'action dans la « trinité » du « magique chapitre » !!!

PERCEVOIR ! — SENTIR ! — ACQUÉRIR !

Que de philosophies humaines se sont affrontées, sans trouver le noeud initial du problème, tenant insuffisamment compte des « facultés innées » des « origines ».

Comment peut-on décider des beautés de la route s'il n'y a pas de « point de départ » ? avec les matériaux pour « tracer la voie » et l'embellir ?

Pour l'être humain (qui totalise déjà d'importants acquis), (et bien que le problème se pose), des lueurs apparaissent, encourageantes.

« La lueur ne vient pas de la philosophie » a dît Symbole, mais on la voit (à travers la lutte des systèmes), conquérante et ferme — rayonnante aussi —, dévoreuse des doutes, sous le souffle de la raison.

« Sciences » et « philosophies » ont passé au crible toutes les hypothèses (même les plus saugrenues), sur la valeur du « sentiment », du « moi », du « non-moi », de Dieu ! D'où jaillit la pensée ? D'où émane l'idée de la sensation ? de l'entendement ?

Fit-on la poule avant l'œuf ou l'œuf avant la poule ?

Que d'incertitudes ont couronné tous les efforts de ceux dont les tempes palissaient sur ces passionnantes et vitales recherches !

Si « l'être » est tout « résonance » il est aussi « errance » dans ses efforts « partiels », « individuels » ou collectifs.

C'est progressivement que la « conviction » agit sur l'entendement y apportant « le souffle de la foi », tandis que la « persuasion » jugule peu à peu, « la volonté » dans laquelle elle insinue les ferments « de la raison »... Les mécanismes sont subtils, nuancés, méthodiques, rythmés, déterminés qu'ils sont par les « facultés innées », « essentielles » des intelligences en action...

C'est parce que l'homme pressent (sans voir), qu'il tâtonne au milieu des vérités premières. Elles lui échappent d'autant, qu'elles obéissent « au mot d'ordre universel », irradiant de « la Causalité suprême ».

L'homme poursuit le « réel » qu'il voit, qu'il touche, mais ignore « le merveilleux » qui se cache sous les apparences...

« Le prodige », le « miracle », l'« harmonie », l'« équilibre », la « splendeur » de la « Création ». (Parfois il en pressent la puissance), il les subit (comme Colin Maillard), sous « l'aveuglant bandeau » et aboutit au doute...

Ainsi que le dit Symbole « il demeure acculé par tout ce qu'il redoute », si haut qu'il soit monté dans ses investigations.

Et pourtant, quelquefois, l'étroit soupirail laisse filtrer « un rayon » qui lui permet de surprendre « certains processus », dans le domaine mystérieux des « échanges » au niveau même du « moi » dans l'action de l'« imagination », du « rêve » si nécessaires aux « accroissements », aux « jonctions », aux « juxtapositions ».

L'intelligence se fécondant par la « sensation », produisant « l'imagination » dans un « entendement précis », rationnel si la raison en règle la mesure ; mais se désorganise, si la « fantaisie » des « sens » la pousse vers « l'affabulation », « l'exaltation » ou le cauchemar. « L'admirable précision des fonctions » se poursuit « méthodiquement ». Les tâtonnements, les erreurs, sont le fait de « mauvais ouvriers » qui doivent, souvent, tout remettre en chantier, faisant un nouvel apprentissage, de nouveaux essais, dans la conception vitale de leurs pouvoirs enfin pris en mains. *Éole*

6. RELIGIONS — CROYANCES

Q. : Pouvez-vous préciser les rapports existant entre science et religion ?

R. : Le « Savant » doit avoir la « foi »... s'efforcer, non de nier mais de « trouver » au mépris de toutes ambitions et de toutes « curiosités ».

Le « Croyant », doit conditionner sa foi aux mécanismes de la science... La foi, sans l'appui des faits, est une foi cariée...

La « Vérité » est « UNE » pour « chacun » et pour « Tous » ! Pour « l'atteindre » et la « posséder », il faut unir les efforts conjugués des « savants croyants » et des « croyants savants »...

Je sais bien :

Poursuivre le « réel » c'est aboutir au doute...
L'être, reste acculé, par tout ce qu'il redoute...
Et cependant, dans le soir bleu, monte « la Route »...

Je sais aussi :

Que de l'immense porte ouverte sur l'Infini, seules « épreuves et souffrances » donnent la clef : la clef magique... ferronnerie douloureuse : récompense des âmes pures et de ceux qui pleurent... C'est pourquoi je vous dis : « Ô, mes frères humains ! Arrière tout orgueil, ambitieux ou fanfaron, arrière cette école buissonnière en maraude loin des sentiers lumineux !....

Priez !!! dans un appel de tout votre être, vers « LUI », afin qu'il inonde votre esprit de ses « effluves », de ses « rayons », de sa « connaissance éternelle »... et qu'Il vous guide vers des « devenirs » de « splendeurs » et « d'amour ».

La « Vérité » est « nue » sous ses voiles… Elle appartient à tous… Ni ne la fuyez, ni ne la dédaignez.

Ayez le courage de « lever » ses voiles, le désir de « l'affronter », d'un cœur pur qui se veut grand… loin des relents matériels…

Que de sagesse, de prudence, dans ce corps à corps d'où toute faiblesse, toute fantaisie (même bien intentionnée), doivent disparaître et s'exclure peu à peu. » *Clarté*

Q. : Toutes les églises reconnaissent que leurs fidèles perdent la foi, cherchent des moyens pour la ranimer. Pouvez-vous nous dire quelque chose à ce sujet ?

R. : C'est LUEUR qui répond. « Les églises sont des chapelles… Toute chapelle qui a fait son temps, s'écroule parce que, peu à peu, elle dénature sa mission. Dans ce domaine, comme dans les autres problèmes humains, il faut remonter aux sources… Chercher la Vérité où elle fut cachée par ceux-là même qui la bâillonnèrent pour en tirer surtout des avantages de prestige, de domination et de fortune… Aujourd'hui, le mal est fait… Les mouvements en avant s'esquissent au seuil d'une vague animale qui ne fait « qu'effleurer » l'humanité. Plus de sensations que de réflexions, plus d'automatisme que d'élévation… tout en ressentant cette « frustration divine », apanage de ceux qui, sur les planètes comme la Terre, abordent à un plan nouveau, supérieur au leur.

La Vérité est Une ! Dieu est un ! L'homme possède en lui tout cela. Il faut qu'il cherche ce que les temples ne lui donneront jamais. Les plus exaltantes chapelles sont « des éteignoirs » pour l'âme qui ne saurait être rassasiée « d'à peu près » et a besoin d'être rassurée par des certitudes.

La « foi » est le « don » fait par « Dieu » à tous les êtres. On ne la découvre que dans la profondeur du « moi », dans le « cénacle » de la vie intérieure, sous l'illumination de la « Loi morale » : ce reflet du profil divin… Recueillez-vous pour trouver Dieu en vous et dans son œuvre : « la nature entière »... *Lueur*

Q. : Le catholicisme attribue une place importante au « signe de croix », or DEVOIR met en garde contre l'usage de ce signe. Ce signe est-il magique ? Son emploi est-il lié à une bonne orientation cosmique ? (géographique sur la Terre). Peut-il être maléfique ?

R. : Le signe de la croix est un « appel », une « construction de forces », une « porte ouverte ». Il faut lui donner un rôle, tandis qu'on le fait !

1) Ainsi : Au nom du Père, du Fils, du Saint-Esprit, donnez-moi force, courage, protection.

2) Ainsi : Forces célestes, ayez pitié de moi, soulagez-moi ou protégez-moi, ou sauvez-moi,... guérissez-moi... intercédez pour moi, obtenez-moi...

3) Pour le pain : Donnez-moi toujours du pain et permettez-moi d'en donner toujours à ceux qui en manquent...

Se garder de faire le signe machinalement sans rien dire. C'est une porte ouverte aux forces quelles qu'elles soient. *Euthyphron*

Q. : L'extrême-onction, donnée par les prêtres, a-t-elle un effet réel ?

R. : Oui, si le « Prêtre » est « médium ». *Clarté*

Q. : Que faire alors à ces moments si tristes ?

R. : Prier, et de tout son cœur... Quelques passes douces, apaisantes au-dessus du plexus et attendre que l'être qui s'en va s'abandonne aux mains qui le viennent accueillir. *Clarté*

Q. : Par quel processus agit une bénédiction ?

R. : La bénédiction, c'est d'abord de grouper les forces, de les éparpiller dans le circuit que forme l'être, et au-delà, de façon à rythmer ce qui s'échappe ou ce qu'il ne peut prendre ailleurs, de le mettre à la portée des cônes vecteurs qui enregistrent. L'autre, le pouvoir réel de la bénédiction, vous ne pouvez l'apercevoir ; vous êtes, malheureusement, avec des yeux trop fermés sur les réalités. Nos bénédictions, à nous, bousculent tous les infinis pour venir juste à la place. *Clarté*

Q. : Que penser de cette phrase de l'Ancien Testament (Deut. 18/12) : « Qu'on ne trouve chez toi personne qui exerce le métier de devin, d'astrologue, d'augure, de magicien, d'enchanteur, personne qui consulte ceux qui évoquent les esprits, disent la bonne aventure, personne qui interroge les morts, car quiconque fait ces choses est en abomination à l'Éternel » ?

R. : Qui scritura ex hébraïca lingua in graecum transtulere, numerari possunt, latini antem interpretes nullo modo. Ut enim cuique primis fidei temporibus in manus redit codex groecus ausus est interpretari »* — d'une part — et, d'autre part, on voulait protéger « les ignorants » contre les faux prophètes, les sorciers, devins, pratiquant la magie dangereuse (dans des évocations d'élémentaires), déterminant succubes, incubes, vampires, etc.

Mais les prêtres ont toujours communiqué avec l'Invisible et l'Invisible a toujours parlé par la bouche d'intermédiaires choisis, sur tous les plans, apportant la lumière, les progrès incessants, dans une solidarité qui demeure totale, même encore — vous en avez la preuve —, et vous en sentez l'amour. *Euthyphron*

Q. : Joseph est-il le père du corps terrestre de Jésus ?

R. : Oui, même de ses frères. Euthyphron

---

* Trad. : « Ceux qui ont traduit de l'hébreu en grec les Saintes Écritures, sont peu nombreux ; au contraire, les traducteurs latins sont légion et chacun de ceux qui, au temps de la foi primitive, a pu avoir entre les mains le texte grec (codex) a eu la hardiesse de l'interpréter.

Q. : Marie a-t-elle été, sa vie durant, consciente ou non, que son fils JÉSUS ressusciterait au troisième jour ?

R. : Oui, de ce drame et de ce miracle, Marie était avertie. *Euthyphron*

Q. : Que pense « un saint » de sa béatification terrestre ?

R. : Peu lui importe. Il vit et voit déjà plus loin. *Euthyphron*

Q. : Quelle est la traduction correcte du mot hébreu : ELOHIM ?

R. : Je suis un pauvre traducteur… et sur Eloah ! je ne vous dirai rien, ne voulant pas remonter à la guerre des singuliers ou des pluriels pour différencier l'unité des « causes essentielles »… Nous l'appelons « Dieu » le « Maître Absolu » de toutes choses… *Euthyphron*

Q. : Les religions qui ont déformé la Vérité dans des buts purement terrestres, peuvent-elles nuire à la diffusion et à la compréhension de la Vérité ?

R. : La « Vérité » est « une », immuable, comme les grandes choses éternelles…

Les religions, les sectes, les innombrables idéologies (à travers les siècles) l'ont captée, endiguée, canalisée, travestie, dénaturée, domestiquée aux appétits matériels mais elle renaît, inlassablement, de ses cendres… telles ces rivières souterraines qui réapparaissent, au plein jour, après avoir perforé rochers et monts…

La Vérité : c'est la Loi ! C'est d'Ordre ! Le Rythme ! la Vie !

C'est la « merveille des merveilles », l'éternel Prodige dans le ruissellement des créations et des créatures dans l'absolue minutie des gestations, des éclosions, des envols, des gravitations, des évolutions, réglant le moindre détail. C'est la voix de Dieu chuchotant dans toutes les âmes, son indicible, son inlassable amour…

Livre prestigieux des chaos, « la nature et ses composants » parlent le langage suprême, à qui prête l'oreille de son cœur fervent ou troublé et l'humble berger, dans les solitudes, en apprend davantage, et mieux, que le théologien dans ses facultés.

Frère humain ! Rapproche-toi de la nature et admire la splendeur dans son activité croissante, intelligente et constructive, depuis le « minuscule embryon lycopode », jusqu'au « Roi des forêts »…

La Vérité est « une », comme l'Éternité !!! « Immuable », comme la Durée !!!

Splendide Déesse aux yeux d'émail !!!

Lumineuse escarboucle resplendissant dans les espaces sidéraux ! (comme dans la « hantise » des sinistres profondeurs !!!).

Diadème rutilant transformant les « saignantes couronnes d'épines », en « étincelantes auréoles » !!!

Sa royauté ne s'agrémente d'aucun artifice, d'aucun faste, d'aucun accommodement… Sous les voiles blonds qui la dissimulent, elle est « nue », « merveilleusement nue ». En vain la couvre-t-on d'oripeaux (mystiques ou profanes), défigure-t-on son visage si pur, détourne-t-on son pas si noble, sa marche solennelle et divine., on la rencontre toujours, « à la croisée des chemins », où l'âme se prosterne, pour boire « à la source ».

Car « l'Heure de Vérité » sonne, inévitablement, pour chacun des êtres : « Sainte grâce » allumant les phares de « ce qui est » Malheur aux faux devins ! Malheur aux faux prophètes !!! dont « l'orgueil » ou la « cupidité » stupides, enterrent la « flamme » sous le boisseau… afin de dominer « ceux qui les entourent » et souvent des « collectivités entières » !!!

Qui se sert de l'épée, périra par l'épée !!! Une heure vient où, dans des éblouissements, la vérité triomphe du « mensonge », de « l'erreur »…

On l'a vue, au long des siècles, bousculer les dogmes, renverser les obstacles, les États, les êtres asservis par le veau d'or, la fatuité, la folie…

Mais qu'importe la « face humaine » et ses « mensonges »!! Qu'importe: « l'Ombre », le « Gouffre », la « Nuit », le « Doute », ce piège trompeur, ce traquenard des abîmes, puisque « fausse » est la « négation », à travers les « systèmes » et les « individus »… Il faut élever, dans vos cœurs, un « monument » à la Vérité, afin qu'elle domine vos pensées et vos actes, commande à votre « rectitude » vis-à-vis de « vous-même » et vis-à-vis du « prochain ». *Luz*

7. PSYCHOLOGIE — ARTS

Q. : Parlez-nous du rôle du sentiment dans le jeu des évolutions ?

R. : Nous partons, par exemple, du rudiment de vie, du « zéro au total », du « petit au grand », de « l'infime à l'immense », partout, nous trouvons le doigt de Dieu guidant l'évolution, ce qui impose au « végétal » et au « minéral » de n'avoir qu'un « rayonnement », à la « plante » ou « l'animal » « l'instinct et l'homme » : « la préscience », il doit aller dans tous les coins de cette « préscience » pour l'ouvrir à la « connaissance » qui est l'apanage des esprits. Dieu seul étant « l'omniscience », l'œil de Dieu est fixe et regarde toute l'Éternité monter en Lui, sans repos, sans trêve, sans arrêt. Tous ces sentiments doivent être développés chez chacun. Ainsi, ce qui peut amener le maximum de choses obtenues c'est (puisque le Ciel l'a donné), le « sentiment ». Le « sentiment » c'est une grâce. Par lui on perçoit que tout obéit à sa circonférence et à son point d'appui. Le « sentiment » doit devenir de « l'amour ». L'amour c'est la plénitude des sentiments parce qu'il agit dans l'être d'une façon totale. Il prend l'intelligence et son cerveau, le cœur qui doit faire son choix dans cette circonférence des désirs qui peut, se plaçant au-dessus des sensations (matérielles), aboutir au sacrifice le plus complet et même à la mort ! L'être a donc fort à faire dans toutes les choses mises à sa portée. Il traverse la Terre, souvent, sans le voir. On vous a dit beaucoup de choses qui doivent vous guider vers nos voies. Étoffez-les en vous, solidement, pour qu'elles fassent une voile neuve pour vous enlever vers nous ! *Phédon*

Q. : Quel est le mécanisme intérieur de la joie, de la peine, au point de vue fluidique ?

R. : Nuances. Nuances sans cesse, polarités toujours, en tout — rejoignant « les lois gravitiques de sensation » qui demeurent la base de tout. Le plus petit mécanisme possède « ondoiement et gravitation ». C'est elle qui condense, nourrit, provoque, projette, dynamise… parce qu'étant « Dieu en réalisation » (dans l'aimantation de son rythme). Sous ses lois et selon les conditions de la vie atmosphérique, le « proton » devient « positif », « l'électron » « négatif », entreprenant une « fusion » dont leur « propre vie rythmée » dépend, sur la « trame des dynamismes et des profondeurs ».

On ne peut l'exclure de rien et, sans en connaître « les évidentes propriétés et pouvoirs », votre monde savant en mesure l'importance, sans, pour autant, pouvoir l'asservir à son gré. *Papillon Noir*

Q. : Est-il exact que certains désirs intenses, ancrés dans le mental, doivent passer par l'action pour être éliminés ?

R. : Passer les désirs par les armes… ils sont éliminés…

Les chronométrer et les tenir à l'allure constructive normale, éviter les galops désordonnés qui ne se fixent nulle part et perturbent l'équilibre de l'être. Désirer : c'est vouloir. Il faut « savoir vouloir » et ne créer que des spirales vivantes et normales. Là aussi il y a beaucoup de « morts nés ». Désirer dans « l'Ordre » est une progression. — Éliminer par « l'exérèse » tout ce qui n'est pas viable. *Luz*

Q. : Pour dégager une « névrose » sur un individu, par psychanalyse, on libère l'inconscient mais au détriment du conscient qu'on trouble. La méthode est controversée. Quelle méthode serait la bonne ?

R. : Difficile à expliquer, encore plus à réaliser… le mal se localisant dans le cordon unissant les deux corps. Comment arriver aux canaux qui font l'irrigation et changer des polarités que vous ignorez ?? : « seul remède dans ces cas-là »… Vos méthodes s'avèrent dangereuses parce que, poussant à « l'extériorisation de la sensibilité » sans possibilité, parfois, « d'une réintégration » elles entraînent l'encéphalite, parfois la folie… Quelquefois on peut soulager par des massages partant du plexus vers le nœud rachidien (partie sensible du cerveau) et apaiser l'irritation des canaux atteints… Je ne peux dire davantage sur cette grave question qui joue sur l'équilibre de l'individu et se situe sur deux plans. *Papillon Noir*

Q. : Que nous révèle la voix humaine ?
R. : La voix est un second visage… *Papillon Noir*

Q. : Que pouvez-vous nous dire sur la conscience ?
R. : C'est la « totalité des acquis » (édifice de la personnalité) qui permet, à la « conscience » de se faire entendre — plus ou moins — selon l'importance de ces acquis… et qui devient, plus lumineuse, à mesure que l'être se libère… L'Avenir pour tous les êtres : c'est d'aller « droit » et « toujours plus haut ». J'ai connu vos problèmes, les ai résolus vite — trop vite — ce qui me ramène, en mission, auprès de vous… Nous sommes vos frères d'hier… Nous reviendrons — selon nos promesses et nos possibilités. *Papillon Noir*

Q. : Méditation et Concentration que nous percevons comme analyse et synthèse, sont complémentaires. Mais à l'entraînement, le développement de l'une paraît se réaliser au détriment de l'autre. Comment concilier les deux ?
R. : On commence par l'une et on finit par l'autre, tout simplement ! On commence par méditer, c'est-à-dire on prépare le « champ d'action » et ensuite on continue. Mais ce qui est important, c'est de « vivre » en contact avec sa méditation, avec (je l'ai répété) un cœur complètement pur, un cœur très désireux d'arriver jusqu'aux « choses supérieures ». Autrement, on végète dans la méditation, sans résultat. *Clarté*

Q. : Quel bienfait la poésie apporte à l'homme en général ?

R. : La pensée sans poésie, la vie sans infini, c'est comme un paysage sans ciel… On y étouffe !! *Papillon Noir*

Q. : Quel est le mécanisme de la pensée chez les poètes ?

R. : Pas de mécanisme… un « état de fait », une « prédisposition », une « particularité » qui permet l'acuité de la sensibilité, des sensations (prolongée jusqu'aux acquis, parfois).

Augmentation de la connaissance, grâce aux archives consultées… et les « intuitions », venues des amis de l'Au-delà dans une collaboration étroite soudant « les deux plans » sensibles dans une « réalisation merveilleuse » augmentant les richesses du patrimoine terrestre.

Votre présent répond à une période de fin et commencement de cycle : poésie, musique, peinture, etc., demeurant l'apanage de l'animalité en passe de gagner l'humanité. On pense dans « la terre » et plus « dans l'Infini »…

Triste est cette époque — bien triste !! En attendant qu'à nouveau brille la lumière et chante la splendeur. *Papillon Noir*

Q. : Que penser des anciens musiciens (compositeurs) ? Et des modernes ?

R. : La musique moderne est une musique animale (complètement) et aussi discordante que les animaux imaginent la musique… Ils ne peuvent faire mieux ces êtres nouveaux qui accèdent au plan terrestre, et on ne peut empêcher leur primaire évolution. — Les compositeurs anciens puisaient leurs inspirations dans « l'harmonie des mondes », l'harmonie éternelle… C'est pourquoi leurs œuvres sont impérissables, malgré le chaos actuel. *Clarté*

Q. : SYMBOLE nous a dit : « Vouloir est la force et attendre est la LOI. » Pouvez-vous nous parler des vertus de l'Attente ?

R. Il n'est pas de néant!.... Il y a la vie! Et il y a la vie, parce qu'il y a DIEU! « L'Éternel vivant »!

« Être » pour les créatures, — quelles qu'elles soient —, « infimes » ou « immenses »: c'est « l'attente de la parole de vie », — d'abord dans l'inconscience, puis, dans la clarté progressive de cette constante inhibition... l'attente, « cette porte ouverte à la divine offrande ».

Toute la création, « dans le recueillement de son moi », attend le « miracle » qu'elle pressent, la réalisation dont elle est marquée.

Ô mon frère humain! Tu portes en toi cette attente sacrée, — tantôt étonnée, tremblant dont on ne sait quel vertige, troublée d'une douloureuse appréhension, passant du doute qui oppresse et mord à la certitude qui apaise. Merveilleuse trêve en soi.

L'ATTENTE: c'est « le prodigieux trait d'union » qui permet tous les échanges. C'est le Calice ouvert à la rosée céleste.

Chez les Grands initiés, les brahmes, les sages, dont les méditations sont complètes et prolongées, l'attente est totale dans le domaine entier, du physique, du psychique et du spirituel. Aussi, quelles moissons fructueuses sont les leurs, quelles communions profondes leur permettent de dépasser leur plan!!!!! ADMIRABLE ATTENTE: « Alcôve du rêve », des songes bleus, gris ou noirs.

Antichambre de la pensée qui, — dans les salons du conscient —, concrétise sa « forme » et son « expression ».

« Immobile et vaste chambre noire » où « toutes les images » se précisent avec une invraisemblable netteté, dans l'exaltation des coloris, depuis « la grise et angoissante désespérance » jusqu'au bleu lumineux de l'espoir, au rose de la songerie, à l'amétyste du savoir, au rouge du drame ou du crime.

« Le silence en soi-même » n'est-il pas une attente permanente du flux de la vie? « suspense » parmi les « actes », les circonstances, les événements... le déroulement des heures solitaires ou collectives, tristes ou gaies, tragiques ou prometteuses?

Le premier regard de « l'être constitué » n'est-il pas la « grande » question dont, — à travers métamorphoses et évolutions —, il attendra la réponse ???

Tous les « Univers » dans les « Infinis » aux rondes jumelles, n'« attendent-ils pas » dans le secret de leur « motricité » la « feuille de route » des « pesanteurs » et des « gravitations » ???

ATTENTE ! Magique « point d'orgue » de la « conscience », roulant et vibrant « de portée en portée », guettant les « résonances » des « jeux lucides » des « entendements ». *Éole*

Q. : Quel est le mécanisme psychologique de l'Attente ?

R. : Durant l'un de mes passages terrestres je fus troublé profondément par le « mécanisme de l'attente » — cette attitude « constante », incontrôlable, tour à tour inquiète, excitée, tourmentée ou bien heureuse, paisible, satisfaite —, sans en pouvoir déterminer la raison.

Prescience ? Prémonition ? Table de travail de la connaissance ? Tension vers l'Omniprésence ? Coupe tendue vers l'immatériel ? J'avais même représenté « l'homme » sous la forme de 4 Coupes juxtaposées par les pieds et marquant les 4 points cardinaux, destinés à les remplir.

Plus haut, désormais, je mesure dans l'attente « les nuances dans les élaborations continues et spectrales » « des pensées », des « réflexes » de coordination des « sentiments », « des perceptions des sensations », même les « plus fugitives ».

Le champ s'élargit, tandis que plus vives et aiguisées se font les facultés, les moyens, les possibilités.

Devant ma faconde intarissable comment ne pas reconnaître mes origines, direz-vous ? et retrouver l'exubérant méridional que je fus…

Je ne me lasse pas de dire, de redire les mêmes choses, sous divers aspects, ajoutant, chaque fois, un point, une virgule, un détail… si bien qu'en relisant et en juxtaposant « tu finiras » par faire un total de connaissances et glaner dans mon champ, une gerbe importante. *Éole*

Q. : Quel est le mécanisme de la mémoire ?

R. : La mémoire est un élément primordial de la subconscience qui en enregistre toutes les modulations auditives, visuelles et psychiques.

Une action, un fait qui se produisent dégagent une « image aurique qui s'impressionne (en déclenchant une émission colorée et percutante à la fois), dans les réserves de l'inconscient où elles demeurent intactes, vivantes, à peine un peu floues ou décolorées, cristallisées, en attente !!!

Il faut « un effort de la pensée » pour restructurer (dans le conscient), les cellules enregistrées dans leur image, leur fond sonore et différentiel. L'effort « d'un rappel » n'est pas toujours précis ou complet, souvent même, il est stérile. Cela dépend des conditions « psycho-physiques », dans les échanges sensoriels.

Plus le psychique approche de « son écartement du physique » (ou d'une proche disjonction), plus les souvenirs de l'enfance revivent intensément… et ce n'est point en vain qu'un dicton en fait mention : « La vieillesse retombe dans l'enfance ».

Il y aurait beaucoup à dire sur les enregistrements des faits, de leurs reflets et, comme toujours, le « baillon » s'impose pour interdire les « révélations prématurées », que je souhaiterais tant vous apporter. *Éole*

8. MÉDIUMNITÉ

Q. : Quel est le mécanisme de la médiumnité ?

R. : Tous les mécanismes des êtres sont semblables en propriétés (aux nuances caractérielles individuelles près)… Tous les êtres possèdent la faculté médiumnique à des degrés mesurés sur l'axe évolutif.

La médiumnité (porte ouverte sur « l'Infini » d'une part, sur « l'être lui-même » d'autre part), n'échappe aux lois qui régissent les mécanismes… (même des objets). Leur précision, leur étendue, leur valeur, dépendant le plus souvent de ceux qui s'en servent, et du parfait équilibre des médiums. Le « trop grand désir », « la curiosité » rendent, aisément, maladroits, ceux qui veulent « pousser la porte » et « naïvement » enregistrent ce que la porte ouverte « sur le médium seul » (acculé à l'autosuggestion) laisse passer… La porte « sur l'Infini » ne s'ouvre pas — bien plus, se cadenasse. Comme « la Loi morale » est au fond de tous les êtres, la médiumnité est innée, se révèle « d'elle-même ». Rétive aux « provocations » (même les plus louables), elle demande la liberté et s'affirme « d'elle-même », par des phénomènes physiques, spirituels indiscutables.

Je ne saurais vous dire davantage que ce que « Symbole » vous a donné, au chapitre « médiumnité » dans « La Tombe Parle » et que je vous engage à relire.

Je vous mets en garde contre « l'aveuglement » dans les recherches, le manque de contrôle — et vos propres exigences —, qui vous font tourner en rond « dans le médium », exposé à « l'auto-suggestion » et souvent au « déséquilibre ». L'esprit souffle où il veut et se révèle, à son heure, sous les fronts qu'il a choisis.

« À l'œuvre on connaît l'artisan » !!!. Gardez-vous des faux prophètes, vous tous qui avez la lumière. Ne l'étouffez pas sous le boisseau des « incohérences », sous les « éteignoirs superficiels »… *Euthyphron*

Q. : Les hommes sont inattentifs et ne décèlent pas, pour cela, leur propre médiumnité. Y a-t-il donc nécessité, pour eux, d'ouvrir les yeux à l'attention ?

R. : Certes ! Chaque être, étant médium, retrouve en lui (s'il plonge en lui-même), le fil conducteur pour l'exploiter et le suivre, s'il le veut. Mais l'homme, lui, regarde ailleurs qu'en lui. C'est pour cela qu'il y a peu de réalisations médiumniques, sinon à des périodes déterminées. Les « vrais » médiums sont rares, « prédestinés » à une « mission jumelle » avec les entités de l'espace. — Que de choses il faudrait pouvoir dire sur ce sujet de la médiumnité naturelle, provoquée ou dénaturée. *Clarté*

Q. : Les êtres étant tous médiums, quel est le moyen de développer cette faculté à l'état fruste, de transformer et d'augmenter son potentiel ?

R. : Fuir l'autosuggestion, parce qu'elle empêche l'interpénétration des entités de l'espace, par sa rigidité dissolvante et hypnotique. À cause des bouleversements cosmiques, atmosphériques, pollutions diverses, réagissant sur les éléments et l'espace, ainsi que dans le champ terrestre, il sera bien difficile aux invisibles de vous rejoindre. Attention ! Hélas, vous gagnez, non des lendemains qui chantent mais qui hurlent… *Papillon Noir*

Q. : Quelle musique favorise, en général, les séances médiumniques ?

R. : Tout ce qui vibre comme le violon, tout ce qui est corde, plus que ce qui est « cuivre » ou « marteau » : violon, violoncelle… pas de marteau, comme le piano, pas de cuivre trop percutant. L'orgue, en sourdine, très en sourdine. Tout ce qui propage une harmonie qui ne « s'échappe pas ». Tout ce qui est bruit, dissout et dissocie au lieu de grouper. *L'Ombre*

Q. : Pour quelle raison la dématérialisation et la rematérialisation des apports sont-elles facilitées dans l'obscurité ?

R. : Elles peuvent aussi avoir lieu en pleine journée, et vous avez pu vous en rendre compte, dans la lumière. Maintenant, la nuit il y a beaucoup plus de calme et moins de bruit, moins de vibrations, ce qui permet de faire un peu mieux. Mais quand on se donne du mal, on arrive quand même au résultat, en plein jour. *Clarté*

Q. : Quel est le rôle exact du médium ?

R. : Il collabore, volontairement ou non, à une action conjuguée, acceptée dans l'Astral — en proie, lui-même, aux mouvements atmosphériques et aux obstructions dont il partage la rigueur. *Papillon Noir*

Q. : Chacun de nos cinq sens dépend d'un organe particulier. On ramène la faculté de voyance à un sixième sens. Celui-ci dépend-il, lui aussi, d'un organe interne, d'une glande par exemple ?

R. : Ceci c'est comme sur la Terre, il y a un sens unique ! Ce sont les ramifications qui font, non pas cinq sens, mais en font beaucoup que vous n'avez encore pas délimités et qui sont fonction de ces cônes vecteurs et prismatiques dans leur orientation ou leur polarisation. Voilà ce qui fait la nuance des sensations. Mais la sensation, pour l'être est « une » (je ne sais si je fais dire comme il faut ?). II y a un être qui sent, parce que tout son périsprit est axé sur la perception des sensations. De même qu'il y a tous les vaisseaux capillaires dans ce sens unique, il y a des ramifications qui vont dans les cinq sens que vous connaissez, et aussi une infinité d'autres qui ne sont pas exploités par l'individu, dans ses besoins matériels, mais existent et s'exploitent dans les besoins semi-matériels ou spirituels. *L'Ombre*

Q. : Les expériences de William Crookes, très dénigrées, sont-elles authentiques ?

R. : Authentiques ! *Clarté*

Q. : Jules Vernes était-il médium ?

R. : Absolument. *Clarté*

Q. : Si le médium était sur la Lune, la communication serait-elle facilitée ?

R. : Les cosmonautes étaient des médiums — Vous connaissez les résultats. *Euthyphron*

Q. : Comment agissent psychiquement sur les fluides, les fumées d'encens, pour favoriser les bonnes influences ?

R. : Oh, peu de chose. C'est plutôt pour concentrer l'attention des personnes qui sont là. Alors… l'encens, les parfums, les cierges, créent une espèce de climat, d'ambiance, une émanation qui stagne et provoque comme un petit circuit fermé, léger, dans lequel on peut faire des incursions en cas de besoin, d'appel, comme je fais au cuivre.

— C'est à la fois suggestif et objectif. *Clarté*

Q. : Dans la recherche de la Vérité, y a-t-il quelque danger pour le médium ?

R. :… Vous savez, on a connu cela !!! Pour vos diverses expériences, je ne puis intervenir par des révélations. Pour les missionnaires (il y a « le cran d'arrêt »). Risque à courir (quelle que soit la méthode) : « l'autosuggestion ». Dans la crispation du regard qui se fige, le psychisme est ébranlé, se décale et, alors, tout peut se produire : encéphalite, folie, déséquilibre… le moindre : c'est l'autosuggestion… donc « grandes responsabilités des chercheurs », dans les expériences, faites, souvent au petit bonheur. *Papillon Noir*

Q. : Y a-t-il un renouveau toutes les sept générations ? Est-il exact que « les influences » peuvent agir jusqu'à la fin du cycle 7 ?

R. : Non — mais certaines influences magnétiques peuvent se prolonger, selon la volonté du magnétiseur. Il est plusieurs sortes d'influences — toutes sujettes aux successives évolutions et s'éparpillant dans des volitions annexes, sans s'incruster en une même génération. Il y aurait tant à dire !!! *Papillon Noir*

Q. : SYMBOLE a dit : « Les longues causeries avec l'Au-delà demeurent le chemin de Vérité. » Mais les bons et vrais médiums ne sont-ils pas rares ?

R. : Il suffit que vous en ayez trouvé quelques-uns sur « la Route », pour vous dire que vous êtes des élus. Cela ne comporte nulle reconnaissance, mais de « l'affection ». Il faut que cet amour soit un « trait d'union » pour vous rapprocher, vous grouper, mais aussi la « cheville ouvrière » de vos pensées, de vos activités… Car il va falloir que vous travailliez tous sur le long programme que nous vous laissons en partant… Lorsque nous serons éloignés, vous nous ressusciterez un peu auprès des autres… Vous leur direz : Il venait ! Il nous aimait ! Il est parti ! Il nous aime toujours, de cet amour infini qui est le sien ! *Clarté*

Q. : En dehors de l'incorporation directe, pouvez-vous nous dire comment le médium reçoit les messages ?

R. : Ils sont transmis par percussion… le médium demeurant en contact avec nous pour toutes réceptions possibles. *Clarté*

Q. : Vous est-il difficile de nous atteindre ?

R. : Grâce à votre carbone et à l'humidité de l'hydrogène, nous arrivons à faire des produits permettant d'assurer des manifestations plus poussées, plus complètes.

Nous arrivons avec les réactions de l'hydrogène, les émanations et le carbone de vos corps, à faire des coordonnées isomères, « tétravalences actives » et utiles. Une seule « valence » nous contraint à trop « accélérer » ou à « stopper »... *Papillon Noir*

Q. : Pourquoi vos messages sont-ils quelquefois difficiles à passer ?

R. : Que d'obstacles entre la Terre et les autres univers !!! entre la « Terre » et « nous »...

Les courants radio-actifs interplanétaires et interstellaires déchaînent des ouragans magnétiques, destructeurs par leurs rayons pénétrants... Il faut trouver le « gué » protecteur : chose ardue et périlleuse. Leur jonction avec les rayons « Laser » ont des conséquences incalculables et dévastatrices. Nous ne le savons que trop bien !! Vos pionniers de l'Espace n'ont pas trouvé le « gué » et les rayons ont agi, à travers toutes protections, paralysant au passage le mécanisme des appareils et le flux vital des hommes... Que de gouffres et d'abîmes, l'homme, par ses expériences malhabiles, maladroites, creuse, inlassablement ! Que de malheureuses et misérables ambitions lui font perdre de vue la seule curiosité valable : « La recherche de lui-même, en lui-même »...

CONNAIS-TOI, TOI-MÊME !

Clarté

Q. : Notre groupe actuel a-t-il des affinités ou des liens avec celui qui entourait le médium avant 1937 et sommes-nous, en tant que composants du même groupe, au même degré d'évolution ?

R. : Beaucoup d'humains, beaucoup de groupes, beaucoup de sociétés, tous unis, proches, mais tous différents. Le jeu de balance évolutif fait le poids de chacun : son poids atomique décide de son intégration dans un groupe de coordonnées semblables… Dans la chaîne des « successifs mouvements », les arrimages se font et « tous les groupes » rivés entr'eux, ont affinités et liens… et courent vers le même « But », sous la même égide… Pas ou peu de composants de l'ancien groupe où je me suis assez longtemps manifesté…
Clarté

Q. : Pourquoi ce silence de trente-trois ans ? Pourquoi le dialogue reprend-il avec nous, à présent ?

R. : Tout est équilibre, précision… tout vient à son heure, selon l'opportunité des interventions… Nous bâtissons, groupe à groupe, un exode important… nous efforçant de vous rapprocher, de façon que notre pensée, notre présence (quand elle a été possible), aient confectionné le chaînon qui lie, le moyen qui enlève, pour vous « fixer » sur notre orbite. Comme c'est l'heure… nous sommes venus vous le dire… Toujours le « monde du ciel » parle à « celui de la Terre »…
Clarté

Deuxième Partie

LES SCIENCES

1. LA SCIENCE

Q. : Comment faut-il considérer la science humaine ?

R. : La science dit le premier mot sur « tout », le dernier mot sur « rien ». *Papillon Noir*

Q. : Quelle valeur très relative attribuez-vous aux acquisitions scientifiques actuelles ?

R. : La géométrie dans l'espace, la course des comètes dans l'infini, la recherche des « isopérimétries », travail passionnant subordonné aux possibilités terrestres... !!! combien dépassées, remaniées, transformées, adaptées désormais à un autre champ d'investigation et d'intégration...

Pareillement, dans le domaine des prismes, des cristallisations, des girations ellipsoïdes, de leurs faisceaux radiants, de leurs variations, de leurs inductions... Que de choses nous pourrions dire si vous pouviez comprendre le mécanisme des ondulations lumineuses, inégalement longues, se détruisant, se juxtaposant ou se renforçant en des interférences méthodiques et ordonnées, multipliées par la puissance céleste... progressant, par des quotients illimités, même à travers les plans d'inertie et les axes divers...

Ce vaste domaine (abordé par quelques savants médiums, bénéficiaires des clartés invisibles), est très différent et très loin des terrestres conceptions, pour que nous tentions des explications compréhensibles. — Il en est de même au sujet du magnétisme dont je vous ai parlé.

Comment discuter avec vous les règles du biodynamisme magnétique amenant normalement le somnambulisme lucide par « irradiations cérébrales » avec « réactions mentales » ou

« personnelles », « sentimentales » dans un effort « volitif » et « émotionnel » ?…. L'action sur « l'union » (occiput) pour créer un courant d'induction axé sur la durée « du flux de force ». *Clarté*

2. SCIENCES PHYSIQUES ET NATURELLES BIOLOGIE

Q. : Avez-vous une mission particulière en ce qui concerne notre planète ?

R. : Ma mission n'est pas drôle. J'arrive à sauver de l'ozone pour en porter à la galaxie terrestre endommagée, malade (du moins celle à laquelle la Terre est attachée). Quand j'étais sur terre : un gosse, j'adorais faire tourner la toupie, voir voler le cerf-volant, voir se mouvoir la péniche sur l'eau. Je ne pensais jamais, à ce moment-là, que je serais un jour attaché « à ce char » des lois cosmiques… et des gravitations. Je me contentais d'être un gosse… *Papillon Noir*

Q. : La perturbation de l'atmosphère a-t-elle un sens qui nous échappe ?

R. : Il est des nécessités karmiques (et autres) de réaliser l'accomplissement de la « Vie en nous », de « nous » « en la vie »… De même, les orages magnétiques, électrodynamiques perturbent « atmosphères » et « sphères » pour mieux réaliser leurs gravitations (malgré la casse)… *Papillon Noir*

Q. : Est-il vrai que « troubles atmosphériques et anomalies dans les saisons », sont dus principalement aux fusées et aux bombes nucléaires ? Dans l'affirmative, pouvez-vous nous en donner la raison ?

R. : Les perturbations mises par l'homme dans l'atmosphère, détruisent l'ordre régulier des courants. Mais il y a autre chose, c'est la désintégration de la planète dont l'heure est venue — et qui s'opère graduellement. Il demeure évident que « bombes », « avions », « fusées » ont des répercussions « impressionnantes ». — nous gênant, nous-mêmes, quand nous voulons passer par le « gué », jadis tracé de façon impeccable et détruit, dispersé, en quelques minutes, par les fusées, compliquant sérieusement nos moyens de gagner la Terre. Cela tient « aux progrès humains » mais, en réalité, aussi, à cette période où est arrivée la Terre en gésine, préparant ses lendemains, dans une puissante volatilisation. — C'est pourquoi « Symbole » a dressé son Arche — pourquoi nous sommes encore réunis aujourd'hui pour vous dire qu'il faut quand même espérer avec courage !! vous que nous avons connus et aimés !! *Papillon Noir*

Q. : Pourriez-vous nous parler de ces grains de pensée que sont les « psicons » ?

R. : Décomposés en « ions » d'abord, s'électrisant progressivement, ils peuvent, en une seconde, atteindre une telle puissance, que rien ne résiste à leur passage bouleversant. Ne puis entrer dans des précisions, sur pareil sujet, dans ce domaine encore peu exploré par vous… *Papillon Noir*

Q. : Quelle parenté existe-t-il entre le « neutrino » et le « graviton » ?

R. : Le neutrino, en principe, se trouve dans les mondes décadents — atomes et êtres dégénérés. Les autres (encore dans « l'ovulation créatrice »), gravitent sur des circuits donnés. Le neutron paraît s'immobiliser pour repartir. — Je ne sais si je me fais comprendre suffisamment ? *Papillon Noir*

Q. : Les particules élémentaires qu'étudie la microphysique sont-elles de l'ordre de la matière ou de l'esprit ?

R. : Indissolublement liées jusqu'à leur dernier stade évolutif, elles poursuivent la route, « l'esprit » asservissant « la matière », la dominant, l'absorbant, progressivement jusqu'à la « dissolution définitive ». *Clarté*

Q. : Les savants avancent une nouvelle théorie dans laquelle « l'effet précède la cause ». Autrement dit, la chose arrive-t-elle avant d'être partie ?

R. : Il y a savants et savants et des plaisantins ! L'effet a toujours une cause visible ou invisible, parfois les deux, tout à fait fortuite quelquefois dans la rencontre des « cyclotrons » ou des noyaux de forces magnétiques. Mais jamais effet n'est venu sans cause, dut-on, cette cause, la chercher très loin ou très haut… *Clarté*

Q. : Un grand physicien a dit : « il ne peut plus y avoir d'ondes inconnues ; c'est perdre son temps que de chercher à expliquer les phénomènes psychiques par les ondes. » Cependant, les ondes de la pensée existent-elles bien ?

R. : Mais, tout n'est qu'ondes, courtes ou longues ! J'ai horreur des « demi-savants » comme des « demi-mesures », du reste, parce qu'ils n'ont jamais mené à rien. Les ondes ? il n'y a que des ondes ! Et j'espère bien, si je le peux, et comme j'en ai le grand désir, me servir des ondes pour vous transmettre de temps en temps un petit quelque chose… *Clarté*

Q. : Les lois qui régissent l'émission des « quantas psychiques » sont-elles une transposition de celles qui régissent les « quantas physiques » ?

R. : Aucune comparaison possible, étant donné que les choses de la Terre sont régies par des lois telluriques et que les autres, au contraire, sont régies par d'autres lois interstellaires qui ont souvent des appuis ailleurs que sur le pivot terrestre, humain. *Clarté*

Q. : Que pouvez-vous nous dire de la multiplicité des vitesses des ondes dans les espaces intersidéraux ?

R. : Pour ce qui est de la vitesse, vous n'avez aucune idée et les ondes se multiplient par elles-mêmes avec ce qu'elles possèdent. Phédon a dit : « L'atome est un volcan ! », mais l'onde elle-même contient des puissances formidables qui, sur les prismes de partout, se multiplient infiniment et constamment. Vous ne pouvez avoir aucune idée et vos sextants ne peuvent rien mesurer. Tous vos appareils terrestres, si organisés soient-ils pour mesurer les pressions et les vitesses, les accumulations, les propulsions, ne peuvent pas. Cependant, certains biologistes, dans leurs analyses des éléments, arrivent quelquefois à voir la vitesse de giration dans des corpuscules infiniment petits. Il est des vitesses incalculables ! La vitesse c'est le mouvement, le mouvement c'est la vie et sans le mouvement, jamais l'atome lui-même n'exploserait — je ne sais dire le terme propre parce qu'il ne correspond pas, humainement, à ce qui se produit dans l'atome —, pour qu'il propulse lui-même son champ d'action, de vitesse et son champ d'activité. Cela est impossible à vous expliquer et d'entrouvrir vos yeux assez grands pour qu'ils se regardent ! *Clarté*

Q. : Quelle est la raison de l'appauvrissement, en magnétisme, de nos régions européennes ?

R. : Des continents trop vieux qui ont besoin de se retremper dans les courants. Ils sont appauvris parce qu'ils ont tout donné. Il ne leur est plus possible de fournir. *L'Ombre*

Q. : Étant donné le manque de magnétisme dans nos régions, l'homme pourra-t-il un jour, dans le cadre du laboratoire, créer un champ magnétique artificiel en vue d'expériences psychiques ?

R. : Il fera : ils font déjà des « champs magnétiques », même en rétréci et pour obtenir des révélations dans leurs recherches. Mais d'un autre côté, au point de vue psychique, il était indispensable d'avoir certains éléments que l'homme s'acharne à détruire : il y a dans ces anneaux atmosphériques, électrodynamiques, des brèches trop nombreuses, des ponctions que fait l'homme et par lesquelles s'en vont « des choses » qui nous étaient absolument indispensables. La compression que faisaient ces anneaux, ces forces, maintenaient une puissance d'énergie dont nous ne pouvons plus maintenant disposer. Et certains mathématiciens pourraient vous expliquer comment se situaient « ces forces électrodynamiques » autour de la Terre, par exemple sous la forme « d'une équation », « une courbe » par exemple dont les « abscisses » seraient les « pressions » et ensuite les « ordonnées » seraient les « valeurs de A + B », c'est-à-dire du « temps » et de l'« espace ». Et là je ne peux pas m'expliquer comme il faut avec vous. Je ne vous dis que des choses qui sont incompréhensibles pour vous. Un mathématicien saisirait un peu, mais vous ne l'êtes pas, mathématicien !! *Clarté*

Q. : Quelle est la différence entre le magnétisme des sommets et celui des bords de mer ?

R. : S'il est une différence entre les bords de mer et les sommets, elle s'explique par leurs différentes polarités.

Les mouvements ondulatoires des bords de mer sont propagateurs de forces telluriques en surface, échappant aux magnétismes des méridiens.

Les sommets, les cimes, les pics (« éternel pouvoir des pointes »), captent les faisceaux sidéraux, extra-polaires, ou extra-terrestres, les percutent au sol « tels les flèches des paratonnerres ». Il serait trop long de vous relater leurs relations et leurs échanges, leurs buts différents mais bien déterminés… *Phédon*

Q. : La Terre se dirige-t-elle vers une période glacière ou, au contraire, au réchauffement, à quelque échéance près ?

R. : Il y aura les deux, par alternances… Le feu intérieur pour prolonger et extérioriser son dynamisme et exploser ; le refroidissement pour resserrer et assurer les contours. — Ne puis vous donner d'explication, condamné — en tant que missionnaire — à la discrétion absolue… *Papillon Noir*

Q. : Dépassez-vous notre galaxie dans vos voyages ?

R. : Nombreux sont nos déplacements, dans bien des directions, mais vous n'avez aucune idée de la galaxie qui englobe la Terre et de son importance. Vous comprendrez mieux quand vos « sextants » seront remplacés par des « arcs-en-ciel »…

Pendant nos missions nous évoluons dans bien des limites que nous franchissons dès que nous en sommes libérés. *Papillon Noir*

Q. : Si l'on façonne en fil de cuivre le « PHI » qui est la première lettre de mot grec, les « ondes de forme » engendrées par cet objet sont bénéfiques si la « queue » en est dirigée vers la terre ou vers le Sud. Est-ce exact ? Que sont les « ondes de forme » ?

R. : Combien serait longue cette réponse si je pouvais répondre librement au sujet de l'expérience signalée. L'explication rejoint celle des « circuits fermés » utilisés par nous dans nos rencontres. Renfort du cuivre, médium adossé au Sud, faisant fil à terre des deux pieds, en avant du circuit. Les résultats et les bénéfices, vous les connaissez.

Pour le φ grec (Phi)… tout dépend de l'expérimentateur, de son degré de magnétisme, de sa connaissance des polarités et des orientations pour obtenir de valables et continus résultats dans ce que vous nommez « ondes de forme », qui, pour nous, sont le « champ magnétique » autour du circuit fermé, où « les vibrations obtenues » se décomposent. J'aimerais (mais le temps presse), vous parler du cuivre : ce métal noble, commode, totalisant de multiples propriétés et possibilités… se prêtant, merveilleusement, à toutes les combinaisons, sous les flux électrodynamiques qui en assurent « les combustions formidables ». Son magnétisme quasi inépuisable, en fait un auxiliaire de choix, pour l'oxygène et pour l'azote (en réaction) dans quantité de phénomènes de première importance. Vieux métal vénéré, jadis, des Esséniens, des Chaldéens, des Incas, des Aztèques. L'hydrogène qui le « vert de grise » en fait, à la fois, un poison antiseptique et un contrepoison dans ses dégagements d'ozone.

Pour un utile bénéfice des émanations du cuivre, se protéger contre toute oxydation venue de l'hydrogène (transpiration ou autres)… et faire « galvaniser » par « courant haute tension électrique » le flux interne, aimanté. *Phédon*

Q. D'où proviennent les courants fluidiques qui traversent la stratosphère avec une violence folle ?

R. : Tant de courants et de radioactivité passent autour du globe et dans la stratosphère qui n'est justement qu'une ceinture électro-dynamique, électro-magnétique. Ah ! les gravitations amènent beaucoup de choses, mais je ne peux, en si peu de temps, vous dire où viennent tous ces courants. Les humains, qui n'ont pas assez des soucis de la Terre, vont chercher dans la Lune (qui n'a que faire de leurs recherches). Et, mon Dieu, non, je ne peux pas vous dire beaucoup là-dessus. C'est un système cosmique, tout se rejoint dans l'équilibre parfait des dynamismes et des gravitations. On ne peut pas considérer la Terre par rapport à la Terre. Elle est incluse dans sa galaxie, la galaxie dans d'autres et encore d'autres !!! Vous ne pouvez vous faire — dans votre relatif — aucune idée de l'Absolu, de l'éternel chemin. Nous avons fait beaucoup. Nous avons des vies multiples et remultiples, pourtant nous n'avons fait qu'un pas ! *Clarté*

Q. : Pourquoi la « matière lunaire » rapportée par les astronautes est-elle deux fois plus fertile que la « matière terrestre » ?

R. : Parce qu'en possession de son magnétisme complet, tandis que la matière terrestre l'a épuisé. *Euthyphron*

Q. : Pouvez-vous expliquer l'origine de ce mouvement incessant qu'on appelle la vie ?

R. : « Rien » ne se perd et « tout » se crée… tout est en marche… à travers « les formes » et les « plans successifs » sous « l'influx divin » : générateur d'énergie, de « rythme », de « dynamisme », de « vie ».

La « vie » « ruisselle » inlassablement, avec ses « magiques et multiples pouvoirs », ses « possibilités infinies » et créatrices !!! ses magnétismes nourriciers !!!….

OMNE VIVUM EX OVO !!!

Oui, tout « être vivant » vient d'un germe… et ce germe possède en lui, « l'essence » même de « l'Éternité ». Dans le « zéro » sommeillent « chiffres et nombres » que le jeu des « algèbres vitales » (à travers les métamorphoses), conduira jusqu'au « total » fabuleux… L'« infime » accouche de « l'énorme », de « l'immense » et le « relatif à facettes » réalise « l'Éternel », « Absolu ». Les philosophies diverses se sont longuement interrogées sur « le phénomène » et le « noumène » sans rien résoudre de ce mystère qui demeure masqué parce qu'invisible… échappant « aux mesures » des appareils terrestres.

La science a détrôné certains systèmes, mais n'a pas résolu le problème de « l'être par rapport à lui-même », à son « environnement direct ou indirect », à ses fonctions intérieures et extérieures… S'il constate les « résultats », du moins s'égare-t-il « souvent » sur la « cause » ou le « mécanisme » réels des polarités : sources de transmutations incessantes. Sous les « apparences » et les « formes », où la vie prend corps, que de merveilles s'accomplissent dans les « rythmes », les « dynamismes », les « gravitations »… les évolutions, les reproductions des espèces, à l'assaut de l'Infini ! Sur le plus petit des atomes, Dieu a posé sa signature et son pouvoir, « investissement profond » d'une « toute puissance » en gestation, dans le temps et dans l'espace… Les siècles, pas à pas, l'aideront à se créer lui-même, « en lui-même » « d'abord », dans un champ d'action de plus en plus élargi (les possibilités se multipliant sur l'axe de la conscience)… de la spiritualité ensuite.

« La Loi Éternelle » est admirable dans son déroulement merveilleux — méthodique, inflexible, splendide —, mais l'homme ne voit pas la « splendeur créatrice » dans sa réalisation ininterrompue. Naître sans cesse à soi-même, toujours accru, toujours nouveau, toujours plus grand… Certes, les routes sont pénibles à suivre, les côtes longues à gravir. Les âmes et les cœurs saignent, dans les assauts répétés de « l'esprit qui cherche des ailes », mais Dieu ouvre, tous grands, ses bras, au fond du ciel… et regarde monter ses enfants…
Phédon

Q. : SYMBOLE n'a-t-il pas lui-même évoqué la source de la vie ?

R. : « Rien n'était qu'un « frisson » ardent, insoutenable
Trahissant « l'Éternel » dans « l'incommunicable »…
Ce « frisson » tressaillit… les espaces mouvants
Esquissèrent, alors, leurs « spectres » et leurs « vents ».
SYMBOLE

Après « SYMBOLE » je dis : « Tout être vivant vient d'un germe », tout germe naît d'un « frisson », d'un frisson nanti d'une « auréole orbitale » et polarisée sur 4 points déterminants,

« percussion - réception - sensation - entendement… »
1 2 3 4

C'est dans ce « champ magnétique » que ce « frisson » travaillera à se parfaire « en se créant » et en « multipliant ses pouvoirs ». Il sent qu'il contient ces pouvoirs et dans son

« circuit fermé », il use de son « hermaphrodisme » pour se féconder, développant en lui des éléments vibratiles, sous forme de « cils », « d'antennes » dont il use « en chef » et « en maître » pour obtenir d'étonnantes proliférations… Son être psychique établi, dynamisé, il calque, sur ce dernier, « son être physique » (juxtaposant les polarités) et affronte les courants… : le germe est né !

Longue est la route pour lui avant d'atteindre à l'humanité !!! Que d'efforts à travers les règnes divers sur lesquels cette humanité se penche, s'interroge. Elle a oublié le prodige « des générations spontanées ». Les phénomènes de parthénogénèses la troublent et l'inquiètent dans leurs alternances diverses et différentes. L'homme cherche, mais « ne voit pas » le mécanisme qui embrasse les deux plans (psychique et physique), le « premier » volant au secours du « second ». Tout être possède les deux sexes, capables de réaction l'un sur l'autre. Si, physiquement il est privé de gamète, intervient aussitôt le « gamète psychique » qui « féconde » avec une prolifération qui l'épuise. Il faut longtemps, ensuite, au « fécondant », pour recommencer sa fonction…

Immense travail d'agglomérat dans les efforts schizogones. Que de tentatives dans les ordres isomères ou isobares poursuit ce « spermatozoïde du ciel » !! Parfois « tantomère… son vampirisme inconscient le nourrit, le développe, le rythme dans son « orbite » en de « péristaltiques ondoiements »… Ces derniers le rendent attractif des éléments ambiants… La pesanteur est née qui rive « le pourtour » au « centre ». Les siècles passent, regardant grouiller, de toute part, ces « grappes » d'énergie qui deviennent des « univers », des mondes lourds « d'embryons », de « germes » de flores, de faunes, de créations diverses… Le Temps enregistre dans ses archives « ces victoires de Titans » qui amènent le « Rien » au « grand Tout » sous l'ordre de la Loi éternelle. Cette Loi est simple mais rigoureuse ! Ses principes : immuables. Sa rigueur est « l'effort constant ascendant » sous l'aimantation ininterrompue, « ce pain de l'esprit » si rudimentaire soit-il. *Phédon*

Q. : Pourriez-vous nous dire quelque chose sur le rôle de la « glande pinéale » ?

R. : Que de merveilleux systèmes dans le corps humain ! Cette glande a son effet, bien sûr mais l'hypophyse et tant d'autres, en ont bien davantage ! C'est toujours une question de neurones, de points sensibles où les polarités se dominent et acheminent les transformations cellulaires : les leviers de commande, en somme. Et comment se répand ce flux et s'opèrent les polarités, comment se font les échanges et comment les cônes vecteurs s'opposent, se juxtaposent, voilà quelque chose que je ne puis pas vous démontrer, faute de pouvoir vous le montrer. *Clarté*

Q. : Quel est le mécanisme, dans l'organisme, des glandes interstitielles si importantes paraît-il, chez les initiés, les évolués ?

R. : Certes, leur rôle est important, mais « l'hypophyse » et les « glandes endocrines » jouent aussi un grand rôle... En réalité, cependant, tout « le mécanisme », et le plus important, se font « dans les capillaires » parce que les « capillaires » ont des « petits noyaux » : agglomérat d'antennes aux « incalculables possibilités et activités » !!!! Ces activités les épuisent, les dessèchent souvent, cause du « vieillissement des capillaires » dont la circulation s'appauvrit... la fibrine a quartier libre pour épaissir les « coagulations sanguines ». Même effet pour les « endocrines » qui perdent leur élasticité. *Clarté*

Q. Pouvez-vous nous parler des antigènes et des anticorps ?

R. : S'il y a des anticorps, c'est parce qu'il y a des antichocs ; c'est le choc qui produit l'anticorps. Ainsi, dans les génocytes, un élément contient la polarité de quatre petits éléments, mais un seul contient du cytoplasma et tous les moyens de la vie, de la constitution réelle de l'élément progressif. En somme, on en revient au jeu des polarités, mais ces polarités doivent être bombardées pour se transformer. Toutes les transmissions ont pour origine un antichoc qui provoque justement de la vie nouvelle, avec cependant, les mêmes éléments. *Le Phalène*

Q. : Toutes les cellules du corps se renouvellent. Pourquoi n'en est-il pas de même des cellules nobles du système nerveux ?

R. : Mais les cellules nerveuses font aussi la révolution et se transforment, rien ne change. Que ce soit dans les corps humains ou dans l'espace, tout est en voie de progression, d'avance ; rien n'est stable qu'en apparence. Les cellules nerveuses qui touchent particulièrement au psychisme, entre le psychisme dont elles acceptent l'énergie et le mécanisme physique dont elles acceptent la nutrition, s'accroissent, se transforment selon les chocs ininterrompus qu'elles reçoivent. *Clarté*

Q. : Quel est le mécanisme du « choc en retour » ?

R. : Le phénomène de l'antichoc est le même que celui qui se produit dans les atomes et dans les gènes. C'est exactement de la même façon. Il provoque un bombardement qui transforme la force émise en force assimilable qui repart à son point de départ, transformée et agissante. Je ne puis vous donner d'explication complémentaire, il faudrait voir ! Peut-être, vos savants qui travaillent à fond sur l'antimatière, vous donneront quelques éléments supplémentaires ? *Clarté*

Q. : L'acide carbonique, qui joue un rôle dans la prise du sommeil normal, joue-t-il le même rôle dans le sommeil sous hypnose ou dans la transe médiumnique ?

R. : Il m'est bien difficile de répondre à votre interrogation, puisque : ne demeurent interdites « les démonstrations », dans ce domaine « des apparences » où vous évoluez. « Le sommeil normal » s'accomplit dans « des fonctions de rejet » de « déchets extra-cellulaires » et « semi-organiques », « de ponogènes » aussi, au niveau des « neurones », dans leurs ramifications les plus sensibles et dans un circuit impératif.

Comment vous expliquer l'action des « hydro carbures » à vous qui ne savez rien des pouvoirs réels des « bâillements », des « hoquets », des « transpirations », des « frissons » qui interviennent sur « le commandement » automatique des neurones attaqués ?

Que vous dire aussi des rêves qui demeurent « le jeu conscient », « dans l'inconscience momentanée » du sommeil comme « l'imagination » demeure un aspect fantaisiste de la conscience, à l'état de veille. Le « rêve » et « l'imagination » ne sont, en effet, que « le délire », « la fantaisie », « l'école buissonnière de la conscience » qui n'arrête jamais son activité. Cette lampe du sanctuaire (malgré ses fantaisies ou ses incohérences), ne s'éteint jamais.

Si le sommeil met, en veilleuse, certains éléments essentiels et actifs de l'être, il intensifie, par ailleurs, l'élimination importante et nécessaire des déchets obstructeurs ou annihilants et cela dans « l'apaisante neutralité des circuits concernés ».

Toute combustion justifie la présence du carbone, mais je ne puis dire ce que vous aimeriez savoir, pour l'application… Un clavier important (est en votre possession) qui se joue entre l'hydrogène, l'oxygène, l'azote, le carbone, leurs composants ou leurs coordonnées… leurs unions, leurs réactions, leurs diverses fonctions et propriétés.

La nature, « cette inlassable alchimiste », en dirige, magistralement, les équations et les échanges.

Dans le sommeil provoqué par les somnifères ou les anesthésiques, le mécanisme des rejets ne jouant pas, il en résulte de la lassitude et souvent des hallucinations, dans l'excès des anesthésies graves.

Dans le sommeil sous hypnose, « même arrêt des rejets », au niveau glandulaire, semblables marques de fatigue, parfois des troubles et même des déséquilibres : « passagers d'abord » — « s'installant, ensuite ».

Le sommeil médiumnique arrête également « le mécanisme des rejets », mais les utilise dans les phénomènes de matérialisations : (ectoplasme) — soit dans l'incorporation pour la composante du « corps artificiel de l'entité », avec l'aide des fluides ambiants.

Si les « hydro carbures » interviennent : c'est qu'ils accomplissent un travail de fixation à froid, grâce à nos « hautes pressions » et pour galvaniser « les éléments divers » sur le corps artificiel (obtenu par l'entité), (occupé par elle). (Bien difficile, vous le voyez, de vous répondre et de vous expliquer.)

Quand l'entité repart, les fonctions normales reprennent avec un petit « ralentissement » ou une « accélération » légère, selon la durée de l'incorporation. — « Tout ceci » demeure « l'apanage des missionnaires » comme nous, qui devons connaître, absolument, « tous » ces « mécanismes », afin de les utiliser aux moindres « moindres dégâts ».

Pour les « hydrocarbures » vous pouvez voir l'effet des pressions sur les gaz et constater « givrages ou glaçons » sous les robinets de débit.

Cette loi demeure celle des mondes, « les méridiens » se concentrant sous « les hautes pressions » engendrant « les glaces polaires » aux « sommets verseurs ». *Euthyphron*

Q. : Par quel mécanisme se produit l'altération d'un « gène » dans les phénomènes de nutrition spontanée, bien connus chez les végétaux ?

R. : PHEDON est en train de vous raconter un peu de ce mécanisme-là, en vous parlant des « antichocs » et des

« gènes », provoquant des antigènes. Vos savants essayent de trouver « l'antimatière », veulent arriver à immuniser, à trouver le système immunisant des virus, grâce à ce mécanisme, je crois. *Clarté*

Q. : Quel est le mécanisme de l'évolution sur le plan biologique ?

R. : « Se rythmer » — « s'accroître » — « monter » — « s'extérioriser » — « se concentrer » — « monter encore » — « monter toujours » — telle est la Loi.

Jusqu'à la « spiritualité hors des cosmos », tout être est vampire — androgyne — hermaphrodite — usant souvent maladroitement de ses attributs, il tâtonne, erre, recommence : arrive à créer sur son plan personnel, un dynamisme plus équilibré qui lui permet de profiter utilement de ses dons, en assurant « sa nutrition », « sa durée », « ses progrès », « son autodéfense » contre les chocs ambiants, souvent destructeurs, sa survivance. Si nous prenons un leucocyte, nous trouvons des zones neutres négatives, un seul ovule constructeur avec ses polarités et ses réserves vitales dans un champ magnétique statique et positif… Un cil vibratile procède au choc (percussion) dont la « réception » s'inscrit dans « l'ovule psychique » déterminant « sensation » et réaction nécessaires, suivies de « l'entendement » : (accroissement de la partie pensante)…

Sur le long chemin de la Durée, tout est en marche, tout est mis à la disposition de cette « remontée », vers Dieu, en Dieu… Si « l'évolution » poursuit son essor ascendant, sous les « battements du Cœur divin », elle admet cependant « les tâtonnements », « les errements ». Selon que les embryons sont « passifs ou actifs », les réactions sont différentes, autant que les individualités. Les sexes s'affrontent, alternativement, s'opposant ou s'unissant. Et cependant, tout s'élance « vers l'Unité », constitue « des classes », « des groupes », « des sociétés ». C'est le triomphe de « l'effort collectif » à l'assaut des arcanes sidérales, à travers tous les « infinis »... Sur le plan humain, que d'énigmes sans réponses !! que d'apparences trompeuses sur les réalités !! L'inégalité même des hommes, dans leurs chevauchements, à travers divers plans, rend difficile la compréhension des lois naturelles. J'espère que vous trouverez, dans et sous ces lignes, quelques lueurs essentielles. — Et je redis : « Tout embryon », « tout être », possèdent les deux sexes et, selon leur vie terrestre, la prédominance d'un sexe sur l'autre se précise, neutralisant « l'un » au profit de « l'autre »...

Chez les êtres élémentaires, « les sexes » sont souvent capables de « réagir l'un sur l'autre », selon les plans et les nécessités ambiantes... les plasmas, « générations spontanées ou alternantes », etc. Quand, « physiquement » ou « physiologiquement » le « sexe » est impuissant à « féconder », c'est le « sexe psychique ». qui provoque le « choc », la fécondité, par une éjaculation prolifique d'éléments. Mais, cela, aucun de vos appareils ne le révèle... Ces « secrets de la vie » (dont, certains, vous appartiennent), sont encore loin des terrestres yeux. Dans les « périodes décadentes » où les « vagues animales » abordent « le plan humain », on retrouve « ces carences », « ces désordres sexuels » dans « l'hermaphrodisme » incomplet « d'un psychisme altéré », aux « polaires intervertis » (homosexualité, etc., etc.). Je ne puis dire davantage sur le sujet intarissable des « êtres vivants »... et sur votre plan. La Loi du silence passe comme un couperet... J'ai essayé de tenir ma promesse, heureux si je vous ai intéressés.

Terminons avec « SYMBOLE » et son magistral conseil !

Élève-toi ! Les corps passent... l'esprit demeure
Ton âme renaîtra, s'il faut que ton corps meure...
Ton âme : ce trésor !!!!
Enrichis-la d'amour, comme de connaissance !

Sois Vrai ! Sois Bon ! Sois doux !
Que la « Toute Puissance »
Azure ton essor !!!
SYMBOLE

Frères humains
Élevez-vous. Ne désespérez jamais ! La divine Bonté ouvre, sur tous (à tous les échelons), ses douces mains compatissantes. *Phédon*

Q. : Pourriez-vous évoquer le cheminement de l'embryon afin de nous permettre de mieux imaginer l'évolution à partir de l'infiniment petit ?

R. : « L'éternité » ne compte ni « les heures », ni « les étapes » dans le « lent travail des siècles », dans la ronde « immuable » des « efforts » et des « essors », dans le « miracle inouï » « profond », « admirable » amenant le « non être » à « l'être »… « Prodigieuse ascension » de « l'énergie » éparse « en tout » et « partout » portant « le stigmate du sceau divin », « ses incalculables possibilités »…

Il m'est bien difficile de vous faire pénétrer dans ces « arcanes magnifiques » de la vie à son début, à travers les « infiniment petits » sur lesquels vos chimistes se penchent inlassablement, sans résoudre (malgré leurs appareils perfectionnés), le fond des problèmes posés.

Si « infime » que soit un « embryon », toute puissance attractive, émettrice, dynamique, évolutive, est en lui.

Il sait qu'il est ! Il sent qu'il peut ! Il possède « l'instinct obscur, mais obstiné » de sa « force » et s'élance à l'assaut de ses devenirs « struggle for life ».

D'abord, il évolue, en lui-même, dans un automatisme de « cause à effet », conditionnant la « progression » et « l'accroissement » de « son rythme », dans un « champ magnétique orbital » de plus en plus « étendu » et « ionisé » par les « magnétismes extérieurs » auxquels il se heurte…

Le rayonnement de sa « spirale énergétique » émet des vibrations, sous forme de cils, de franges, dotés de cônes (à leur point terminal).

Telle une toile d'araignée fluidique, l'aura se dessine, prête à s'amplifier sous le « vampirisme fluido moléculaire », « cellulaire » des antennes se heurtant « aux forces telluriques » qui le bombardent — « minuscule pulsar » exsudant, « dans sa circonférence », des « spores » assurant une multiplication de « points de force » énergétiques, se polarisant sur les réseaux extérieurs.

COMES LUMINI UMBRA... Oui, dans cet élan vers la vie, l'ombre est la compagne de la lumière... et le « grain » germe « dans l'ombre » pour « vibrer » à « la lumière » s'accordant, progressivement, aux radiations éternelles, aux plasmas germinatifs et nutritifs lui apportant de nouveaux éléments.

Il travaille d'abord à édifier son « centre émetteur », « récepteur », « producteur », et « son aura périspritale »... Immense travail de construction, dans le domaine électromagnétique ondulatoire et percutant...

« Mais, tout cela, échappe à l'œil humain ». Ceci obtenu, il se propulse dans le « circuit matériel » afin de constituer « un corps » sur le plan « terrestre » : « végétal », « animal », « humain ». Que vous dire, dans ce domaine si vaste et si troublant, que je puisse analyser à votre bénéfice ?? Si la Loi est « unique », combien d'applications variées !!! toutes en marche dans un « mécanisme » sans défaillances. *Phédon*

Q. : Vous est-il permis d'ajouter d'autres précisions à ce tableau grandiose de l'évolution ?

R. : J'aurais voulu, dans ce chapitre énorme « du petit au grand », m'attarder sur les remarquables travaux des « cristaux » dans leurs molécules intégrantes où passent toutes les géométries, dans des plans de symétries, de cristallisations par rotation, en systèmes divers édifiants... Oh ! ces abeilles cristallines momifiées, en apparence, dans le silence et l'inertie, que d'alvéoles hexagonales elles établissent avant d'opérer leurs troncatures !

Toute la géométrie, je le répète, établit les formes, entre les homoédries et les hémiédries, ainsi que les quadratures dans les assemblages cristallins.

J'aurais voulu, pareillement, vous dire que la mer est l'immense matrice où l'ensemencement céleste prend corps et forme aux sources d'hydrogène, pour déferler en « forces productrices » et « prolifiques » sur les continents… Quand les germes sont mûrs… c'est le sevrage de « l'hydrogène » au profit de « l'oxygène » et des composants de l'air… tout comme le « trépas terrestre » est le « sevrage de l'air » au profit des « éléments fluido plasmiques extra-terrestres ».

J'aurais aimé aussi vous parler davantage de « vos possibilités » sur vous-même « psychique et physique » par effets de concentration… Je ne le puis et vous dis simplement : Efforcez-vous, au lieu de vous disperser en expériences inutiles, d'augmenter votre « vie intérieure »… arrivez à trouver « ce moteur » profond qui vous anime, afin d'en connaître les pulsations intimes, révélatrices de votre esprit tout entier. Regardez moins en dehors, davantage en dedans, afin d'apercevoir « cette petite lampe » du sanctuaire qui est votre âme.

Comme « ce tête à tête avec vous-même » vous sera profitable !! Aux heures de méditation, rejoignez-nous, pensez à nous, qui vous avons donné la lumière et l'espérance… à nous, à qui vous demeurez liés.

Étudiez « nos messages » où vous trouverez encore à vous enrichir. Relisez-les… un trésor est « peut-être » caché dedans.

Dans le « monde des cristaux » devenus « des faisceaux », des faisceaux devenus des « tourbillons… des ondes courtes ou longues, des circuits de fréquences diverses, débute la vaste échelle des plans superposés… « Tout » s'appuie à « tout », « monte », « se construit », « évolue », « se divinise »…

La « robuste épaule des sorts » soutient tout l'édifice.

À l'échelon humain où tant de barreaux se croisent, la lutte est opiniâtre, sévère, ininterrompue, face à la venue du cycle nouveau…

Pour vous (éclairés à présent, déjà prêts), la route est tracée, le trapèze bien suspendu… Quand se montrera la « nef d'or aux rames de lumière », vous embarquerez et voguerez enfin vers l'Arche… fidèles au « rendez-vous », mystérieusement donné. *Phédon*

Q. : Quelle est la loi qui préside à toutes ces transformations ?

R. : L'homme cherche (oublieux de ses origines), essaie de « distinguer », de « reproduire », obtenant de pauvres résultats. Il constate, s'interroge… tandis que « la nature » accomplit son œuvre « en toute connaissance de cause » (qu'il s'agisse de pesanteur, de gravitation, de bombardements électroniques, de transmutations, d'évolutions à tous les degrés)…

Tout est en marche, sous cet « ordre de choses » qui guide tous « les destins » et connaît « tous les éléments… les jeux anisotoniques : ceux des « centrosomes » et des « cils vibratoires », des « protoplasmes » dans les « spermes »… des « osmoses » dans les « cellules », leurs « pressions » équivalant aux « concentrations » dans un équilibre créateur… La merveille des « évolutions alternantes » sous le pouvoir (également alterné) des « microgamètes » et des « macrogamètes ».

La nature « sait » et « voit ». En elle, sommeillent « toutes les possibilités de vie ». Dans son « magnétisme nourricier », se gorgent « les protozoaires » avant d'aborder à une transformation de leur « mousse périspritale » s'agglutinant sur de nouveaux réseaux. Tous les phénomènes de parthénogénèse et de généagenèse se succèdent magnifiquement en des « essais » et des « assauts » ininterrompus. La « Loi » qui régit toutes « ces métamorphoses » dans « le déroulement éternel » est la même à tous les échelons, qu'il s'agisse « d'un atome », « d'un astre » ou « d'un homme ». Seuls, changent les aspects. Mais ce qui domine le « large problème vital », c'est le « pouvoir androgyne » dans les « alternances de circuit », « les concentrations de forces diverses »: pouvoir qui permet (en cas de « carence physique ») aux éléments psychiques d'intervenir, pour éviter déperdition, destruction ou régression…

C'est, ainsi, qu'interviennent les rondes des « antigènes », « antichocs », « anticorps » en vue d'immuniser, de protéger, et de transformer (de stériliser aussi) pour recréer sur d'autres réseaux.

Certaines recherches humaines s'appliquant, particulièrement, à déceler la vérité, s'orientent vers « ces particularités naturelles » au sujet des « virus ». Ils utilisent, sans savoir, tâtonnants sur « la cause » qu'ils pressentent sans voir, l'essentiel leur échappant. Cet « essentiel » « invisible » parce qu'il comprend l'interpénétration des deux plans « psychique et physique » cette vie « mixte » de « l'inapparent » et de « l'apparent » dont découle toute vie… *Phédon*

Q. : La finalité de l'évolution générale est la spiritualité. Que devient alors la matière-déchet dont l'esprit s'est dégagé ?

R. : Rien ne se crée — rien ne se perd — tout se transforme, même les déchets. *Euthyphron*

Q. Pouvez-vous nous parler de l'antimatière ?

R. : L'antimatière est un « terme » plus qu'un fait en soi. Il n'y a pas d'anti. Il y a seulement des polarisations différentes amenant des états différents en des équations dissemblables. *Papillon Noir*

3. MÉDECINE

Q. : Que pensez-vous de la congélation des corps humains (cryogénisation) ?

R. : Que le ciel vous préserve de ces folies !!! Il faut laisser « l'être humain » accomplir son périple sur la Terre, selon les lois cosmiques et naturelles de déroulement. *Papillon Noir*

Q. : Trouvera-t-on le remède du cancer ?

R. : Qui, pour certains cancers d'origine accidentelle ou organique, mais le cancer périsprital (véritable lèpre périspritale), qui prend racine dans le périsprit, est incurable — ses racines ne pouvant être atteintes. Encore un mal situé entre les deux plans. *Papillon Noir*

Q. : La mort guérit-elle les périsprits malades de cancer ou d'autres ?

R. : Non. — Suit une période de traitement pour toute tare périspritale (en vue de nouvelles existences). Il est des lieux (véritables cliniques de l'Au-delà) où l'on se guérit de tout… sauf d'exister… *Papillon Noir*

Q. : Dans le cas de « greffes chirurgicales », y a-t-il risque de « malaises périspritaux » ?

R. : Le périsprit, siège de la sensibilité, enregistre tout ce que le corps physique reçoit : blessures, cicatrices, greffes, maladies sous forme d'exostoses ou de plaques ou de vraies lésions qui nécessitent, avant une nouvelle incarnation, des soins spéciaux, des réparations dans les cliniques de l'au-delà (pour parler votre langage qui fut le nôtre). *Euthyphron*

Q. : Quel est le mécanisme physiologique qui procure l'allergie ?

R. : Résidant, le plus souvent, dans la coordination périspritale et cellulaire, il est multiple dans son organisation. Véritable antithèse de polarisation aux irritants effets, Orages en miniature dans les circuits cellulaires, provoquant des foudres partielles aux conséquences multiples — souvent graves — selon la violence de la foudre. — Il est de nombreuses formes d'allergie (réaction à des polarités s'opposant à la suite d'introduction dans l'organisme, d'éléments contraires et perturbateurs « le feu aux poudres »... *Clarté*

Q. : Qu'est-ce que le psoriasis ? Comment le faire disparaître ?

R. : Je pourrais vous répondre ce que je vous ai dit pour l'allergie, pour ce qui est du domaine cellulaire. Cependant, pour le psoriasis qui, souvent, demeure une séquelle de lèpre périspritale, la guérison est souvent, sinon difficile, du moins impossible. Nous y reviendrons ! *Clarté*

Q. : Quelle est l'étiologie des vomissements acétoniques ?

R. : la pléthore d'acide carbonique amène une profonde intoxication dans le sang et dans les tissus dont elle ralentit la distribution et les échanges... L'excès d'acide carbonique a toujours provoqué une atonie compliquée de nausées... *Clarté*

Q. : Pourrions-nous, par un système de vie appropriée, freiner la perte des cellules nerveuses fixée à 20 millions par an ?

R. : Retourner aux sources, demander à la nature : ses plantes, ses racines, son air pur, son oxygène, son magnétisme cosmique, minéral, animal... car vous n'avez plus rien de tout cela... sinon de « progressives pollutions ». Peu à peu, l'humanité a préparé « son appauvrissement », cette asthénie générale qu'elle n'arrive pas à surmonter. Elle court au pire… Nous ne pouvons rien à cela (malgré notre amour de grands frères) que de vous plaindre, de vous éclairer et vous soutenir de notre mieux. On ne peut parler de fin du monde, mais de fin « d'un cycle », avec les effondrements qui y sont liés… ce n'est pas non plus la fin de la Terre… Au long des siècles, elle s'est reconstituée bien des fois. Les continents appauvris « des magnétismes » et « des plasmas », s'enfonçaient dans les « gouffres », dans les « terres » pour se contracter, se précipitant ensuite dans les flots, dans les cavernes des mers, se recharger en « magnétisme vital », en plasmas divers. — Pendant ce temps, les mers bouillonnaient… recouvrant les terres de leurs masses liquides. Les feux internes telluriques s'agitaient et, à leur tour, expulsaient, ramenant en surface des « terres neuves » magnétisées par les « bas-fonds ». — La mer contient encore bien des possibilités… mais les hommes ont tellement fait « d'emprunts » à la Terre, d'une part, à la mer, ensuite, que « l'équilibre minéral et plasmique » est dangereusement perturbé… *Clarté*

Q. : Quelle serait l'importance en médecine de l'étude plus approfondie du magnétisme ?

R. : Il est regrettable que vos « Facultés » aient rayé l'étude du « magnétisme animal et humain » de leurs programmes.

Cette radiographie mentale du « psychisme » eut permis des redressements dans les polarités désaxées, causes et maladies, de carences, de stases, de « thromboses », de déviations neuropsychiques, etc., le « magnétisé » indiquant ses tares et les corrigeant de lui-même, en faisant réagir les cellules sur les cellules : similia similibus curantur ! (trad. : Les semblables se guérissent par les semblables). *Clarté*

Q. : Si les échanges psychiques sont si délicats à cause des transferts possibles, au niveau de la télépathie, que doivent-ils être au niveau des échanges magnétiques de guérisseurs ?

R. : Exactement de la même façon. Les mêmes risques subsistent et les mêmes précautions sont à prendre. Relisez bien ! Chaque cas comporte de part et d'autre énormément de précautions… et surtout un corps sain et une âme saine doivent présider aux expériences. *L'Ombre*

Q. : Certains psychistes prétendent que dans la suggestion on n'obtient de résultats, même pour le bien de l'autre, qu'au prix d'une agressivité psychique ?

R. : Certainement ! Il faut toujours neutraliser une grosse partie de l'individu pour arriver à lui procurer (même pour son bien), un peu de mieux ; on est agressif par force sur certains côtés de la personnalité qu'il faut mettre en veilleuse. Je vous ai déjà prévenus de ces choses-là. Tout en faisant une suggestion qui apporte un résultat bénéfique (si celui qui la fait est atteint d'une maladie, d'une tare), il peut les communiquer, en même temps, dans ces zones qu'il neutralise. Voilà le danger. Quand on fait des suggestions il faut s'assurer de son parfait équilibre physique et moral. Et quant au sujet, s'il est malade, il faut que le « mécanicien » qui s'occupe de magnétiser, prenne ses précautions pour que le sujet ne le contamine pas à son tour.

Il faut qu'en faisant sa suggestion, il fasse aussi barrage à l'assaut du « choc en retour ». *Clarté*

Q. : Quelles sont les zones hypnogènes les plus sensibles ? Nous connaissons les globes oculaires, le vertex et le bout des phalanges.

R. : Dans vos passes sur le cervelet, il faut tenir compte de « l'arbre de vie », de ses nombreuses ramifications, de ses réseaux en ellipses. Dans ce labyrinthe qu'il faut affronter doucement, on finit par trouver le champ magnétique, vulnérable, y établir sa suggestion afin d'en gouverner le mécanisme — comme nous le faisons.

Il faut connaître parfaitement sa constitution pour essayer d'en faire le « siège », la « captivité », « l'obéissance ». L'effort sur les tempes peut donner de bons résultats, mais il faut juguler les « apophyses » très doucement par des « passes pénétrantes » qui, peu à peu, asservissent la volonté du sujet. L'appui léger (en mouvement tournant) sur les globes oculaires, doit se faire en magnétisant « en soleil », les passes successives. — Sur le vertex, tracer des « ronds » s'enchevêtrant — en englobant les fontanelles — profitant du sillon de Rolando pour propager jusqu'à la scissure de Sylvius « la force » que les ventricules doivent alimenter et rythmer. Comment vous faire comprendre un mécanisme qui échappe à vos sens ? Comment réaliser avec le peu de possibilités qui vous demeurent, car, vous ne pouvez « capter » pour donner « vie » à la « puissance magnétique » de l'« aimantation éternelle » (source de tout pouvoir et de toute action).

Je ne puis vous guider matériellement, sur votre plan dépourvu de tant d'éléments essentiels. Vous avez laissé passer l'heure. L'antiquité a usé, même abusé de ses pouvoirs en ce domaine où la source coulait, intarissable, pour le « bien » et souvent aussi pour le « mal ».

Pour le bien : que de guérisons obtenues en obligeant les malades (mis en contact avec les forces supérieures) à reconstituer les « polarités défectueuses » (cause des troubles et des maladies), dans leur corps devenu « lisible » pour eux-mêmes. Que vous reste-t-il de ce passé si riche en échanges ?

Le « pouvoir » de vous « hisser » jusqu'aux « célestes réservoirs », pour y puiser, à votre tour… par la « prière », « union des prières ferventes », « appel vibrant », la « concentration » de « groupes émetteurs » extériorisant la « supplication » pour ramener l'offrande !

« Demandez et il vous sera accordé », « Frappez et l'on vous ouvrira. »

Mais là aussi, comme pour le magnétisme, il faut un cœur pur, un désir ardent d'obtenir le « trait d'union magnétique » liant les « vases communicants ». *Clarté*

Q. : Certains auteurs ont écrit des livres sur la guérison par les sentiments. Que pouvez-vous nous dire à ce sujet ?

R. : Toujours j'en reviens à ces mêmes choses. La question du sentiment est justement la question d'une sensation vive qu'il faut provoquer, que ce soit d'une façon ou d'une autre, pour arriver à polariser tout ce qui est en mauvaise fonction : maladie, déséquilibre ou autre. C'est toujours le même mécanisme. Au fond, l'être n'est pas aussi compliqué qu'il apparaît. Seulement, on a multiplié, sous prétexte de progrès, les difficultés qu'il a à se soigner par lui-même. Il peut beaucoup sur lui. Et chacun peut beaucoup sur « l'autre »… L'être réussirait bien mieux sur lui-même, par lui-même, que les choses qui sont en dessous (animales ou végétales). *L'Ombre*

Q. : Dans les cas de « guérison spontanée » où va le mal qui disparaît du corps ?

R. : Équilibre rétabli : le mal n'est qu'un déséquilibre, il disparaît sans autre trace, l'ordre remis. *Euthyphron*

Q. : DEVOIR a dit que l'ozone permettrait d'obtenir de gros résultats dans les maladies infectieuses. Pourquoi la médecine, de nos jours, ne l'emploie que timidement.

R. : L'ozone est l'immense contrepoison, surtout dans les maladies mentales qui tiennent entre le psychisme et le physique. Mais je ne peux pas vous donner d'explication. Il appartient à la médecine humaine de faire son travail et je n'ai pas le droit de vous dire. *Clarté*

Q. : Quelle est l'incidence au point de vue psychique des bâillements et des éternuements ?

R. : Bâillements, éternuements, transpiration, autant de moyens d'éliminer « les excès carboniques obstructeurs ».

Les bâillements (dans leurs contractions sur le plexus et l'Arbre vital), et sous « l'effet de l'oxygène », font une extériorisation carbonique, libérant les « repliens circuits nerveux » de leurs déchets obstructeurs — « oxy-carbures ».

Dans les éternuements, les contractions s'étendent au sinus, « aux nerfs optiques » et « acoustiques » comme au « sternum » épigastre et diaphragme et sous « l'effet de l'oxygène absorbé », font une élimination bénéfique de toxines. — Même lorsque « les éternuements » préparent un coryza, ils sont bénéfiques et jouent les « agents pathogènes » sur les déchets carboniques. La transpiration, les larmes, agissent sur les éléments obstructeurs carboniques par oxydation — grâce à l'hydrogène (hydrocarbures). *Luz*

Q. : Quelle est la nature et l'origine des virus ?

R. : Comment répondre à cette question qui met en cause tout le « mécanisme cellulaire » dans ses heurts, ses incidences et ses virulences (dans leurs algébriques combinaisons aux soudaines proliférations ?

Comment répondre ? puisque vous n'atteignez, encore pas, à la vision directe du jeu des « cellules » dans « leurs efforts vitaux » ? Si vous pouviez voir, vous sauriez que « tout être » porte en lui, toutes les « possibilités d'immunisation » vis-à-vis de tous les virus… résidant dans l'équilibre des polarités psychiques et plasmatiques. Les cellules plasmatiques ne sont pas, à proprement parler, des cellules « déterminées », mais « alvéolées », de « véritables petits espaces interfasciculaires » légèrement membraneux. C'est dans leur circuit fermé, « terminé par une antenne », que prennent naissance les « ovules virulents », atteints (difficilement) par les bombardements pathogènes de bactéries.

Que de virus traversent le corps physique sans se fixer ou s'attarder, sans que vous puissiez en déceler la « structure ou la présence ».

Que savez-vous, en réalité, de la « structuration psychico-sensorielle »? « Tableau noir » où vous épelez... où vous êtes condamnés à épeler...

À chaque jour: son rayon!!

À chaque plan: sa lueur!!

Que vous dire d'autre? car dans cette lutte contre « les virus », il faut tenir compte des « conditions » « psychico-physiques » appartenant à chaque individu... à chaque « faisceau individuel » de « polarités », ce qui différencie, lourdement, le « pouvoir de résistance » de chacun... Oui, très différentes (vis-à-vis d'un virus) sont les « réactions » ou les « propensions » à une « auto-immunisation » naturelle. Les « virus » sont les « termites » de vos « charpentes », les « insectes » de vos « maisons » et s'inscrivent au nombre des maladresses périspritales de l'être conquérant de lui-même « progressivement » et « collectivement ».

Il ne peut échapper à ces « défauts de constructions moléculaires » apportant les « toxines » de leurs polarisations déséquilibrées, mais se libère, peu à peu, dans la succession des existences... pour se fixer ensuite, en plein ciel. *Luz*

Q.: L'acupuncture est-elle un palliatif ou un remède effectif?

R.: Tout dépend des connaissances de l'expérimentateur: sur les réseaux, points de force nerveux, circuits sensibles... afin de rééquilibrer les polarités cellulaires... Beaucoup plus de pratiquants que de savants! *Papillon Noir*

4. ASTRONOMIE — ASTROLOGIE SCIENCE DES NOMBRES

Q. : Comment évaluez-vous le degré de connaissance des astronomes ?

R. : « Vos astronomes » ne peuvent juger de la « réalité. », et la « géométrie de l'espace » ne ressemble pas à la vôtre… Ils sont là, aussi, trompés par des « apparences » et des « à peu près »… Elle change tout : que ce soit : dans les intégrales, les coordonnées, les prismes, les ellipses, les méridiens, le jeu des courbes…, que ce soit dans les forces polaires, bi-polaires, équatoriales, interférentielles ou différentielles… Comment vous expliquer le mécanisme de la conductibilité des systèmes ? dans les courants électriques, magnétiques, moléculaires, qui changent, inlassablement, les formules des équations… et des logarythmes… Je ne peux vous expliquer tout cela… *Clarté*

Q. : Dans les messages, il est souvent question de « sphères ». S'agit-il de sphères ayant un même centre que la Terre, ou de sphères indépendantes ?

R. : Pour nous, l'appellation « sphères » s'applique à tous les univers (comme le mot « monnaie » s'applique à « toutes les pièces », etc. Les univers, à cause des ondes électromagnétiques dans lesquelles ils circulent, sont sphériques ou ovoïdes tant qu'ils sont prisonniers de leurs trajectoires et de leurs gravitations.

Tout infusoire, tout élément, tout univers, sont constitués (au départ) d'un noyau spiraloïde, orné d'un appendice vibratil, à la fois « voile et rame », lui assurant équilibre, rayonnement, nutrition — évolution personnelle et collective (par attraction). La formule est la même, si les conditions ou les aspects sont différents. Plus nets dans les embryons déjà mieux constitués, les appendices « marquent » leur sensibilité particulière, par rapport « au noyau » qu'ils alimentent, dirigent et protègent (dans l'essor et l'effort collectif) dans les proliférations qui en découlent... *Euthyphron*

Q. : Pourrait-on avoir quelques aperçus sur SATURNE et ses anneaux, notamment l'anneau de glace ?

R. : Toute planète, tout monde, vient avec des anneaux atmosphériques qui sont à la fois une protection et une nutrition, aussi bien électro-dynamiques que semi-matérielles. Je ne peux pas mieux vous expliquer : ces anneaux font à « l'ovule » d'un monde, l'effet du « placenta » dans lequel évolue l'univers. Mais ce ne sont, pas tellement des blocs de glace. C'est un anneau qui s'inscrit dans un autre avec toute une série de prismes et de faisceaux, à la façon d'un magasin, de forces électrodynamiques qui se diffusent, petit à petit, d'un anneau à l'autre, dans la giration folle autour des mondes en pleine évolution. Sur Saturne on a beaucoup dit d'absurdités ! Chaque monde a ses êtres qui vivent et qui se battent pour la vie de tous les jours, devant accomplir ce stade ou subir ce cycle. *L'Ombre*

Q. : Y a-t-il de la vie sur notre soleil ? Si oui, les êtres sont-ils plus évolués ?

R. Ils ont surtout plus chaud ! Différemment constitués sur des périsprits radiants, ils se meuvent dans une atmosphère de radiations. Impossible de vous expliquer et de vous faire comprendre cela. *Clarté*

Q. : L'étoile Véga a-t-elle des habitants ? Que penser de leur évolution ?

R. : VEGA : constellation de La LYRE a une atmosphère harmonieuse comme un chant. Les êtres plus évolués que sur

Terre, différemment équilibrés et dynamisés, ont une vie intense et rythmée. Monde d'harmonie par excellence, sous un ciel coloré charmeur, « ambiance » aux sonorisations exquises, venues de courants. *Clarté*

Q. : Pourquoi notre galaxie est-elle malade ?

R. : Parce qu'elle a trop duré… Chacune, à son tour, dans l'éternelle marche, connaît un sort pareil. Mais Rien ne meurt et tout vit… tout se transforme — incessamment : « Caméléon constant de la vie en la Durée »… Vous ne pouvez imaginer !! Nous-mêmes sommes dépassés, sur notre plan, par des réalisations de plus en plus admirables — sous la baguette magique des gravitations. *Papillon Noir*

Q. : Pouvez-vous nous parler du « ciel noir » des planètes ?

R. : Ah ! Cela vous tourmente, mais il faudrait que je vous fasse un cours astronomique de grande envergure, et je ne le puis ! Quand l'heure est venue, pour la planète, de sa « volatilisation », elle se disperse (tenue par ses réseaux magnétiques), pour se reconstituer, et doit lutter farouchement et constituer « la force centripète » qui l'arrache à « l'attraction » et à la « fascination » du « gouffre noir » — « réceptacle » des turbines et dynamos de la gravitation… Si elles disparaissaient dans le gouffre noir, elles n'en ressortiraient plus. Leur propre instinct les pousse à contracter toutes leurs forces intérieures pour fuir cette dévorante force centrifuge attractive. *Clarté*

Q. : L'influence des planètes est-elle physique, spirituelle ? Quel est le rapport avec les astres, les hommes et Dieu ?

R. : Un lien entre les « astres et les astres », les « astres et les hommes » : l'Amour ! — Non point l'amour tel qu'il se présente à vous sur terre, mais cette grande aimantation-attraction qui assure la vie des « Univers » et des êtres, et règle dans « l'illimité » les lois des « pesanteurs » et des « gravitations »… Magnétisme éternel (hallucinant et rigoureux), qui rapproche tous les maillons de « la chaîne », consolide les « barreaux de l'échelle » et lie « entr'elles », toutes les cellules (de quelque nature qu'elles soient), permettant : transformations et transmutations… *Clarté*

Q. : De quelle nature est ce magnétisme ?

R. : Vous essayez d'y parvenir par vos méthodes, par vos logarythmes, en faisant des « décompositions »… Vous trouvez des « intersections » dans les « tangentes » et des segments, des prismes, des courbes, etc. etc. mais vous n'arrivez pas à trouver, encore moins à asservir, ce « magnétisme » divin qui tient en action ou en catalepsie la création tout entière… Que dire d'autre ? !

« Où donc « l'écrou du ciel » resserre-t-il la Terre ?
« À quel moment précis, le penseur solitaire
Est-il donc averti ? »
SYMBOLE
Clarté

Q. : Que doit produire dans l'ère du Verseau, le changement zodiacal ?

R. : Comme tous les signes zodiacaux : favoriser les êtres dont l'ascendant se situe dans l'un des douze signes… et plus loin.

Toujours se font des mouvements d'« ombres » et de « clartés », de « pouvoirs » ou de « diminution »… le tout lié au déroulement des destins. Pour la Terre, les échanges dépassent « le Zodiaque », pour se perdre dans le cercle des courants interstellaires… *Clarté*

Q. : Sur l'horloge zodiacale, on trouve 12 signes. Selon notre calendrier actuel, quel est le commencement exact de l'ère du Verseau ? Que se passera-t-il au moment du chan-

gement de signe Verseau-Capricorne ? Quel est le signe de la première heure ?

R. : Ayant dépassé le « Zodiaque » nous ne regardons que les cycles, dont l'un est en voie d'achèvement. Je ne puis dire davantage. L'homme crée souvent des mirages par crainte de la réalité... et joue à l'autruche... *Euthyphron*

Q. : Le thème astrologique mortuaire a-t-il une importance particulière ?

R. : Non. *Euthyphron*

Q. « Les "X" « et les "Y", c'est bas de plafond », a dit Victor Hugo. Cela veut-il dire que plus on se rapproche de Dieu, plus la compréhension survole les mathématiques ?

R. : Le sommet, c'est la grande Unité. Et pour atteindre cette Unité, toute la géométrie de l'Espace, toute la géométrie céleste y passent par des équations diverses, des champs d'ionisation qui se transforment toujours. Ainsi, pour venir jusqu'à vous, il a fallu lutter avec des flux d'ions qui enjambaient tous les axes, tous les prismes, et il faut tout de même que tout cela tourne et marche, s'enchevêtre selon des lois qui sont définitives, nécessaires, pour arriver au fronton magnifique qu'est « l'Unité », cependant que tout le monde est englobé. Vous ne pouvez vous faire une idée de l'Unité. Nous apercevons nous-mêmes certaines possibilités (à nous offertes), mais vous ne pouvez voir nos champs d'action par rapport à notre plan, aux autres plans qui s'enchevêtrent aussi. Et cependant, tout fait une Unité parfaite ! Ensuite ? *Clarté*

Q. : D'où vient le privilège des nombres premiers ?

R. : Dieu (qui tient toute l'Éternité) est, à la fois, la « perfection » de la Loi, de l'« Ordre » et de la « mesure », dans un mécanisme équilibré... Rien ne se trouve « hors » des « mathématiques éternelles » dont seuls diffèrent les conditionnements fractionnels des plans évolutifs, des champs atmosphériques avec leurs socles d'induction… « La géométrie de l'espace » n'est donc pas, pour ces raisons, « omnivalente » et s'adapte, merveilleusement, à tous les points donnés. Nous sommes donc tenus d'appliquer les règles usitées dans nos lieux de mission ou d'évolution périodique ou permanente, comme vous le faites vous-mêmes pour vos mœurs et coutumes, mais nous ne pouvons dépasser nos atmosphères, nos orbites. Vous avez entrepris des voyages sur la Lune, séjour quasi impossible à l'homme habitué à son atmosphère… tandis que nous nous y arrêtons. C'est un relais. Nous y vivons dans de meilleures conditions que les humains qui ne peuvent y trouver un moyen vital suffisant que cet astre ne comporte plus…

La théorie des nombres (partant de « l'Unité » et y retournant), est le pivot de toutes les géométries… L'Univers demeure une énorme « arithmétique », une « condensation rythmée et dynamisée » de toutes les géométries… L'Univers demeure une énorme « arithmétique », une « condensation rythmée et dynamisée » de toutes les « figures géométriques ». Quelle loxodromie viendrait à bout de ces problèmes, si déroutants pour vous, qui ne voyez la « configuration des choses » qu'à travers votre « étroit hublot » ? Étudier les « quaternions » n'éclairerait pas beaucoup vos larmes. Entre ce que vous ne pouvez et ne devez comprendre, ce que je puis ou ne puis vous dire, je demeure tristement arrêté et muet… *Clarté*

Q. : Pouvez-vous nous parler du sens secret des nombres ?

R. : Quand, dans ma propre évolution, je fus arrivé au circuit « révélé » de la « connaissance », je fus subjugué par la magie des nombres et leur formidable envoûtement. Je subis cet enchantement progressif (clef d'or de l'harmonie toute entière), qui ne devait plus me quitter.

Sous l'aridité des chiffres je sus vite discerner « leurs secrètes correspondances » et (sous les arithmétiques, les algèbres, les logarythmes) : « l'ordre » et la « puissance » des « nombres parfaits ».

Passionné de Pythagore, je m'enfiévrais ; la « Kabale » me tourmentait… Je suivis les chemins battus, doutai avec les chercheurs, essayant de trouver la formule définitive, « la suprême équation » réglant l'Éternité.

Poursuivre le « Réel » c'est aboutir à « l'impasse ». Cela me valut deux suicides et leurs graves conséquences, suivis de rachats et de nouveaux départs… Mais les acquis de l'inconscient, profondément imprimés en nous, renaissent, « inlassablement », et « s'imposent », un jour, victorieusement… à travers l'inégalité des évolutions.

Cela débute par un souffle qui grandit et bientôt s'inscrit, vous emporte vers « ce qui fut » et va revivre. Et je me retrouvai, un beau jour, devant les « anciennes formules », remarquables assurément, mais « incomplètes », parce que ne résolvant, qu'imparfaitement, le « Grand problème ».

Tous les « pays » et tous les « peuples » se sont penchés sur la « numération méthodique » des causes, des effets, des choses, de la nature visible et invisible. Toutes les « formes » et les « forces » passèrent « au laminoir » des arithmétiques, au « crible » des « équations » de toutes valences…

Que de chercheurs avides ou fantaisistes sur cette route hérissée d'écueils !!!!!

Avec une opiniâtreté redoublée, je pris mes recherches, trébuchai souvent dans des « philosophies irrationnelles », remettant tout en question, dans le conditionnement de leurs systèmes.

Inlassablement, je reprenais Mes calculs. Folles tentatives !!! Envols hardis, frôlant la Vérité toute simple mais « inaccessible », quant au « neurone initial » commandant toute l'algèbre éternelle.

Le chiffre 1 : l'Unité : Perfection ! Absolu ! Durée.

Le chiffre 2: biscornu: maléfique, venant perturber l'Unité: Le mal.

Le chiffre 3: apportant la jonction et la fusion de l'Unité et de la dualité, dans l'individualité.

Puisque 1 symbolise l'Absolu! le Parfait!!, pourquoi 2?? pourquoi le mal?? détruisant l'équilibre de l'Absolu? sa perfection?

Et cependant, sans 2 comment apparaîtrait le chiffre 3 — la trinité, le retour à l'harmonie? Pourquoi Dieu « l'omniscience suprême » a-t-il pu créer une « force malfaisante » s'opposant « dans l'Absolu » à sa toute puissance???? — L'Absolu de la « Perfection », de la « Puissance » n'est pas susceptible d'aberration!!! — Enfin, sans le 2 inquiétant: 3 n'existerait pas.

Mais 1 existe, 2 existe, 3 existe… et tout ce qui en découle dans l'univers et dans l'espace. Combien longtemps cette hantise m'a poursuivi, tenaillé, torturé et puis, une nuit, la lueur se fit et « l'OMBRE » parla:

« Dans le plan « du relatif », toutes données, ordonnées, coordonnées, sont « relatives » entre deux termes: commencement et fin.

« Le point X supposé au départ — Le point X supposé à l'arrivée, faussent le problème de « l'Éternité » sans commencement et sans fin.

« Dans ton étrange petitesse, comment concevoir l'immense, l'incommensurable, en assurer la mensuration effective et parfaite? Tes travaux sont valables sur le plan humain mais ne peuvent s'accorder aux algèbres éternelles.

« Débroussaille sur le plan terrestre, sans t'attaquer aux architectures inouïes. Je t'aiderai à y voir plus clair, à mieux comprendre, mais renonce « à cerner » Dieu, dans les nombres, les chiffres, les calculs… Si la Loi te courbe, te guide ou te traîne, elle demeure hors de ta portée et tu la « subis » sans la « connaître », sans même « l'apercevoir »…

« Oui, « tout » découle de 1 !! « tout » est « composable » et « décomposable » en essence, sous le pouvoir de « l'Unité », mais dans sa structure immuable, l'architecture divine échappe à tout regard. Courbe le front devant l'énigme irrésolue !!! Ne va pas, ou n'essaie point d'aller au-delà du soleil de ta sphère, tu serais ébloui, aveuglé… et ton œil ne pourrait supporter La Grande Lueur que l'Infini distille tout doucement au profit des esprits en marche.

« Attends que viennent à toi, les Révélations progressives, que le Ciel dispense aux heures choisies par lui à toute créature, inexorablement parce que c'est l'Ordre, parce que, telle, est la Loi. » Et j'ai dit à « l'OMBRE » : Éclairez-moi. Répondez à mon angoissante question : pourquoi « 1 », l'Unité, a-t-il créé « 2 » le mal ??…. Répondez-moi, de grâce !

« Je ne puis te faire comprendre, mais t'apprendre ce que moi-même, connais sur mon plan : « 1 » l'Unité : Dieu-Perfection ! Dieu-Puissance ! « Dieu-l'Absolu » ne peut « être » qu'en « se réalisant », qu'en « étant ».

« Par quelle cristallisation de sa puissance » obtient-il cette « réalisation » ? ? Quelle explosion de son énergie produit-elle, en lui-même, cette « décomposition admirable » en des myriades de « possibilités énergétiques » qui vont « le réaliser », lui donner « l'être » en lui-même, mais INVERSE (comme toute image sur les cristallisations prismatiques).

« Tout est en Dieu. Rien n'est hors de Lui. Tout évolue en « Lui » et le reconstitue perpétuellement.

« 1 » l'Unité reste, à travers « 2 » : « l'unité contraire » à travers « 3 » « l'Unité reconstituée »… Chaque être est « Dieu », partie de Dieu : constituant Dieu : « énergie agissante » retournant à « Dieu Puissance.

« Tout » est, parfaitement équilibré dans le déroulement ininterrompu de l'action « éternelle », sous les apparences les plus diverses, les errements les plus inattendus, dans les abjections les plus monstrueuses, attachés aux univers en gestation.

« Mauvaises combinaisons chimiques », engendrant « d'incohérentes constructions ». Mais, « sous toute l'horreur » le « fil conducteur » demeure et ramène invariablement toute chose dans « l'immense attraction du Regard divin ».

« J'ai voulu te rassurer. « Dieu » en transformant la « staticité » en « activité » en lui-même, n'a pas créé un « concurrent « : le « mal «… Il s'est « réalisé » en « équation contraire » dans une « création éternelle » qui garde dans ses germes, tous les attributs et possibilités divins.

« Sur "l'immense Route" qui va : du "zéro absolu" qui naît de la "cristallisation suprême", au "Total absolu" qui "marque" le faîte de l'éternel recommencement, que de pèlerins (dont nous sommes), mesurent leur valeur, leur hauteur, leur chiffre, à l'axe de leur conscience !!!!!

« La Grande Loi d'Amour plane sur toute la Création et sur toute Créature comme sur tout Univers. Le cœur de Dieu bat "au sein de chacun", alimentant de sa source intarissable, tout ce qui vit…

« En plus de « son poids atomique » fixant sa « gravitation en orbite », tout élément possède « un rayonnement nutritif et particulier » qui s'alimente aux sources éternelles.

« Tout se crée « lentement », inlassablement et progressivement, sur le trépied des échanges constants « entre les collectivités d'efforts » et « les plans ».

« L'aimantation et l'attraction éternelles » fixent « les polarités individuelles » dans « l'architecture infinie »…

Je ne puis rien ajouter aux révélations de « l'OMBRE » duquel j'ai, maintenant, atteint le plan.

Comme moi, vous réfléchirez… La lumière ne vient que, peu à peu, mesurée à notre compréhension.

Sur toute erreur, toute souffrance, toute incohérence, brillent « l'Amour » et « l'Espoir ». À l'éclat de cette lampe magique, éclairons nos cœurs troublés mais rayonnants. Nous venons de Dieu, nous sommes Dieu, nous brillerons en Dieu.

Ainsi s'achève mon premier message.

1 égale 1 l'unité

2 égale 1 l'unité envers, sur l'unité endroit,

3 égale 1 endroit — 1 envers — 1 total : l'unité reconstituée en essence. *Éole*

Q. : Vous nous avez parlé du sens profond des nombres. Pourriez-vous développer ce sujet en en dégageant la portée sur le plan métaphysique ?

R. « Je « fus » et « demeure » un « mordu » (terme moderne) des « nombres » et des « chiffres », base de toutes équations, au long de l'échelle évolutive. Sur le terrestre plan, laborieuse est la « numération exacte » de l'être, face à lui, sur lui, en lui, autour de lui… « EN LUI »

1 Sur lui : accroissement, vitalité, progression

2 En lui : être intérieur, vibrations, dynamismes

3 Autour de lui : Collectif, architectural, évolutif « En LUI »

Unité, Réalisation fusion, accomplissement

La « synthèse » de l'évolution partielle, individuelle ou totale, s'établit sur les « données », tandis que (par le flux des « ondoiements »), changent (inlassablement) : « ordonnées », « coordonnées », « angles », « courbes », « incidences », « Valences », etc.

L'inévitable rigidité de « l'accomplissement » bâti sur les « jonctions », les répercussions, les « fonctions et leurs conséquences » (de « cause à effet »), demeure équitable et simple !

Ainsi l'exige « la Loi », parce qu'elle est « l'Ordre » ! Elle est « l'Ordre » parce qu'elle est « l'équilibre » et que, sans « l'équilibre des distributions vitales » et des « constants échanges », « Rien ne serait » !

L'atome (tout en puissance) est révolutionnaire, volcanique, se condense, se contracte et explose, mais les « puissances gravitiques » s'en emparent, le rythment et le dynamisent en le rétrécissant, lui assurant « l'être » mais « entre des barreaux. Il « maudit » ses chaînes et tourne dans son orbite. Inexorable, sourde, muette, mais active, « la Loi », maternellement, admirablement, poursuit « distributions », « échanges », « 'attributions » à chacun, assurant, dans l'aimantation infinie, les « fils d'or individuels » de « l'infime » au « plus grand ».

Acceptons « la Loi », ses rigueurs sont nécessaires... Remercions-la d'être « la justice » et « la providence ». Toute « révolte » est blasphème... contre « l'Ordre Divin » qui « sait », voit, entend, tout ce qui échappe à vos sens, et donne « au poids du mérite » la part qui revient à tous. Que votre vie toute entière soit un acte de foi !!! et de soumission... Demeurez dans l'axe « des distributions de grâces » : « Manne Céleste » des « cœurs et des « esprits », sous le rayonnement du « Grand Triangle »...

« Le Verbe étant, à l'infini, le Grand Triangle. » (Symbole)

Toute arithmétique, « algébrique » ou « géométrique », le reflète. Sa puissance passe, de façon magistrale, à travers « les chiffres » qui réalisent « sa marche éternelle » vers « l'Unité ».

Si « 2 » demeure : l'élément de toute « chose composée » et (en tant que « composée ») concrétise le « symbole » et le « moyen » de « toutes générations », « 3 » réunit « L'EXPRESSION DE L'ENSEMBLE » et CELLE DE LA COMPOSITION. C'est « L'HARMONIE PARFAITE » dans le « REDRESSEMENT MÉTHODIQUE », « PROGRESSIF », « PRODIGIEUX », « des ORDONNÉES », « des VALENCES » de toutes ÉQUATIONS... Je le redis encore. La « raison » en apparaît « palpable » : « 3 » étant un « nombre composé », indivisible, sinon par lui-même.

Un nombre « d'extrême importances dans le jeu des « polarités » et des « incidences » pèse aussi sur les « numérations symboliques », réagissant les « humains agissements... Je me suis attardé sur son étude et son application, insérées dans la géométrie de l'ensemble.

D'autres l'ont fait, rythmant la semaine à 7 jours, le chandelier à 7 branches, les 7 couleurs du prisme et de l'arc-en-ciel, la « possibilité », dans le fœtus, de la « perméabilité » vitale à 7 mois !! (14 soleils) pour l'enfant qui « voit » à 7 lunes et renouvelle ses dents à 7 ans. À ce même âge, se ferme le « volet périsprital des « fontanelles », ouvrant « celui du cerveau », permettant, de ce fait, les « successifs états des discernements », dans l'éclosion des pensées, etc. etc. Autour de la terre, 7 planètes maîtresses, 7 chevaux à l'Ourse, etc. Que d'exemples sur tous les plans dans « ces figurations terrestres et stellaires » mises, « celles-là », à la portée de tous… et dans vos chiffres.

Le ciel est empli de ces « marqueteries ineffables. Toute la « géométrie de l'espace se profile, « en fresques et « en ondoiements », au front des « galaxies… au seuil « des firmaments » où passent (dans des formes étranges) des « prismes et des « cônes », de cellulaires alvéoles, des hexagones juxtaposés.

Immuable, savante, juste, réalisatrice, la « Grande Loi éternelle » est sage (généreuse bien que rigide). Elle sait tout, peut tout, fait tout, imprimant en tout élément, les attributs de sa puissance et de sa clémence… sous l'« Ordre Divin »…*Éole*

5. LES SCIENCES PSYCHIQUES

Q. : Dans les phénomènes physiques, médianimiques, on a parlé de bras, de leviers psychiques, déplacements d'objets ; en télékinésie, de mains déplaçant les pierres dans les phénomènes de hantise. Que penser des expériences du professeur Rhine en psychokinésie et de la force « psi » comme agent ?

R. : Au point de vue général qui est le nôtre, Symbole a réalisé l'explication : Dieu gravite lui-même, à travers tous les corps,

« Ternaire merveilleux aux magiques accords. »

En effet, à travers les espaces, les mondes, les plus petites créations, le moindre infusoire, le moindre élément, la gravitation joue son grand rôle, car l'aimantation divine baigne tout, se propage partout — sous le proton et l'électron, aux polarités différentes, se juxtaposant pour faire des carbures d'hydrogène ou des nuages d'hydrogène qui, rythmés par la gravitation, frappés par les « bombardements électroniques de la vitesse », provoquent des jets d'hélium, l'hélium se stabilise dans le neutron, pour se recomposer dans de nouveaux circuits gravitiques… Tous les petits phénomènes bénéficient des mêmes propriétés et obéissent aux mêmes lois que les grands…

Vos télescopes vont peu loin — les nôtres, davantage — mais on n'est pas au bout. Il y a tant de galaxies, au loin ! Ah ! ces galaxies !! souci de l'homme qui croit « posséder déjà » et demeure pauvre… acculé devant des gouffres qu'il croit vides et qui fourmillent de vie, où passent les grands courants vertigineux pullulants d'ozone, de possibilités, de « devenirs » « en essence », poussés par une giration folle.

L'homme ne le sent pas… Nous voyons déjà — mais ne savons pas tout. — Dans l'étude de vos phénomènes, l'apport que donne l'Invisible est considérable… Les fluides et les connaissances que nous ajoutons sont bénéfiques… Le jeu des échanges avec les extraterrestres est là. Toutes les recherches humaines évoluent autour des gouffres atmosphériques. L'homme est arrêté devant « ces énormes émetteurs célestes » (baptisés par lui « les pulsars »), formidables propulseurs — ce sont les B 12 des galaxies…

Petit à petit, ces gouffres s'éclairent des phares monstrueux qui sont penchés sur toutes ces vies en suspension… et que vos savants nomment « les quasars ». L'homme stoppe devant l'inquiétant « trou noir » — et ne peut aller plus loin… *Papillon Noir*

Q. : En télékinésie, est-il exact que les objets mis dans l'eau échappaient à la faculté des sujets ?

R. : L'hydrogène et ses barrières d'ondes mouvantes sont, en fait, un obstacle pour « la vision » qu'elles déforment, éparpillent dans les ellipses et les profondeurs. *Papillon Noir*

Q. : En télépathie, les Russes prétendent avoir mesuré aux environs de 600 km les longueurs d'ondes télépathiques ?

R. : Oui, certaines. Ils commencent… débutent… ne sont pas au bout… Pas mal, dans les ondes et ultra-rapides… *Papillon Noir*

Q. : Faut-il croire au pendule, à la radiesthésie ? Faut-il être médium pour obtenir des résultats ?

R. : La radiesthésie est une faculté, une fonction normale, aux êtres… Les animaux, très près du sol, par leurs nombreux contacts, perçoivent « les effluves ». Peu de chance pour les « non sensitifs » d'obtenir des résultats positifs. Un entraînement sérieux peut, en augmentant le « potentiel sensible », arriver à permettre « la captation » des ondes et des rayonnements, dans une certaine mesure. S'efforcer de bien orienter ses antennes… au fond, tout est là. *Papillon Noir*

Q. : La pratique de l'hypnose par les suggestions est-elle dangereuse ou profitable ?

R. : C'est une arme à deux tranchants. Pour un bon résultat, le magnétiseur doit avoir « le cœur pur », être arrivé lui-même aux bonnes conditions d'expérience, aux possibilités d'extériorisation, d'action, de concentration — que « le sujet » se trouve, aussi, dans des conditions satisfaisantes pendant les expériences… Mais s'il y a manque d'équilibre dans « l'esprit » et dans « le cœur » de l'un ou de l'autre (surtout du magnétiseur), les risques sont très grands (notamment l'encéphalite et autres)… Et là c'est grave !…. *Clarté*

Q. : Nous trouvons dans la littérature psychique que certains sujets, en état d'hypnose, avaient le pouvoir de lire, à la demande, dans un livre fermé et placé sur les rayons d'une bibliothèque, à telle ou telle page indiquée. Par quel mécanisme ?

R. : Celui qu'emploient tous les somnambules, celui que nous employons nous-mêmes pour lire à distance. Et là, je ne peux rien dire, c'est quelque chose que vous ne comprendriez pas. *Clarté*

Q. : Nous aimerions vous entendre parler de la fonction télépathique ?

R. : En fait, sur le plan terrestre, la télépathie est fort difficile et rare entre les hommes, si elle est plus facile pour certains animaux disposant, à leur avantage, de quatre contacts avec la terre et de multiples antennes branchées sur les faisceaux magnétiques extrapolaires.

Le phénomène télépathique ne peut vraiment se produire que dans des conditions déterminées. Il faut établir un circuit fermé et ondulatoire où l'agent et le percipient (pour employer vos termes), sont à la fois (agent et percipient), emprisonnant dans le circuit inducteur, le champ d'action magnétique, où les émissions apportent leur aimantation progressive au récepteur qui s'abaisse ou se relève, provoquant l'image de l'information extériorisée par l'émetteur.

Ce champ d'action magnétique comprend des zones hypnogènes perméables aux prismes des variations, dans les déclinaisons moléculaires d'émission, produisant un genre de « magnétofluido-parleur » agissant un peu comme vos téléphones.

Il m'est bien difficile de vous faire comprendre cette mécanique ondulatoire devenue facile pour nous, et entre nous, dans l'interplanétaire, voire autour de la Terre — car il faudrait voir — de plus, vous n'avez sous la main que le champ de votre désir souvent complexe et prisonnier de vos propres suggestions. Vos antennes qui totalisent les faisceaux des neurones cervicaux glandulaires, endocriniens, ovariens, n'offrent à vos yeux aucune coloration indicatrice.

Il y a des siècles, les forces telluriques et les ondes atmosphériques permettaient ces échanges, sans autant de difficultés que celles que vous rencontrez à présent. Les perturbations (de genre destructif) dans le rythme des courants, des vents et des ondes, font « barrage-échec » aux émissions et aux réceptions.

Aucune véritable gymnastique ne peut vous apporter le succès souhaité. Le mécanisme délicat qui détermine les circuits et les champs magnétiques est sujet à trop de dispersions ou d'obstructions.

Ce qui pour nous est entré dans le domaine des possibilités, n'est pour le terrestre plan qu'accidentel et passager. Seuls, les êtres qui, durant plusieurs existences, se sont suivis dans un même rayonnement, ayant aimanté leurs pôles et leurs antennes aux mêmes inductions, réglé leurs équations sur les mêmes incidences et les mêmes coordonnées, peuvent en se retrouvant dans une incarnation retrouver aussi, dans les zones hypnogènes, le champ magnétique favorable au circuit des échanges.

Mais ceci est rare… Paracelse avait surpris bien des secrets, des sésames de cette nature où l'homme se cherche, lutte, se traîne, rebondit et se parfait…

Vous avez fait des progrès énormes dans la propagation des ondes ou des électricités… Mais ces moyens ou ces forces, vous n'en connaissez que certains effets. Leurs sources, leurs radiations, leur nœud initial, vous les ignorez et comme ils vous sont inaccessibles, vous ne les domestiquez (dans leur pouvoir) que pour en faire des œuvres de destruction — sur vos propres actions, sur vos propres devenirs. Ainsi se poursuit le destin d'une humanité, en gésine d'autres heures, d'autres lendemains, dans une terre pauvre de magnétisme et de plasmas.

« La science avance en se suicidant…

Où donc l'écrou du ciel resserre-t-il la Terre ? À quel moment précis le penseur solitaire Est-il donc averti ? »

Et si vos expériences sont décevantes, si vous n'émergez que péniblement, au-dessus des ornières, accusez votre ignorance sans doute, mais surtout et davantage l'heure des appauvrissements et des déclins.

Vous me demandez des conseils pour vos études et vos essais : concentration, méditation, appel à des Entités disponibles, capables de vous aider à trouver les paraboloïdes elliptiques de révolution permettant, dans les sections circulaires identiques, figurant le circuit fermé, de réaliser émission et réception…

Ceci demeure fort difficile et aléatoire. Je crains fort que l'instant de grâce apporté au siècle qui fuit, soit passé. Je plains l'homme de l'arrière-garde qui sent en lui, tout ce qui est, pourrait être et qu'il s'efforce vainement de réaliser.

Je voudrais dire combien mon esprit se penche sur vos problèmes. Mon nom voudrait éclairer ce cachot où vous heurtez vos ailes. Je ne puis que vous dire : un jour, vous saurez, ces ailes, vous les avez — sur Terre, elles traînent sur le sol — mais demain, quand luira l'aube, elles s'ouvriront toutes grandes au soleil de la vérité et de la réponse définitive…

Il ne faut pas vouloir tout posséder avant l'heure. La Terre demeure « l'Arène du Sphinx » et le baillon sinistre la musèle.

Courage cependant dans le chemin aride. Le geste que nous tentons vers vous est fraternel et solide. Si parler ne nous est pas permis, du moins vous aimer, vous guider, vous soutenir demeure en notre pouvoir. Nous nous employons malgré baillons et rigueurs, à vous hisser jusqu'à nous. *Clarté*

Q. : En télépathie, quel facteur essentiel joue ? Quelle est l'explication mécanique ?

R. : Toute une gymnastique doit s'accomplir dans un domaine dont vous ignorez les données. D'abord, il importe de savoir « se bien concentrer »… d'orienter « ses antennes » de façon à les rendre, à la fois « émettrices et réceptrices » — capables de réagir, également, sur « les antennes » choisies pour l'échange, afin que les résultats soient positifs. Le maniement des ondes est essentiel. *Clarté*

Q. : Pourriez-vous nous expliquez le mécanisme de la télépathie provoquée ?

R. : La télépathie naturelle (conséquence vraiment naturelle d'existences passées harmoniquement), si elle est très rare, se déroule dans un automatisme normal et précis. Elle s'apparente à la « voyance » et survient souvent aux moments les plus inattendus. La télépathie provoquée (celle dont vous tentez l'expérience) tient sa faculté de l'« hypnose somnambulique » dont elle est une des formes.

Dans l'hypnose télépathique naturelle, le « magnétiseur » doit être « magnétisable » et le « magnétisé », « magnétiseur » dans un circuit alterné, précisant « l'objet et l'image ». Dans la télépathie provoquée, l'« émetteur » doit dominer le « récepteur » et trouver la lemniscate équilibrant les distances, sous peine d'obtenir des segments dimidiés ou dépolarisants.

Il faut que le « regard » de l'émetteur soit actif et crée un « champ de révolution en surface », cristallisant (comme une minuscule lentille ayant un axe commun avec les rayons incidents figurant l'image de l'objet), la pensée dans « l'angle de pénétration ».

Si les positions respectives des foyers entre les rayons incidents et émergents sont bien polarisées entre les points nodaux, le centre optique reproduit alors « l'objet et l'image- » sur une ligne bitangente où, par deux fois, ils se réfléchissent. Il suffit de chercher les « valeurs limites » pour circonscrire « l'émission » sur le rayon visuel — s'achevant en un cristal « bino-quadri unitaire décroissanté ».

Tout ceci est le mécanisme, mais pour y arriver il faudrait « voir » et je pense que le « magnétisme » (jeu des aimantations) obtient davantage (sur votre plan) dans « l'hypnose somnambulique », même à l'état de veille.

Une condition est essentielle pour éviter les échecs ou les conséquences fâcheuses. Il faut que le magnétiseur et le sujet soient « sains de corps et d'esprit ». Que rien de « matériel » ne souille leurs expériences et leurs santés. Le magnétisme suggestif apporte beaucoup aux êtres. C'est lui, au fond, la « Grande Loi » qui régit l'aimantation éternelle. Il domine le chaos et les éléments.

Pour accéder à la source bienfaisante et prolifique, il faut avoir le cœur pur, l'esprit bon, le désir du « bien », du « beau », du « meilleur ».

Une heure sonne dans la vie des êtres où la barrière s'ouvre… Il faut qu'ils sachent en profiter. La Terre est exsangue… Les forces telluriques se cristallisent mais le magnétisme a fui de la plupart des continents épuisés. *Clarté*

Q. : L'exercice des facultés dites paranormales est-il à la portée de tous ?

R. : Attention !!! Les lois magnétiques qui sont à la base de « tout effet », sont impérieuses et puissantes. Provoquer le somnambulisme lucide, rendre amaurotique le regard, pour laisser vivre l'œil périsprital… extérioriser la sensibilité, la déplacer, la projeter, la commander, l'asservir, vous sont possibles, mais avec prudence et dans les conditions que je vous ai indiquées.

Certains êtres ont une élasticité cellulaire qui leur permet tous ces phénomènes spontanément, sans intervention aucune. Dès leurs jeunes ans apparaissent les symptômes, qui font d'eux des sujets prédestinés. — Dans les temps présents, la Terre appauvrie dans ses sinusoïdes magnétiques désaxées, n'offre plus de possibilités… et les sujets (trop surexcités) se font rares, les bons magnétiseurs aussi, les voyants également.

Si Dieu ne donne pas la lumière, l'homme s'aveugle en la cherchant, et parce qu'il n'est « Rien », se croit « Tout ». Si la modestie » apporte, l'orgueil dévaste ! Partout des problèmes, des interrogations, des mystères. Partout, aussi, des masques, du silence en réponse… On ne force pas l'Arène du Sphinx en agitant les bras., ou en délassant le mur du son.

Où il faudrait une activité « ordonnée », « équilibrée », il y a « agitation », « surexcitation », « désordre », dans un éparpillement confus. Encore, de-ci et de-là, des « chercheurs » des « purs », des « vrais », des savants en mission sur Terre, travaillent à maintenir « le mince passage » qui serpente en d'inaccessibles courants, « charpentes électromagnétiques » des « orbites » et des « gravitations ». Et « ceux-là » sont liés à nous. Leurs missions jouxtent les nôtres, pour se retrouver en plein ciel… *Clarté*

Troisième Partie

LE MONDE INVISIBLE

1. L'UNIVERS EXTRA-TERRESTRE L'AU-DELÀ

Q. : Y a-t-il, en dehors des esprits, des êtres d'autres planètes en contact avec nous sur la Terre ?

R. : Oui, certains, habitant d'autres mondes font exactement comme vous faites, des promenades sentimentales dans l'espace et puis reviennent tout doucement à leur port d'attache — rivés à leurs atmosphères respectives. Comme « extra-terrestres » venant à vous, il y a nous, parce que nous tenons encore, par un fil, à cette pauvre Terre : tandis que la lune demeure notre relais, notre vestiaire… non gênés par ses habitants qui se trouvent dans sa structure même… Que de sources, que de minéraux dispersés et cachés dans les cellules mêmes du sol lunaire où la vie s'agite… Nous ne sommes pas les seuls à utiliser ce relais de l'espace. *Clarté*

Q. : Existe-t-il d'autres mondes habités ?

R. : Tous les mondes sont habités par des « êtres » de constitutions adéquates à leurs milieux — la lune y comprise. Je dis « des êtres » se mouvant… (sans doute invisibles à vos yeux). *Papillon Noir*

Q. : La Lune a-t-elle des habitants ? De quel degré sont les esprits qui y habitent ou y séjournent ?

R. : La lune est un relais pour beaucoup d'interplanétaires. Mais sa vie elle-même est « de cristallisation ». Elle tourne à « l'étoile neutron ». Je ne peux en dire davantage. Invisibles pour vous sont ses occupants occasionnels, ou pas. *Papillon Noir*

Q. : Les savants évaluent aux environs de 200 milliards le nombre des étoiles connues... Existe-t-il d'autres planètes semblables à la Terre ?

R. : Certes, oui... il y en a même beaucoup, davantage encore si on s'égare dans les « galaxies »... qui se superposent, s'ajoutent les unes aux autres, dans un ensemble harmonique éternel...

Combien « sont moindres » encore, dans l'échelle des planètes !!! que la Terre que je vois encore puisque j'y plonge... Je ne peux pas dire trop, mais elle n'est pas le lieu des délices ineffables... Cependant, elle vous permet d'y puiser de quoi dépasser sa sphère... *Clarté*

Q. : Des intelligences extra-terrestres nous ont-elles repérés ? S'apprêtent-elles à nous visiter ?

R. : C'est bien pourquoi je suis là et nous sommes là... *Papillon Noir*

Q. : Est-ce que nos « amis extra-terrestres » ont déjà une autre planète comme port d'attache ?

R. : En attendant l'heure de la « réunion » nous avons plusieurs ports d'attache planétaires. *Euthyphron*

Q. : Que pensez-vous des « mutants » et de leur « rôle missionnaire » sur la Terre ?

R. : Je ne peux rien dire sinon que « l'Invisible » interpénètre le « visible » et qu'il y a (nécessairement), échange de forces, surtout à cette heure où les humains sont en train de démolir un équilibre indispensable à la vitalité terrestre... en détruisant les ceintures électrodynamiques de la Terre qui protégeaient « Terre et terriens ».

Par des « incursions rapides » « en deçà » et « ultra-rapides » « au-delà », ils font des brèches profondes qui permettent le passage « des courants radioactifs » si pénibles à l'humanité et aux « plasmas divers » dont les cellules se

« dessèchent », se « ratatinent » et tournent dans un « dynamisme » de plus en plus « rétréci » et « rachitique ».

Dans ce « relâchement cellulaire », que de « maladresses » dont vous ne pouvez déceler « l'origine » ni « l'antidote » approprié… pour assurer la guérison.

Malgré d'âpres interventions pour empêcher ou ralentir « les effets » ainsi créés (laser y compris), l'homme n'en continue pas moins sa progression vers sa perte… Les Destins sont en marche inexorablement… Sur tout ce bouleversement et si paradoxalement que cela paraisse, « l'Ordre des Choses » (le doigt divin) demeure fixé sur la « vague qui monte ». *Clarté*

Q. : Le cuivre est-il utilisé dans les « appareils scientifiques » de l'Au-Delà ?

R. : Tous les éléments sont utilisés (éternellement), dans leurs différents états : « équivalences », « valences » diverses, multiples ordonnées… à l'état radiant, pour nous. *Euthyphron*

Q. : Un nouveau système de transcription musicale de la pensée vient d'être inventé. On place des électrodes sur la tête d'un sujet et des systèmes électroniques traduisent les variations et modulations de la pensée en ondes musicales. Nous pensons qu'en ajoutant les variations émotionnelles captées sur le cœur, on devrait obtenir un registre plus complet de ce que l'homme peut concevoir ou recevoir. D'autre part, adapté à certains médiums, peut-être pourrait-il nous donner dans l'avenir un tout petit aperçu de la musique astrale ?

R. : Dans l'infini des Causes animées, dans tous les espaces, tout « rayonne » et « résonne »… sous le feu des polarités.

La « grâce éternelle » qui dirige les « rythmes », permet que les « lueurs » deviennent « sons », « lueurs » dans la « divine harmonie ». Sur la terre, l'homme, en pleine cécité ne peut voir la « splendeur » et c'est triste ! Ses laboratoires balbutient l'alphabet de la « genèse constitutive »… et vont des « errements matériels » aux « lucidités préliminaires » (quand on entr'ouvre le soupirail).

Les « lueurs » deviennent « sons », les « sons »: « lueurs ». Ainsi, le grondant fracas de l'orage qui s'extériorise (après l'émission des foudres), en une coupole d'arc-en-ciel prismatique et colorée… « La grosse voix du tonnerre » s'achève en « lueurs ».

Dans le plus petit des embryons, dans le plus rudimentaire des atomes, dans toute la gamme des cellules, glomérules, électrons, ions, protons, photons, neutrons, etc., « toutes les possibilités » sommeillent: qui allument « leur phare » et font vibrer « leur archet ».

L'oreille humaine est sourde à ces « harmonies »… comme « ses yeux » aveugles aux « rayonnements », « voix lumineuse » des « émissions polarisées » sur le « rythme infini ».

Sur le terrestre plan (en progrès sur l'animalité), l'homme a « la parole »… extériorisation sensible: « son et lumière » selon l'esprit qui réalise ses « sentiments émetteurs » par cette parole…

Comment vous expliquer? Comment transposer pour vous, sur votre noir tableau, toutes les « merveilles » de la Création, « de l'infiniment petit » à « l'infiniment grand », sous l'incohérence des apparences? À chacun son plan, sa lumière, « à l'heure gagnée sur le Destin ».

Ces « chants de l'Espace » aux rythmes sidéraux! « Éoliens accords enivrants »! sont loin du clavier terrestre!!! mais un jour viendra où le mystère répondra, où l'Infini scintillera et chantera, charmant votre curiosité satisfaite. *Le Phalène*

Q.: Victor Hugo a écrit « Les Rayons et les Ombres ». Le poète Longfellow parle des rayons d'immortalité. Le rayonnement évoqué par les poètes ne correspond-il pas à une réalité qui dépasse la poésie?

R.: Tout rayonne! Tout doit rayonner! pour être.

Donc, tout ce qui « est » rayonne! éclaire! et vibre!

Toute vibration est résonance, toute résonance: radiation, toute radiation: émission, toute émission réalisée: lueur, rayon!

La création toute entière, de l'infime à l'énorme subit cette loi magnétique, dynamique, éternelle, dans ses constants et divers déroulements, à travers forme et plans.

Pendant des heures, je pourrais te parler du « rayon », sans être au bout de ses possibilités, depuis « ses sources » jusqu'aux plus totales réalisations! car il sort de la plénitude.

Tout évolue vers la « CLARTÉ », vers « cette lumière croissante » où monte l'échelle illimitée.

Et cette Ombre, qui te pèse souvent, n'est-elle pas le « réflecteur gigantesque » qui fixe et diffuse le rayonnement?

L'incandescence traverse toutes les formes: minérales, végétales, animales, faisant un « hâlo aurique » à chaque sujet créé.

Prends la Lune. Cet amas de pierres n'éclaire-t-il pas tes nuits? Et ton soleil et tes étoiles? tous ces mondes qui constellent le firmament de tous leurs célestes rayonnements, ne sont-ils pas, au même titre que ta planète, des socles matériels extériorisant leurs « auras »? résultante des « forces motrices », dynamiques en action, en mouvement, dans les courants vitaux universels?

Ces jonctions de faisceaux, de rayons, dans leurs rythmes parfaits, sont admirables de précision. Elles échappent, — à de rares exceptions près, — à tes yeux de chair, même à tes microscopes et… c'est dommage! *Éole*

Q.: Les hommes sont-ils tous sensibles à ce rayonnement?

R.: Quelques humains ont pu capter ce rayonnement, toutes antennes dressées, protectrices, nourricières ou émettrices.

Émanation du foyer intérieur, « l'aura » est aussi diverse qu'individuelle. Extériorisation des centres actifs, il se colore selon les mouvements internes de la sensibilité, de la conscience, de l'élévation… et il est exact de dire: « Tout vibre, tout chante et tout luit ». *Éole*

Q.: Les sources du rayonnement demeurent-elles secrètes pour l'homme?

R. : J'ai suivi sur terre, les progrès réalisés par des études simples, élémentaires, rythmant cependant, l'ordre des choses, dans l'ébranlement sonore ou coloré de « l'infrarouge » en zones basses, de « l'ultra-violet » en pressions hautes, ou calorifiques exponentielles des températures progressives. Mais combien d'impossibilités lorsqu'il s'agit de phosphorescences, de fluorescences aux spectres indirectement accusés et chiffrés en pourcentages numériques, se développant dans le frottement, le réchauffement des dynamismes et des rythmes, en les polarisations rectilignes « des bancs de forces » rayonnants.

Les lois de « réfrangibilité » sont illimitées :

TOUT, partant du rayon à l'assaut de l'Infini !

Comme il me serait doux de lever le voile sur ces mécanismes merveilleux et précis ! leviers de commande immuables de la création éternelle dans son effort gigantesque en vue de s'affirmer, d'être, d'évoluer !!!

Hélas ! Je dois me taire sur cette prolongation du « champ d'action » qui s'ouvre désormais à mes yeux avides ! Retiens bien ce que je vais tout de même te dire.

Le rayon sort de la toute puissance, de la plénitude immatérielle et divine, de l'Omniscience, accouchant du relatif dans un ensemble de réseaux, de méridiens excitateurs, amplificateurs ou modérateurs, au milieu de cônes lumineux, réfléchissant sur leurs prismes la décomposition colorée de leur essence même !

Modificateurs efficaces sont les « KARMA » successifs, en vue des accroissements et des transformations ascendantes.

En chaque être, le rayon extériorise son « aura » et fixe dans l'être intérieur les moyens lumineux de s'accroître !

C'est pourquoi je ne te dirai jamais assez d'aller à la lumière ! Sa chaleur, qui lentement se spiritualise est l'aliment indispensable à tout accroissement sur les plans physique, psychique et mental.

Dis-moi la couleur de ton « aura » je te dirai qui tu es parmi la masse bigarrée ! *Éole*

2. LES ESPRITS

Q. : Comment deux Esprits, étrangers l'un à l'autre sur terre, communiquent-ils entr'eux ?

R. : Tous les esprits communiquent entr'eux dans l'astral et dans l'espace, sauf s'ils sont (dans un but précis) emprisonnés dans un corps… Ils ont des moyens de perception — pas d'espéranto, certes — mais mieux. Il est un « langage commun », afin que tout le monde puisse se comprendre et s'interpénétrer… tout de suite, rapidement. Ce n'est peut-être pas un langage dans le sens où vous l'envisagez et il m'est bien difficile de vous expliquer, car une adaptation s'opère au niveau des milieux et des plans. Les êtres (devenus à la fois : récepteurs, émetteurs, condensateurs, propulseurs, enregistreurs), peuvent, selon leurs « besoins » ou leurs « fantaisies » orienter « utilement » leurs antennes, dans le domaine des « perceptions », des « percussions »… *Clarté*

Q. : DEVOIR a dit que les communications entre Esprits n'ont pas besoin de mots pour s'exprimer. En ce cas, la pensée revêt-elle une image ?

R. : Nous avons divers moyens de correspondre entre nous, parce que sitôt que nous faisons notre émission, immédiatement la réception en est accusée, sans cible, même sans image. Nous percevons. Nous percevons très bien les pensées, même dans des distances incalculables ! Vous avez pu vous rendre compte comment il a été possible à des terriens à travers l'espace lunaire et terrestre, de faire venir des images sur vos drôles d'appareils ! *Clarté*

Q. : Des savants viennent de constater que le rêve est indispensable à la vie. Pour quelle raison ?

R. : Le rêve est indispensable à la vie, parce que l'être n'habite pas toujours son système terrestre. Il a besoin de vivre aussi sa vie de « fantôme » en dehors de son corps. Il y a, en plus de l'esprit qui l'anime, le corps fluidique, le corps physique. Tandis que le corps physique se repose, le corps fluidique, lui, va périgriner puis oublier sa vraie vie. Et puis, au réveil, il garde le rêve qu'on fait les cellules du corps physique, souvent abracadabrant. L'être surtout vit réellement pendant sa vie de fantôme. *Clarté*

Q. : Que pouvons-nous faire au moment de nous endormir pour que notre esprit libéré puisse participer au « travail de la nuit » ?

R. : S'inscrire aux heures supplémentaires, dans l'astral, en conditionnant le déroulement de la vie diurne et nocturne. *Luz*

Q. : Par quelle discipline peut-on endiguer le vagabondage de la pensée ?

R. : L'encager.

La pensée a des ailes. L'encager comme l'oiseau dans la cage de la « concentration », l'habituer progressivement à sentir les barreaux. *Luz*

Q. : Comment percevez-vous les sons et les couleurs ?

R. : Comment vous faire connaître le mécanisme de nos « perceptions sensorielles » avec vos corps, vos yeux, vos oreilles ? quand vous-mêmes ne pouvez expliquer le miracle de l'œil et de l'oreille, semblables, apparemment, dans leurs « ordonnées » et très différents puisque l'un « voit » et que l'autre « entend ». Question de polarités, bien sûr — et toujours…

Nous en sommes dans le domaine des « percussions », nous percevons ce qui « s'imprime » et qui « frappe » sur votre clavier particulier… Que ce soit : son, couleur, vibration, enfin toute la gamme des ondes courtes ou longues, etc. Que de nuances nous pouvons saisir, capter, enregistrer ! *Clarté*

Q. : Comment les Esprits pensent-ils ? Par images psychiques, vibratiles-éthérées, sensibles ?

R. : Par percussions… amenant « tableau immédiat » : moyen rapide. Une radiation part, percute « les émissions transmises d'un monde à un autre » à une vitesse multipliée par les ondes — et nous parvient perceptible et réalisée — perceptions différentes « comme nos antennes… » *Papillon Noir*

Q. : Sur terre, la connaissance est déductive ; dans l'espace inductive. Est-il exact qu'il n'y a pas de mathématiques dans l'espace ?

R. : Nous avons nos logarithmes, nos géométries, nos algèbres, nos équations pour résoudre nos problèmes, dans des conditions « tantomères ou isotropesé », mais passons, vous ne pouvez comprendre ni nos arithmétiques ni nos calendriers… *Papillon Noir*

Q. : Est-il permis de parler de l'environnement du lieu où vous vous trouvez ?

R. : Un peu curieux… Mais…, il y a de quoi nous reposer… les ondes font des bruits éoliens apaisants… et doux. Si j'ai eu froid, autour de la Terre… ici, il fait presque trop chaud… *Papillon Noir*

Q. : Sur terre, l'homme a cinq sens. Combien en a l'Esprit dans l'Au-delà ?

R. : Un sens décomposable sur écran, selon l'endroit où il évolue — ses sens, devenus des antennes, se fixant sur ce pivot unique, mais peuvent jouer de l'éventail, si nécessaire. *Papillon Noir*

Q. : Est-il exact que certains Esprits oublient leur nom de famille ?

R. : Chaque être a des légions de noms, et souvent il tâtonne au milieu et puis la « Loi » rigoureuse qui ne veut : ni qu'on se rappelle, ni qu'on parle (si quelque raison le détermine). La réaction est automatique et l'amnésie intervient pour effacer tout le passé… Nous ne faisons pas ce que nous voulons. Souvent des obstructions dues à la main des hommes, mais aussi aux élémentaires pullulant autour de la Terre : les uns et les autres désireux de nous barrer la route. Rien n'est facile et tout demeure pénible, ardu. *Papillon Noir*

Q. : Dématérialisation et rematérialisation échappent aux lois de la logique physique. Comment s'expliquent-elles ?

R. : Nos « lois » et nos « possibilités » diffèrent des vôtres pour que je puisse utilement vous expliquer nos moyens de ramener la matière à un état radiant (dissociant cellulaire), mais conservant ses propriétés de « reconstitution rapide » sur un « nouveau et pareil schéma donné » — « galvanoplastie » sur des « méridiens ou arceaux psychiques »… *Clarté*

Q. : Sur les apports, on remarque que la rematérialisation de l'objet s'opère en dehors du regard et à un moment où les assistants n'y pensent pas. Est-ce une règle classique en la matière ?

R. : NON ! La transposition cellulaire se fait, mais justement si les assistants y pensaient, par leur désir d'aider ils compromettraient tout. Il faut que l'esprit agisse avec promptitude dans son champ d'induction, sans mêler personne. Il n'a besoin pour le distraire que d'aller vite !…. *L'Ombre*

Q. Le « gué protecteur » dans l'espace est ardu à découvrir et périlleux à bien suivre. Pourquoi ? puisque rien ne peut détruire l'Esprit ?

R. : Non, en effet, rien ne peut détruire l'esprit, mais il peut être endommagé dans sa « forme périspritale » (et même très fort). N'oubliez pas que, partout, l'esprit demeure enveloppé de sa forme périspritale qui le protège, le nourrit, le véhicule, adaptée qu'elle demeure aux lieux et aux plans où il évolue. Le danger est donc dans les courants radioactifs destructeurs. C'est la « bataille » et la « reconstruction ». *Clarté*

Q. : Chaque médium a son Esprit-guide, son « contrôle », comme disent les Anglais. Est-il toujours le même pendant la vie du médium ?

R. : Chaque être — pas seulement le médium —, a un esprit-guide. L'esprit-guide du médium, comme celui des autres créatures, reste le même la vie durant. Mais il permet aux autres — la preuve en est — de venir ! Comment serais-je passé si l'esprit-guide du médium m'avait déclaré la guerre ?? Chaque être, quel qu'il soit, n'est jamais seul… il faudrait qu'il se le dise ! *Clarté*

Q. : Pouvez-vous nous parler de l'Esprit-guide que le ciel nous donne ?

R. : Dans la « constante mansuétude » à l'égard de toute créature et ne voulant pas « qu'elle soit seule », loin de lui, il a donné un compagnon de route (celui dont je n'ai pas encore parlé), sage, discret, effacé ; il est là, dans l'ombre de « l'être intérieur » dont il possède les clefs.

Sa « voix est émouvante et douce » quand on l'écoute, dans le recueillement de son âme !!! « Éloquente aussi », puisqu'elle parle de Lui. Amie des tristes heures, des abandons les plus cruels, des souffrances les plus amères, « elle est encourageante toujours » dans les « affres des pires crucifixions ».

L'esprit guide — l'Ange gardien (donné à chacun), est le « vaste trait d'union » entre « le Père » et « ses enfants ». Il est le détenteur de cette « gravitation spirituelle » sans laquelle « la Création » demeurerait un « chef-d'œuvre mécanique », sans âme, sans désir, sans ailes.

Que « d'abnégation » il faut à « l'Esprit-Guide » pour accomplir rigoureusement sa mission ! sans faiblesse… dans un inaltérable dévouement. Fidèle dans son « rôle ingrat », attentif (même dans le « crime » et « l'horreur ») à placer « l'étincelle divine » au bon moment, au bon endroit, dans « le déroulement évolutif physique et psychique ». Rien ne le rebute… il ne lâche jamais « le fanion », si « décourageante et affligeante » que soit la lutte…

Pour nous, ils demeurent les « plus dévoués des collaborateurs » et nos « missions combinées » ont toujours, grâce à eux, les meilleurs résultats, car ils possèdent sur les êtres, sur ceux que nous aimons, des « données » qui nous échappent, des possibilités que nous ignorons…

Que « grâces soient rendues » et « offertes » à ces « pionniers du sacrifice », qui luttent, dans l'ombre, afin d'assurer « la cohésion de l'universelle chaîne » !!!

Que « leur rayonnement » vous illumine !!! et que pour « leur inlassable dévouement » (à travers les remous terrestres), votre confiance, votre gratitude, les récompensent de leur « inépuisable protection »… Frère Humain, mon ami ! écoute mon message ! À ce compagnon attaché à tes pas, à tes efforts, à tes combats, « pense quelquefois » !

Si son « effacement » le rend « invisible », il n'en demeure pas moins « agissant », « penché sur toi ». Appelle-le ! Tu sentiras sa « douce présence » dans la « pire des solitudes ».

Il « t'apaisera », « t'éclairera », « te soutiendra », « te bercera » aux « heures de faiblesse » !!! Ne demeure point seul avec ta détresse « puisqu'il est là » portant, avec toi, les fardeaux les plus lourds.

Prie !!! « Ayez pitié de ma faiblesse

« Bon Ange ! puisque Dieu l'a dit !!!

En effet, dans son infinie bonté, Dieu l'a dit !!!

« Quelque chose de divin : à chaque homme est donné, en naissant, un bon génie qui lui sert, pendant toute la vie, de Maître, de Guide. » (Symbole)

« Dieu » n'a pas voulu que demeurent « solitaires », « errantes », « désemparées », les « créatures » auxquelles il avait fait « le don magique de la Vie » !!! C'est pourquoi, « trait d'union », « guide vaillant, secourable et bon », « l'Esprit-Guide » vous enveloppe de « sa vigilance ». Sa « présence silencieuse », « sa trop douce voix », imperceptibles, ne sont pas souvent « senties » ou « écoutées », hélas ! Peu importe !!! Il attend son heure… et elle sonne toujours !! Il tient le fléau « de la balance des sept sagesses » où « l'un des plateaux pèse l'épreuve », l'autre : « la victoire »… et, « selon le poids », te conduit à « ton port d'attache »…

Son rôle achevé, il se fait connaître… C'est une minute d'intense émotion !!! que de retrouver, dans « cette entité remarquable », un être, jadis, profondément aimé.

Je ne puis révéler « plus », sur ce sujet pourtant « essentiel » et qui « illustre » « l'altruisme le plus total », « la fraternité la plus absolue », « l'amour le plus merveilleux », « le plus pur », « le plus complet ». *Éole*

Q. : En tant que « désincarnés », sommes-nous spirituellement pondérables ?

R. : Notre poids atomique varie à tous moments, conditionné aux éléments utilisés, employés, empruntés… Il ne correspond à aucun de vos poids et relève d'une densité spéciale… Pas la même « arithmétique moléculaire… Nous pouvons peser 101 kilos ou 100 grammes, si nous voulons. — Situez-nous où vous voulez ! *Euthyphron*

Q. : Comment le fait, pour l'Esprit, de revivre dans un médium une fin tragique, libère-t-il le périsprit ?

R. : Cela vous ramène à ce que, justement, je vous ai presque imposé ! Parce que le périsprit ayant été atteint brutalement, malgré les années, garde en lui des blessures des blessures qu'il faut enlever, un « peeling » presque je dirai, vous voyez, de ces cicatrices qui sont restées. Alors, il faut revivre la minute atroce qui a provoqué cela et en passant par le médium, toutes les forces des assistants étant glanées, il se fait un scalpel de toutes ces choses. Vous libérez, à ce moment-là, et « l'esprit » peut monter avec un périsprit tout à fait sain et dépouillé de ses tares. Voilà… *Clarté*

Q. : Est-ce alors comme une psychothérapie de l'Esprit ?

R. : « Absolument ! avec, à la différence près, qu'il y a aussi une action, pas semi-matérielle mais presque et libératrice. Parce qu'il est resté ces cicatrices qui, elles, demeurent matérielles et durent souvent longtemps. *Clarté*

Q. : Pourquoi la « Loi du Silence » dans l'Au-Delà est-elle si rigoureuse ?

R. : Au-delà, seraient graves, les conséquences ! Si « la Loi » a ses rigueurs, c'est fonction de « l'ensemble » qui n'admet pas les imprudences remettant tout en question ; (un jour, vous verrez et comprendrez cela !).

Dans les « constants enchevêtrements des vies » aux « actifs » et « passifs » « individuels », dans l'Astral, l'interplanétaire ou l'incarnation, un fil conducteur passe guidant la marche en avant… Rien ne résiste à cette « attraction souveraine » s'exerçant dans tous les domaines et dispensant, sans répit, « les clartés », « les espoirs », sur les tâtonnements, les erreurs, les apparences, les efforts en soi, autour de soi, du bas de l'échelle au sommet. Le silence est partout… partout où il doit être ! C'est dans le silence des « laboratoires » que naissent les « découvertes… dans le silence « des espaces » que jaillissent les « galaxies », les « quasars », les « pulsars », les « univers »… dans le silence des abîmes que bat « le cœur des mondes »... dans le silence intérieur que parle « la voix divine », à l'être extasié... Antithèse éternelle et magique, double face, tout comme « le jour et la nuit », « la Clarté et l'Ombre », « l'évolution et l'involution »...

Le silence a, comme opposants : le bruit, l'action, le dynamisme, le rythme... Il a aussi sa voix... et ceux qui savent « l'ouïr » en tirant (dans la solitude), tout le ravissement : « Duo de paix et d'amour » dans l'ineffable. C'est cette voix qu'entend, dans le silence berceur, l'être qui se libère de sa prison de chair... C'est encore, dans le silence qu'il s'examine, se jauge, se recompose en vue de la prochaine incarnation (sur terre ou ailleurs). C'est là qu'il établit « son champ de batailles » avec lui-même, avec son périsprit taré, mal formé, mal rythmé sur la « cellule intérieure » : l'esprit... l'esprit qui veut « être » — croître... se spiritualiser, se diviniser... Longue, ininterrompue la Route pour être !!.... (tâtonnements, maladresses, malfaçons...). Le périsprit amoncelle en lui, au fur et à mesure de « l'accroissement », tous les éléments constitutifs dont il assure, ensuite (à travers les formes somatiques), les rejets indispensables à sa libération tout en distillant le germen, asssimilable par l'esprit...

Avant de s'inscrire dans la forme dans ses rejets d'obstructions, par les « capillaires périspritaux », le périsprit (en qui résident tous « germes et virus » de l'agglomérat cellulaire), en prépare « l'exérèse » dans l'astral... partielle ou totale, selon le degré évolutif... Pareillement, dans l'Astral (et avant l'incarnation), il établit le « plan de la vie terrestre », accepté... en imprègne « l'inconscient », qui réalise dans le conscient le déroulement du karma accepté (possibilités, actions, souffrances...) même le travail de la nuit...
Euthyphron

Q. : Dans le monde des Esprits, que signifie l'expression : « sauter la barrière » ?

R. : Tout n'est que « barrière » entre les êtres et les éléments, entre les êtres et les êtres, en les êtres eux-mêmes. — Pour venir à vous, je franchis les barrières fluidiques, atmosphériques, méridiennes, électromagnétiques. *Papillon Noir*

Q. : Des spirites, avant de mourir, ont laissé des plis cachetés contenant une phrase écrite qu'ils devaient, par médium, révéler après leur mort. Chaque fois ce fut un échec. Pourquoi ?

R. : Ce sera toujours un échec, parce que défendu... Quelque désir qu'on ait « d'accomplir », on se heurte à des interdictions et nous ne réalisons pas tout, surtout dans ce domaine qui touche de si près le vôtre, où vous vous heurtez aussi à des impossibilités... *Lueur*

Q. : À la séparation des deux corps à la mort, l'Esprit, dit-on, perd une partie de sa mémoire. À travers un médium, il paraît, parfois, la retrouver. Expliquez.

R. : Oui ! il puise un peu partout... Retrouvant contact à travers un autre corps, « on grapille »... on « se souvient », « on revit » un brin. J'ai retrouvé « Le Roi Dagobert », « Cadet Rousselle », ma vie de gamin, mais aussi « certain traité sur les comètes » !!.... oui, Papillon Noir faisant « un traité sur les comètes » de la part de « ce gavroche », cela vous en bouche un coin, une surface... Enfin, c'est ainsi pourtant ! Dans le domaine des télépathies et des suggestions où vous vous aventurez, sans données précises, vous ne pouvez juger... Il s'agit de « nuances » de « polarités cellulaires » peu différentes, mais aux résultats, eux, très différents... Dans les phénomènes, à effet physique, il faut toujours un médium, parfois plusieurs. Il faut « batteries et moteurs ». Bien difficile de vous expliquer, car vous êtes ignorants, même sur le plan humain... hélas !! *Papillon Noir*

Q. : D'où vient que vous puissiez nous atteindre avec une telle facilité ?

R. : Spiritus flat ubi vult !!

L'esprit souffle où il veut ! Le vent : où il le doit... où il le faut !! même, alors qu'il drive l'effrayant quadrige des ouragans, l'échevèlement des tornades, les monstrueux moteurs des orages, gonflés « d'éclairs » et de « tonnerres »...

L'esprit souffle où il veut, mais dans son domaine, son orbite, son champ d'action. Le « cercle » se mesure à la circonférence, cherchant toujours à l'agrandir, à la dépasser... pour favoriser notre mission, notre rôle actif nous permet une extrême mobilité de déplacement et d'action dans une rapidité incalculable dont je m'émerveille inlassablement. En me retrouvant sur d'anciennes traces, de vieilles foulées, d'antérieurs souvenirs je me reprends (un peu trop peut-être) au jeu du passé.

Je partirai sans rien révéler de moi (pourtant proche de vous), puisque le silence demeure la rigueur. Je vous laisserai quelques messages si je le puis.

Luz tiendra sa promesse de réponses. Les orages magnétiques, les folies humaines compliquent affreusement nos tâches, de bien des façons destructrices... Homo homini lupus !! même involontairement. (Trad. : L'homme est un loup pour l'homme.) *Éole*

Q. : Nous sommes émerveillés de la rapidité et de la sagesse de vos réponses. À quoi tient cette omni-connaissance ? Est-ce une évolution avancée, vous permettant de lire dans le livre de la nature ?

R. : Cela tient à mon rôle de missionnaire qui comporte « pas mal d'interdictions », mais aussi nombre d'avantages : la permission de disposer des acquis (total de nos évolutions)... puis, enfin, j'ai, moi personnellement, les raisons et la joie de venir près de vous. Certes, cela nous impose luttes, efforts, peines, fatigues et doit se jumeler avec « notre véritable mission » (scientifique, celle-là, pour des réalisations différentes). *Clarté*

Q. : Nous voudrions une explication sur la variabilité de vos temps de réponse selon les questions posées ?

R. : (Temps de réflexion : pas besoin) — Difficulté de transmissions : ondes irrégulières, courtes ou longues. *Euthyphron*

Q. : Où puisent-elles leurs forces pour durer si longtemps sans se réincarner, les Entités qui demeurent dans l'astral bien des années ?

R. : Il est toujours possible de vivre dans l'Arsenal comme ailleurs. Il y a toujours « les moyens du bord » pour assurer la nourriture psychique ou matérielle. — Quand les moyens « naturels » font défaut… on en trouve « d'artificiels » pour les remplacer. *Clarté*

Q. : Avez-vous un souhait à formuler au sujet de la manière dont nous recevons vos messages ?

R. : Que nos messages demeurent « le saint viatique » offert dans « un suprême et sublime holocauste », à vos cœurs « troublés » ou « meurtris ».

Qu'ils maintiennent, à tout jamais, cette chaîne « d'intelligence » et « d'amour », qui vous rive à nous dans « l'immensité » et « la Durée », en « l'insondable plan » des « êtres » et des « choses » : saint couronnement de nos sacrifices conjugués. À cette heure si proche du départ, bousculant légèrement cette « Loi du silence et ses baillons », j'ai voulu montrer un peu du véritable Éole, si peu sérieux, si sérieux aussi : curieux mélange d'austérité et de taquinerie (l'un reposant de l'autre). *Éole*

Q. : Vos déplacements dans l'Astral sont-ils liés à ce que les savants appellent les « antineutrinos » ?

R. : Divers moyens de locomotion, de déplacement, s'offrent à nous, mais nous devons les conditionner à la qualité de nos périsprits, de nos missions, des méridiens suivis, etc. etc. Tant de choses qui impliquent des adaptations constantes qu'il ne m'est pas possible de vous faire comprendre.

« L'action », au milieu des éléments, des atmosphères, nécessite « des moyens élastiques ultra-rapides », de cohésions, de galvanoplasties. Rien qui ressemble « aux humains » prenant le chapeau pour le soleil, le parapluie pour les averses, le manteau pour le froid et le vent.

Dans le domaine des « radiations », bien des « possibilités réalisatrices » nous sont offertes pour notre « action », la « rapidité de nos déplacements » et aussi « notre protection », mais il ne m'est pas possible de vous le faire comprendre, comme vous le souhaitez, je le répète et le regrette. *Luz*

Q. : Pouvez-vous nous parler de votre mission ?

R. : Je ne peux dire grand-chose, c'est interdit. Les missionnaires doivent apporter la lumière : (panacher le verre d'ombre où la terre boit), apporter du magnétisme à l'électrodynamisme des forces telluriques appauvries, aider à la gestation du chaos en gésine. Nous parlons de bouche à oreille (ab ore ad aures) au monde de la science, de la mine, de l'espace, des expériences, afin d'empêcher le pire, par voie de maladresse ou de témérité.

Nous empêchons que soit rompu l'équilibre pour les marées, girations et rotations telluriques, perturbant les gravitations… Nous veillons à la solidité des amarres interstellaires assurant l'ordre des pesanteurs et des échanges.

Mécaniciens ! artificiers de l'espace ? nous catalysons les incendies atomiques dans la mesure assumée, les amoindrissons…

Enfin, nous groupons notre essaim disséminé sur le globe, pour l'amener vers notre « ruche céleste », arche de lumière et de paix. Beaucoup d'orientaux parmi nous, ayant bu, très souvent, à cette source de révélations qui nous est venue de l'Orient, à travers les âges, les apogées, voire même les effondrements (desquels elle ressurgit) sans cesse, messagère de vérité…

Certains ont rassemblé « les êtres préférés » de familles antérieures, chères à leurs souvenirs… Missions plus difficiles à bien des titres… taraudées par des regrets plus vifs et tenaces.

Dans toutes les « alvéoles terrestres » de la Ruche immense, nous venons porter « miel et levain » et quand « l'essaim » sera « prêt » à « essaimer », nous le conduirons à la future « ruche » où se prépare une nouvelle organisation… Combien privilégiés (et nous sommes du nombre), sont ceux dont la « magnifique récompense » suit « les longs efforts » et conduit, vers le « port », les êtres aimés.

Tantôt « incarnés », tantôt « entités communicantes » depuis « l'espace » ou « l'interstellaire », dans des « alternances méthodiques », l'un soutenant et éclairant l'autre, nous allons !!! gravissant les degrés de cette énorme échelle dont le faîte se perd dans l'Insondable.

En attendant, notre amour guidera vos pas vers l'étoile qui scintille, loin, très loin, dans le soir attentif. *Euthyphron*

Q. : Nous aimerions avoir des précisions sur les missions de chacun de vous ?

R. : La plupart « des êtres » ne s'écartent pas de leur forme : pour des questions de repos, de paix, de craintes, d'ambitions tirant, seulement, sur une corde limitée au circuit du cocon.

Ceux qui se sont « incarnés », en état de « mission », franchissent leurs formes, tirent sur les amarres… (leurs « racines de plein ciel ») ont des ailes qui les emportent vers ceux qui les attendent pour collaborer à la mission (jadis préparée) « en quelque domaine que ce soit » :

« Harmonie — Symphonie » — Nous retrouvons : DEVOIR, LUMEN, BOUCLIER, etc.

« Connaissance — Sciences diverses : « SYMBOLE », PAPILLON NOIR, LUEUR, CLARTÉ, etc.

« Lumière — Esprit — Évolution : JEAN ?, JUSTICE, L'ESPRIT NOIR, etc.

Sur tous, le rayonnement du MAÎTRE et de SYMBOLE (« pulsars et quasars » lumineux...).

Ce « travail de la nuit » (magique collaboration) s'opère par « imprégnation » ou « interpénétration » irradiantes, s'enregistrant dans le champ magnétique « du cerveau récepteur », prêtes à l'éveil, à l'envol (dès « le réveil »), à leurs réalisations... Ces « échanges » et ces « gymnastiques » « sont difficiles » à cause des nombreux écueils traversés. Seuls, s'en rendent maîtres, plus aisément, ceux qui se suivent durant plusieurs incarnations et mêlent, alternativement, « émissions et réceptions ». C'est par ces canalisations souterraines des « évolutions réalisatrices », que l'Invisible, par sa « flotte merveilleuse » ravitaille le « Visible », l'éclaire, le hausse et l'emporte, vers les sommets. *Euthyphron*

Q. : On dit que sous une « apparence humaine », il y a des Esprits en mission. Est-ce vrai ?

R. : Il y a toujours eu « des sages » en mission extraordinaire sous « l'aspect humain », qu'aucun désir n'émeut, qu'aucune richesse ne tente... Ils versent leur âme pleine de rayons, de fabuleux trésors, sur toute la pauvreté spirituelle du monde. Tout est paix et calme autour d'eux, comme en eux. On les reconnaît à leur rayonnement.

Il y a aussi, « autour des savants » (dans une collaboration magnifique), « des missionnaires » penchés sur « l'Orbe des recherches de toute nature » (parfois abandonnés par eux, jadis, à la mort), retrouvant « leurs travaux » et les augmentant de « clartés nouvelles ». S'y ajoutent les révélations permises par les « lois évolutives ».

Toujours et partout, les deux plans se pénètrent et cela, tout au long des « voies diverses » et des « plans successifs ». Dieu tient les deux bouts de la chaîne infinie, où les chaînons sont intimement enlacés. *Clarté*

Q. : Vos missions peuvent-elles être considérées comme un privilège ?

R. : Notre mission ? Un privilège ?

Une responsabilité implacable, des luttes, une acrobatie constante sur l'échiquier des ondes, des rayons incidents émergents, déterminant les points nodaux, etc. etc.

Beati pauperes !! Bienheureux les simples d'esprit ! Ils ne sont pas exigeants dans le circuit de leur rêve tranquille. Peu leur importe que les ondes paramagnétiques aimantent segments et lentilles ; que les ellipses diamagétiques rejettent, en les dynamisant, ces segments et ces lentilles désormais convertis en prismes irradiants…

Un privilège ? la mission ?

Je passe !….

Je fuis !….

et chacun me reconnaît !!!! — Ex ungue leonem ! (trad. : on reconnaît le lion à la griffe). *Clarté*

Q. : Pourriez-vous évoquer pour vos amis terrestres, les joies et les difficultés de votre mission ?

R. : L'instant est grave. Nous nous sommes prodigués, mais quand la barque amorce « la dérive », sont bien lourds les avirons… Point de plainte à proférer !!! Les missionnaires ne sont-ils pas « les volontaires de l'effort » ? du pas en avant ?

Ne sont-ils pas chargés d'assurer la cohésion menacée ? d'amorcer une « coordination de renfort » ? d'éclairer les lampes tombées « en veilleuse », avec de nouveaux combustibles ?? (A leurs risques et périls, certes, tant « perturbent » les « remous » des changements de cycles). Autre danger (et pas le moindre) : se laisser prendre au jeu.

Les missionnaires (tenus de se matérialiser presque au niveau humain) gardant, vivants (et les revivant), les souvenirs « heureux » ou « malheureux » de certains « autrefois » trop chers… se laissent reprendre, souvent, à la « magie des sentiments », idéalisés par le temps et l'espace, intensément ressurgis. Leurs désirs d'aider « ceux qu'ils aiment », chevauchent leurs propres missions. Ils les soutiennent, les éclairent, se révèlent à eux (comme nous l'avons fait), sans mesurer leurs sacrifices… mais ils ne peuvent prolonger cette halte, « hors des limites », et doivent rompre les amarres au premier appel.

Combien demeurent douloureuses, chez chacun, ces nouvelles séparations !!!…. Que de blessures !!! Tout fut prévu de nos rencontres, de ce rapprochement accepté, de cette reconstitution d'un groupe familial et familier…

L'heure est proche de mon envol. Dans ce « corps à corps terrestre » demeuré le vôtre, que la douce flamme de l'espoir souverain illumine toutes vos heures… malgré la « pénombre » et le « silence ».

Véritables traits d'union entre nous (paroles impérissables), nos messages demeurent : « paiement de nos efforts » : lumineux de réconfort et de tendresse, vous guidant vers « l'infini chemin » vous conduisant vers nous.

Oui, nos messages sont un petit édifice où chacun (selon son rêve), a apporté sa pierre (contreforts de l'Œuvre impérissable de « Symbole »), et s'est efforcé de parler à votre cœur… (dans le monde tendre, sérieux, dramatique, amusant), le grand langage des voix chères qui se sont tues…

Relisez-les aux heures douces des méditations, mais surtout aux heures graves ou tristes, afin d'y puiser « forces renouvelées » et surhumain courage !!!…. *Éole*

Q. : Votre mission auprès de nous est-elle particulièrement difficile ?

R. : Les préjugés accrocheurs, les prisons et les entraves des mornes habitudes terrestres, les basses faiblesses mesquines corrodant les sociétés (corrompues par leur virus) laisseront-ils s'allumer, splendide et vermeille, la lampe du sanctuaire et le chandelier aux sept lueurs ????

C'est, peut-être, beaucoup demander sur ce plan qui est le vôtre… Mais n'y eût-il qu'un seul grain de semence qui « lève », que le « semeur » peut être fier de son geste auguste, fier de voir grandir, sous son souffle généreux et pur, le « libre arbitre libéré »… (cet univers de l'être pensant)…

Que d'efforts pour desserrer vos chaînes !!! Que d'amour pour baiser vos fronts inquiets et lourds ! Que d'amour encore pour vous apporter ce pain quotidien de l'âme dont vos esprits prisonniers ont faim ! Pain de tendresse ! Pain lumineux ! Magique hostie, dans une communion solennelle et fraternelle ! Douce étreinte des cœurs et des esprits à travers l'espace, le temps, par-delà les abîmes… Bientôt je serai loin de vous… Vous trouverez réponse à vos questions au hasard des lignes. J'espère que vous saurez lire dans les interlignes, ce que je laisse encore de moi ou de mes révélations incomplètes.

« La parole a des ailes d'or… Le silence est plus doux encor Et son archet vaut un trésor…

Sachez écouter le silence !!!! Quelle puissance émotive on en peut tirer !!! Quelle force d'attente en soi et autour de soi ! N'est-ce point dans « le silence des nécropoles égyptiennes », que les Pharaons (momifiés et magnétisés par les prêtres et magiciens), attendaient le moment de quitter leur enveloppe paralysante ? : « ce monde de cellules matérielles » qui s'use, se détruit, se transforme, mis en catalepsie pour des siècles… « dans le grand sommeil » que berce le silence !!! en attendant l'intervention libératrice comme il réclame la liberté, l'oxygène, pour se dynamiser à nouveau.

Certes « la forme momifiée » demeure, mais les « cellules périspritales de cette forme », se reconstituent aussitôt, parfois agressives… dans leur volition vengeresse.

PHALÈNE, plus que je ne le fais, aurait pu vous dire bien des choses… Cruels moments et jours atroces… et puis le renouveau… les ailes…

La « Vie » source de « merveilles » et de « drames », de grâce et de rigueur, « d'ordre » et de « fantaisie », coule, intarissable, contournant tous les écueils… Comme la rivière disparaît soudain dans des profondeurs souterraines, la vie, un moment suspendue, un moment arrêtée (côtoyant les profonds abîmes), rebondit et renaît de cendres apparentes ou de troublantes inerties… *Euthyphron*

Q. : N'y a-t-il donc pas de repos si l'on choisit d'être « missionnaire » dans l'incarnation ?

R. : Le repos s'accomplit, automatiquement, ainsi que les « rejets », « au niveau du corps physique », tandis qu'un « équilibre apaisant » se fait « au niveau du périsprit » (et de l'esprit « libéré de la chose faite ») : un allègement (proportionnel à la « rapidité de résorption » du cordon fluidique dont les cils vibratiles laissent filtrer « certains rejets obstructeurs ») propagent sa langueur.

Vous voyez le monde « des apparences », nous, celui des « expériences » — dans le « déroulement » profond « de leurs coordonnées ». Partout : l'effort, partout : l'étude, partout : l'Amour, partout : « la vie », ses splendeurs, « ses pouvoirs », son infini, malgré « les tâtonnements », les « erreurs », les échecs apparents… Malgré les abîmes, les précipices, les orages, la « Route monte » vers le Phare éternel !! *Euthyphron*

Q. : Quel rôle particulier devez-vous assumer parmi nous ?

R. : Je suis venu aider « P.N. et son groupe » à remettre au point, dans le médium et dans l'espace, un dispositif permettant de vous transmettre des « messages », sur des longueurs d'ondes se rythmant sur les courants interstellaires, émis de point divers avec effet de dialogues « questions : réponses », déjà utilisé par Symbole, autrefois. Vous pouvez me poser des questions pendant que les autres travaillent. *Lueur*

Q. : Quelle aide pouvez-vous apporter aux malheureux de notre planète ?

R. : Sur vous tous, mon aile passe… mon esprit s'attarde, un peu las des chemins parcourus sur cette terre en proie à tant de souffrances, d'inquiétudes, de ces bouleversements (signes des temps) si angoissants !

Mon aile passe sur tous et sur chacun (même les plus maudits), s'efforçant d'être bienfaisante et douce, pénétrant jusqu'aux tréfonds des êtres malheureux, mauvais, endurcis. Rien ne m'échappe des misères, des luttes, des haines. Je peux dire à chacun : « Ego te intus et in cute novi » (trad. : je te connais à fond et dans la peau). Mais je ne juge pas et ne condamne jamais… Je plains et console ! Je dis à l'ortie : « ma sœur », et au « roncier » : « mon frère ». Sur cette immense architrave qui va du « nadir » au « zénith », emportant tous les infusoires et toutes les créatures vers le « But souverain », je me penche sans cesse : aimant, bon, secourable, laissant couler la pitié suprême dont je porte l'emblème et le nom.

Dans les gouffres et les lieux noirs, j'allume l'étincelle d'un « espoir embryonnaire » qui jaillira, glorieux, sous l'aiguillon de la souffrance (cette souffrance, apanage des mondes matériels).

J'apporte le courage en l'effort, le sourire dans les larmes, le viatique dans les crucifixions des étapes et des moments.

Évoquez-moi dans les heures difficiles. Appelez-moi dans le fond de votre âme ulcérée, révoltée, trébuchante, et j'accourrai vous porter l'ultime secours.

Ma mission est celle-là !.... Ainsi je l'ai voulue, sollicitée : Panser les plaies, guérir les âmes, les guider vers un paisible port où elles pourront reconstituer leur dynamisme, le rythmer sur des ondes meilleures, débarrassées des scories matérielles si cruelles dans le déroulement des incarnations.

J'aime ma mission car je vous aime, vous tous « les forçats du terrestre plan » et mon amour sans cesse grandissant, illuminera vos abîmes.

À cette lueur, vous trouverez la bouée salvatrice qui vous guidera à travers tous les écueils, vers « l'Arche », où tant de tendresses vous attendent. Que « Vajra Sattva » vous assiste. Le « Phare de l'Espoir » se dresse, « gigantesque » à l'horizon, véritable étoile polaire à la magique attraction.

Que ce message vous soit doux et fraternel ! Que votre cœur l'enregistre et le garde à tout jamais ! *Pitié*

Q. : Que ferez-vous après nous avoir quittés ?

R. : Grande est ma joie. Me retrouver au sein de l'azur (en pleine géométrie céleste) dans les champs d'une erraticité en plein essor, splendeur des splendeurs… j'en frémis. Je vais « réaliser » mon rêve favori dans d'incalculables chevauchées « numériques ».

Parfois, je pencherai sur vous, mon front ceint « d'astres et de rayons ». Vous en sentirez l'étreinte très douce… puis je reprendrai mon « labeur aride », mais combien captivant.

Je verrai naître des édens ! tourbillonner des étoiles naines, des univers blonds ou blancs !! tandis que plus loin, de vieux soleils, s'éteignant en des explosions gigantesques, projetteront, en l'étendue, les « œufs astraux » (éclosions de mondes nouveaux) au seuil de l'Insondable. Tout le « prodigieux » de la Création : les luttes des « nouvelles étoiles » pour échapper à l'attraction tourbillonnante du « trou noir », « cet abîme des vitesses », des « calories », des « aimantations » que les « astres » redoutent… comme les humains : le vertige qui, parfois, les entraîne hors de leur circuit.

Je me griserai du déploiement féérique des comètes, du ruissellement de leurs traînes endiamantées, de leurs longues chevelures d'or, si harmonieusement déployées afin de charmer quelque monarque sidéral, parmi les « pulsars éblouis ». Que d'émerveillements !! *Éole*

Q. : Avez-vous, puisque vous nous quittez, d'autres missions ailleurs ?

R. : Notre âme est devenue missionnaire — une mission succède à l'autre — vous verrez un jour, et malgré la dureté des missions acceptées, comment l'Amour vous pousse à les accomplir. *Papillon Noir*

Q. : Quand reviendrez-vous ? Quand pourrons-nous reprendre le contact merveilleux ?

R. : Fixerons nous-mêmes, impossible présentement, gênés par les mouvements telluriques actuels.

En attendant, nous travaillons. Nous avons nos télescopes, tant de moyens par les lentilles et les prismes de prolonger notre champ visuel… Instruits par nos devanciers par en haut, nous prolongeons la chaîne par en bas, pour vous faire profiter des enseignements que nous pouvons vous donner, afin que vous soyez mis sur la voie. Je voudrais bien arriver à mettre dans vos esprits toute la paix que cela comporte… *Lueur*

3. DIEU

Q. : L'Homme peut-il se faire une idée de Dieu ?

R. : Où le situer ? On se retrouve sur le sable !! Tout en le sentant partout. Maintenant, j'ai compris que c'était une « sphère infinie », « éternelle », dont le « centre » est « partout » et la « circonférence » nulle part, puisqu'elle ceinture l'Absolu dans une ligne d'horizon, qui recule, « à chaque acquis », « à chaque incarnation »... L'idée qu'on se fait sur terre, de « la divinité » est erronée parce qu'on la cherche ailleurs qu'en soi... où réside son étincelle vraiment divine (le mieux, le meilleur de soi-même). Il faut souffler dessus pour attiser, par la souffrance, d'une part — par la raison, d'autre part, par la sagesse et aussi par le sacrifice. Il faut « prier ». La « prière » atteint toujours son but. Choisissez une heure de recueillement où votre élan puisse être « total » et venir du plus profond et du meilleur de vous-même. Jamais « la prière » n'est « inutile ». Si elle est formulée par le cœur, elle devient : « élan », « flèche » et « aboutit » toujours, à une oreille attentive et compatissante. C'est, à la fois, un « appui moral » pour celui qui l'extériorise, ainsi qu'une « douce émotion » vis-à-vis de celui auquel elle s'adresse. Ne vous lassez pas de « prier ». La « prière » est le « langage des âmes », « l'espéranto » du « Ciel ».

Oui, priez !! car Dieu est partout, en chaque créature, dans le petit vibrion « de rien du tout », dans « les planètes », « les étoiles », « les soleils », « les nébuleuses », « dans les galaxies » et leurs gravitations. Partout, on sent la « manifestation divine » s'exercer !! Nulle part on ne la saisit « pour en faire un être », en tirer des « images fantaisistes » comme sur terre… Plus loin, on commence à voir un peu plus clair, sans pour autant, résoudre « le fond du problème » sur Dieu, dans l'espace et le temps. *Papillon Noir*

Q. : Pouvez-vous nous dire quelle part de la connaissance nous est accessible ?

R. : Dieu : « ce « pivot », ce « sommet », ce « but » demeure « l'Incalculable », « l'Invisible », « l'Insondable », « l'Impalpable », sinon au terme de « l'Évolution »…

La « connaissance » va, pas à pas, avec la conscience, s'illuminant, à chaque effort, à chaque acquis… Le miracle est constant, bien qu'insoupçonné. Le « zéro » devenant « total », le « Rien » devenant « Tout », le « chaos » devenant « Rythme », « Vie » « Splendeur »… « l'Ombre » devenant « Lumière » et azurant les gouffres !!!! La main divine, souveraine, surhumaine, règle toute la marche, alimentant, inlassablement, tous les pèlerins de l'Éternité. Je vous redis que l'être est tout à la fois « Créateur » et « Créature »… Créature : parce qu'émis. — Créateur : parce qu'émettant sans cesse, sous l'impulsion de son propre dynamisme.

Si vous ne comprenez qu'imparfaitement le sens de mes dires, du moins pressentez-vous qu'il en est ainsi, en examinant ce que vous obtenez (bien que prisonniers de vos formes) dans votre moi, dans la collectivité ambiante également.

Paradis, enfer, purgatoire, nirvana, Dewakan, cieux concentriques, etc., etc. ne sont que mots, figures symboliques s'efforçant d'expliquer l'inexplicable, l'inexprimable. En fait, l'être est soumis à la Loi !!…. La loi est simple dans son déroulement infini, éternel… Les mêmes équations résolvent tous les problèmes humains et cosmiques… Partout le jeu des polarités et des gravitations s'agitant des « pérygées » aux « apogées », des interférences aux équivalences, aux tangentes, aux attractions, aux « propulsions », aux « percussions », aux « rythmes », et aux « dynamismes ». Partout, l'être ou l'Astre se conquièrent « sur eux-mêmes », au sein de Dieu qui les tient rivés en lui, par son aimantation « éternelle » et « nutritive » des « esprits » et des « formes »… Partout l'être, conquérant de lui-même, aborde la lutte, à travers le « Taïdzokaï » qui lui offre un champ de possibilités dans les éléments mis à sa disposition, en attendant d'aboutir au « Kongokaï » : monde de lumière, de diamant, où la « forme », si rayonnante, n'a plus d'ombre et se confond dans la splendide lumière de l'Esprit… le « bouddhisme japonais » ainsi l'explique… cependant et, jusqu'à « l'absorption finale » en Dieu, une forme aurique (se dissolvant dans l'esprit) mêlée à « la spirituelle étincelle », demeure et maintient le circuit des antennes…

Pour vous, tout cela est difficile à imaginer. Pour nous, qui avons l'avantage de nombreuses certitudes, d'un plus vaste champ d'investigations, de possibilités de visions, augmentées par le prisme de nos acquis, la chose est plus facile… Nous sommes sur « la voie ». Prisonniers de vos coques obstructrices et paralysantes, vous cherchez, tâtonnez, doutez, trébuchants… et n'étreignant que « l'Ombre ». Vos savants mesurent l'espace, à leur façon, erronée souvent, mais ignorent encore ce qu'est « l'être humain » par rapport à cet espace, par rapport à « lui-même », sa composition exacte, vraie, ses possibilités sur « lui-même », en « lui-même »… Je ne puis rien révéler, hélas !! L'évolution passe, avec « ses éteignoirs » et, parfois, « ses flambeaux ». — La Terre, en plein bouleversement, empêche bien des échanges… J'ai multiplié les sources « d'ozone », « d'oxygène » par la précipitation « des effluves » pris aux courants « électrodynamiques » — sur l'hydrogène atmosphérique… Beaucoup de peine !! Petit résultat cependant !!!…

L'homme consomme « lui-même » sa propre destruction… Notre amour voudrait beaucoup, tente l'impossible (nous qui fûmes des hommes). L'évolution passe, est passée, passera, sans que « l'Arche d'alliance » livre, avec ses secrets, la clef des édens disparus… *Papillon Noir*

Q. : L'homme peut-il être vraiment sensible à la grandeur divine ?

R. : Combien sont encore loin ces splendeurs et ces sommets !!!! Plus proches de vous, par nos missions qui nous mêlent à vos luttes terrestres (communion des saints ininterrompue), sous la bannière de l'amour (sentiments retrouvés, présences chères), nous pouvons pénétrer vos « circuits » par messages, percussions, incorporations… mais « Lui »… « l'Être Ultime », demeure « l'Éternel incorporel »… « l'Éternel réalisateur »…

Son Amour seul répond à « l'interrogation universelle »… de Créateur à créature dans le fond des âmes… mais ne saurait répondre (comme nous) sinon à travers nous, à vos diverses curiosités…

De même acceptons-nous, toujours plus de lumière, des esprits évoluant sur des plans supérieurs aux nôtres « les anneaux de la chaîne » se pénétrant… Sur la « Route infinie » qui monte, sans relâche, vers toujours plus de clarté.
Euthyphron

Q. : Dieu entend-il nos prières ?

R. : Qui préside cet « Ordre de choses » si savamment organisé, dans sa « structure », son « conditionnement », ses volitions et ses Prodiges, même sous « d'apparentes incohérences » ou confusions ???

Qui donc alimente, d'une mamelle intarissable et prolifique (autant que maternelle), la Création toute entière dans son incalculable étendue ???

Qui donc, sous le front livide, criminel « de Caïn », fait surgir le visage extatique de Jésus ? et coiffe les erreurs, les fautes, les crimes, de « chapeaux de lumière » et d'espoir ?

Écoutez la nuit, écoutez la mer, écoutez la nature, la voix des vents, le parfum des fleurs, le chant des oiseaux, les astres dans les cieux !!! Écoutez religieusement en vous-même… et vous saurez, car son nom est partout, en tout.

Paternellement, il a signé toute son œuvre et « jamais » « la créature » ne s'adresse en vain à « son Créateur » si elle le fait avec tout son cœur.

Prier, c'est établir le contact, c'est demander !!! Priez donc, avec le meilleur et le plus intense de vous-même et toujours une voix répondra, un espoir descendra. Je sais bien que, « dans les sphères », voués aux incarnations : donc, aux souffrances multiples, intolérables souvent… crucifiantes toujours…, les êtres sont déroutés, révoltés, troublés, désespérés… ne comprenant plus l'atrocité de certaines misères ou l'horreur des charniers, des crimes !! Décontenancés, doutant de tout… ils multiplient « leurs affres », qu'ils pourraient atténuer dans la « foi » et la « prière ».

Frère humain, mon ami !! : j'ai connu ces heures de détresse, de doute, de profond désespoir !! J'ai même « insulté et maudit le Ciel » qui se moque de la souffrance humaine !! J'ai lancé mon blasphème à la tête des Dieux ! Et, c'est dans cette effrayante révolte, que j'ai connu la pire des détresses…

Enfin, un jour, aidé (car on vous aide), j'ai ployé les genoux, agenouillé « mon âme orgueilleuse et domptée » dans l'acceptation de la Loi. Peu à peu (la lumière se faisant), j'ai gravi les durs échelons, mon esprit entier appelant « Dieu » au secours ! et la bienfaisante paix est venue…

J'ai senti « ma petitesse », dans « l'Œuvre colossale » où chacun doit demeurer à son poste, assumant sa tâche, s'imbriquant dans une « collectivité en marche » dont le mécanisme revient à Dieu, à Dieu seul.

Ô mon frère humain ! Mon Ami ! Retiens bien ce message. C'est le don de celui qui a souffert, pleuré, grandi ! à vous tous que la souffrance guette ou tenaille (prisonniers que vous êtes de « vos incarnations », sous le carcan terrestre)…
Éole

Q. : Comment faut-il faire pour mieux percevoir la voix divine ?

R. : « L'Invisible » a toujours pénétré le « Visible » (à travers les évolutions) dont il demeure « la substance », « l'échange », « le complément »… (chaîne souveraine, éternelle, infinie !).

Inlassablement, Dieu parle, tout bas, à toutes ses créatures… les « illumine » secrètement dans le « silence intérieur » permettant que le circuit lumineux éclaire les êtres, les astres, les plans, leur donne vie, rythme, dynamisme, sous « l'Ordre magique de Sa voix ». Et c'est « cette voix » qui exalte les « pensées », les « sentiments », les « paroles » de « l'esprit », de « l'âme », du « cœur », afin que le « mental » déborde le « cérébral » infiniment…

Il faut savoir écouter Dieu… le voir, « en tout ». Répéter : « J'entends ! Je vois ! avant de balbutier : « Je sens ! Je suis ! J'agis ! Je grandis !! » C'est pour aider « l'humanité », dans sa recherche du « Relatif » en « mal d'absolu », que nous acceptons des missions difficiles, pénibles, ardues, d'où les sacrifices ne sont point exclus. *Euthyphron*

Q. : Nous essayons de comprendre le retour du « Tout » à l'Unité. Nous aimerions une explication :

R. : Les mots sont vides… et les images aussi, car tous les « assemblages » sont « tout » et « un ». Que vous dire de plus ? Plus loin que vous sur la Route, mais bien loin de « ce bout dont vous parlez, nous imaginons « l'Éternel cycloïde » : le serpent d'autrefois qui se mord la queue. Il semble que nous tournons dans un cycle éternel qu'on ne peut même pas déterminer. Le « cercle » ne fait rien à la circonférence. Ils vont de pair… On ne sait pas nous-même. L'heure est loin, même pour nous, où nous pourrons apercevoir les divines arcanes réalisant l'Éternité !!!

Je regrette de vous décevoir et d'avouer là, mon ignorance, sur les révélations qui se font, progressivement, à chaque nouvelle enjambée…

Dans l'« échelle des évolutions » nous sommes à des marches légèrement supérieures aux vôtres… à peine supérieures, mais assez, cependant, pour vous éclairer sur bien de choses qu'il est utile que vous sachiez, à l'heure où se joue votre prochain « devenir », où se prépare cette transhumance de votre colonie, devenue nécessaire, au cadran évolutif. *Clarté*

Q. : LUEUR a défini Dieu comme « Tout » et « Un ». Le « Tout » a-t-il été émané (non créé) de Dieu ? Le « Tout » est-il un aspect de Dieu qui sera réintégré et fera retour à « Un » ?

R. : Il est difficile de vous expliquer ce que représente en fait « l'Unité » de Dieu (alors qu'on n'est qu'une « créature » plus ou moins rapprochée). Toute l'Éternité le « contient » et il contient toute l'Éternité. Je ne puis faire des « modalités » et des « fractions ». Nous ne pouvons même pas dresser l'arithmétique des « algèbres » qui le composent ni des « équations » qui le représentent.

« Le « Tout éternel « sort de « l'éternel atome »…. De « l'équation Dieu « le monde est « le binôme »… SYMBOLE

Je ne peux vous faire entrevoir ce que vos yeux n'aperçoivent pas, ni vous faire comprendre ce que « votre entendement actuel » n'enregistrerait pas… À chaque jour suffit sa peine ; à chaque plan : sa clarté. *Clarté*

Q. : Dieu est-il fini ? infini ? ou sphérique ?

R. : Il n'est ni « fini », ni « infini », ni « sphérique ». Il est !! Il est « éternel » et pour cela « pas de mesure, pas de limite, pas de règle »… qui ne soient les siennes… Automatiquement, il demeure « éternel » dans son éternelle réalisation. — Mais comment vous faire comprendre ce que nous-mêmes commençons seulement à discerner. Nous sommes en chemin… et je n'ai pas la prétention de « tout » pouvoir mettre devant vos yeux bien que je le désire dans mon affection et mon amour pour vous ! *Clarté*

Q. : Nous croyons en Dieu, à son existence. En est-il de même sur votre plan ?

R. : Symbole a largement développé (en réponse à vos questions), toutes les réponses. Vous ne pouvez comprendre… Dieu n'étant pas ce que vous pensez… Dieu n'est pas un être, mais tous les êtres… Il est en vous et vous êtes en Lui. À chaque existence, à chaque acquis, votre vue sur Dieu se dilate, transformant votre compréhension et votre entendement, sur sa présence. Pour nous, un peu plus loin que vous, mais guère plus haut, le mirage éternel se rapproche… nous l'apercevons et découvrons : qu'il ne peut en être autrement… Nous sommes tous à sa conquête en nous. — Que de plans s'étirent à l'Infini, porteurs de flambeaux, de certitudes admirables que nous entrevoyons… Comment vous dévoiler tout cela ? Impossible ! le mystère des éthers demeure…

N'imaginez point des cieux concentriques, dépassant la connaissance, chers aux théosophes, qui vous transportent dans de spectaculaires édens. Je le répète encore : « Dieu est en vous et vous êtes en Lui. Comment vous expliquer les merveilles de la Création, de l'être (quel qu'il soit), et qui demeure, en l'évolution et l'éternité, à la fois créature et créateur. Que de pages il faudrait — sans succès — que de visions aussi ! *Papillon Noir*

Q. : Dans l'état actuel, est-il possible, concevable, que ce que les hommes appellent Dieu, l'Éternel, Yaveh, Allah, Grande Force Cosmique ou autres dénominations, puisse se manifester à nous comme vous le faites par incorporation ?

R. : Allah est Allah et Mahomet est son Prophète !!…. nous aussi. *Luz*

Q. : Qu'entendre par la formule hermétique de Dieu : sphère infinie dont le centre est partout, la circonférence : nulle part ?

R. : Je ne peux vous dire plus à ce sujet sur lequel, inlassablement, on s'interroge... Essayez tout de même de « réaliser » que, dans toutes les plus petites cellules, même les plus infimes, cette grande électricité, cette grande force qui les anime, cette vie éternelle qui coule dans toute création, dans toute créature, c'est le sang de Dieu... Il alimente, sous son aimantation cycloïde, nourricière, évolutive, toute l'Éternité. *Clarté*

Q. : La merveille organisation de tout ce qui vit n'est-elle pas la meilleure preuve de l'existence de Dieu ?

R. : Admire ce qui rampe, en préparant des ailes : minutieuses chrysalides accouchant dans la douceur des cocons, d'une vie dansante et colorée.

Tu n'admires que la « chose réalisée » et je te demande de t'extasier sur la « façon » et les « moyens » d'obtenir cette réalisation, car c'est là le chef-d'œuvre de Dieu. Et que dire de « l'homme vivant » : cet ensemble de points de force, ce monde rapetissé dans des circuits et des méridiens prestigieux de rythmes, de dynamismes, de concentrations, d'échanges ??? Gigantesque ouvrier du « Grand Œuvre », ayant en mains les outils et les éléments pour se faire, se parfaire, dans des tourbillons cellulaires se dynamisant autour de lui.

Admire « l'œil » à la fois « photographe » et « réflecteur » « télescope » et « feuille sensible » !!

Que dire de l'oreille et de son acoustique : (réglée sur les sons, les ultrasons et les ondes de diverses longueurs) ??

Que de « précieux dispositifs » dans « l'étonnante chronologie » « des possibilités », des « moyens » s'adaptant aux « causes » comme « aux effets », permettant les « volitions simultanées » des forces sensorielles et psychiques !!! Superbe aérostat ! « l'humain » demeure (magnifiquement) suspendu entre les deux plans : « piolet et cordée », au sol... « tête », au ciel !!!! Point d'interférence de réseaux, d'ellipses, de fluctuations cellulaires !! !! En équation, il est

« total »… en ordonnée, il est « binôme ». — Dans l'algébrique ronde des « destins » et des « sorts », il inscrit ses fabuleuses « métamorphoses » et jongle avec les magnétismes et les ondulations, « charme et puissance de la forme » parmi les « ombres chimériques » sur la « scène immense des apparences » !!!!!!….

Que ne pouvez-vous admirer l'agencement de « l'aggloмérat cellulaire constitutif » réalisant ses prodiges, inlassablement…

La « moindre particule » « totalise » toutes les données « du problème vital éternel » mais aussi : toutes les « réponses », tous les « résultats », tous les « mécanismes fonctionnels », pour « résoudre » et « parvenir »…

C'est là, le « fantastique miracle » de la création : « L'être possède, en lui, toute l'Éternité » « l'état radiant, embryonnaire » sous trois points de force rythmés : « tête », « cœur », « ventre » : réflexion, dynamisme, nutrition, engendrant l'accroissement personnel et « l'arrimage » dans l'effort collectif…

Homme, mon frère ! je te le dis encore : la nature est un livre où tout est digne d'être lu, étudié !!! Même si tu dois, seulement, épeler… admire !!!!! non seulement la perfection de l'œuvre réalisée, mais « l'ordre minutieux », « intelligent », des « moyens » mis à la disposition des créatures…
Luz

Q. : L'athéisme s'appuie sur les facteurs négatifs de la création pour nier l'existence de Dieu. Que répondre à cela ?

R. : Certes, il est des « flottements », des « errements », des « maladresses », des « lenteurs », des « échecs » même, des « erreurs », mais ils n'entraînent nulle déperdition du « patrimoine constructif »… un simple « retard », des recommencements bénéfiques qui (tenant compte des malfaçons) bâtissent (de moins en moins vulnérable) leur édifice individuel. — Si, « semblables » sont les « lois »,

« pareilles », les « routes », dissemblables (« en nuances ») sont les êtres, afin de marquer, en chacun, sa propre individualité… tatouage de « l'Absolu » sur le torse du « Relatif »… empreinte divine, hypothécant à jamais, toute création, toute créature.

Combien, « ineffable », demeure ce « geste possessif », dans son amour « suave et généreux » « offrande », à pleines mains, dispensée sur toutes les âmes et les cœurs en prière, comme « la rosée des nuits » et « des matins », sur les « calices ente ouverts ».

Recueillez-la, ne la refusez pas lorsqu'elle vient à vous ; car « tout est vrai » : le « beau », le « bon », le « juste »… le ciel bleu au-dessus des fronts, la « Loi morale et la conscience », dans les esprits.

Que la certitude vous donne la Foi, la Foi : la bonté… et l'amour !

Soyez bons avec grandeur et simplicité. Le bien qu'on fait, parfume l'âme d'une exquise et incomparable félicité. Imitez cette nature (faite à l'image de Dieu) qui « tant » vous donne et « tout » > vous apporte…

Le soleil vous inonde de ses rayons et dans « l'ombre reposante » des soirs constellés, la lune vous éclaire de sa veilleuse en croissant (anse d'or au ciel accrochée). Étoiles ! Comètes ! Pulsars ! Quasars ! vous envoient leurs radiations : chaîne d'intelligence de force, d'équilibre, « d'aimantation » (donc « amour »), à travers l'Infini.

La Vérité est une, immuable comme les grandes choses éternelles : l'espace et le temps… Nous regagnons l'espace après avoir, avec vous et pour vous, remonté le temps. Souvenirs ! Souvenirs ! Douloureuses fontaines souvent !!! Jaillissements antérieurs des éphémérides de la Durée !! vous totalisez nos acquis, nos luttes, nos erreurs, nos crimes, nos souffrances, nos victoires aussi. Et ces victoires, chèrement acquises par les couronnes d'épines ayant ensanglanté nos fronts, ont, de la « chrysalide humaine », fait jaillir : l'esprit ailé, prêt aux envols. Notre heure est venue de regagner la base lointaine où la récompense fleurira nos durs efforts.

Aux heures graves des soirs endormis, pensez parfois à ceux qui vous ont apporté la parole de vie, à travers leur mission pénible, certes, mais magnifiée par leur fraternel amour. *Luz*

Q. : Les panthéistes ont-ils bien compris Dieu ?

R. : Comment, devant les merveilles évolutives, ne pas imaginer « l'Ultime et Divine Perfection », d'un Dieu dont l'Amour anime et alimente « l'Absolu des Profondeurs et des hauteurs » ?

Il vit en nous, par la loi morale, la raison, l'amour.

Nous vivons en lui : composant cette incommensurable création qui le réalise sur le « monde infini »… La « respiration éternelle de Dieu » bat dans tous les « êtres » : de l'atome à l'humain, de l'homme à la comète… etc.

Pompe à la fois « aspirante vers Lui », refoulante aux scories matérielles (résidus de leurs apports nutritifs). Infatigable poumon qui cristallise, vivifie, illumine l'espace éblouissant…

Rien n'est vide de Lui ! et tout balbutie son nom. Ce balbutiement devient un son, le son, une chanson ; la chanson : un concert ; le concert : une clameur ; la clameur s'achève en extase d'apothéose.

....

Sur la « plateforme » où, toutes ailes étirées, nous préparons notre envol, nous pressentons toutes les divines belles choses. *Euthyphron*

Q. : Comment garder la Foi en toute occasion ?

R. : Frère humain, ô mon Ami ! Conserve en toi, le « pur diamant de la Foi » dont « l'éclat dissipe les doutes »…

« L'être » « décroît » et « noircit » en niant !!!

Tout, « atteste », la présence de Dieu !!! Tout balbutiement, tout murmure, toute clameur, en donnent témoignage, en lançant « Son nom » aux échos…

« Sur son tableau d'azur illimité », le Ciel l'écrit en « syllabes d'étoiles », tandis que l'orage, zébrant les nuées, l'inscrit aux lames des éclairs. « La marée », les flux, les reflux, les lames et les vagues, le « roulent » sans répit et « l'emportent » aux abîmes grondants qui le font « chanter » dans « les gouffres »…

Toute la nature « réfléchit » sa « parfaite virtuosité » qui s'exhale « en chants », « parfums », « bruits d'ailes », « couleurs et sons », tandis que « la puissance occulte des vents » jette « le nom divin » aux tourbillons, aux ouragans, pour s'adoucir, en amour, dans la caresse des brises…

« Souffle éternel de l'espace » !! immense écho de l'Infini !! le vent est un « publicitaire » !!

Frère Humain, mon Ami ! Ajoute « ton adoration » à « l'hymne universel » !! Que ton premier regard, en t'éveillant, ton dernier regard, en t'endormant… disent « ta soumission », « ta confiance », afin que la « bienfaisante paix » descende en toi, que l'étoile céleste (sous la bannière de l'espoir), brille dans ton ciel noir.

Remercie le ciel pour tout ce qu'il te donne, en « bien » ou en « douloureux », parce qu'il te le donne et sait pourquoi il te le donne. *Éole*

Q. : Nous aimerions obtenir un commentaire de la phrase donnée par SYMBOLE dans la « Tombe parle » :

« Dieu gravite lui-même à travers tous les corps ! Ternaire merveilleux aux magiques accords… »

R. : « L'Ordre » s'inscrit en triples phases : en Ternaires :

« positif », « négatif », « actif »
rythme, spirale : dynamisme
attraction, répulsion : polarisation

antennes, pivots : ellipses
émetteur, récepteur : percuteur
Éternelle équation

Et cela se joue tout au long de la Route infinie, sous l'impulsion magique de la « Vie », de « l'Ordre », de l'Aimantation divine... Rien n'est vide de cette « attraction » de ses « pouvoirs embryonnaires » couvant tous les lendemains. — Tout n'est que tourbillons, ondes courtes et longues, mais ces tourbillons sentent « le Grand Appel », la puissante voix qui les guide à travers les éléments...

L'effet percutant des forces électromagnétiques bombarde les masses cellulaires, transforme les polarités, les rythmes, en de nouvelles formes, (égrégores) sans cesse reconstitués sur d'autres équations. — Partout la trinité des forces et des pouvoirs sur les pivots des gravitations. Tout est « mouvement » « vie »... la staticité n'est qu'apparente et couve de nouveaux « germen » sous les courants somatiques,

Dieu gravite, lui-même, à travers tous les corps,
Réalisant « son œuvre » en « magiques accords »...
Papillon Noir

Q. : Puisque l'homme est d'essence divine, Dieu rayonne-t-il sur tous ?

R. : Je t'ai fait : en toi la pensée c'est DIÉU !

J'ajoute : le rayon c'est DIÉU ! C'est l'émission de DIEU en lui-même, vivant dans son propre rayonnement !

On décomposait, jadis, le soleil en 16 cônes lumineux différent de gammes, de registres, de coloris, par rapport aux spectres déterminés.

En DIEU, la multitude des rayons est incalculable puisqu'elle embrasse la création entière en toutes ses ramifications !

DIEU rayonne en émissions toute sa puissance pour la réaliser dans son rayonnement et l'alimenter de sa divine substance !

Rien ne peut demeurer hors de DIÉU, malgré l'incohérence apparente des mouvements évolutifs qui, se dispersant dans la collectivité des luttes et des efforts, doit opérer le magnifique redressement vers l'UNITÉ.

Combien barbares vont apparaître mes explications ! à vos esprits encore prisonniers de vos coques !

Ce qui vous apparaît difficile à admettre, à saisir, vous éblouira un jour, parce que votre Ami ÉOLE, vous aura un peu, un tout petit peu ouvert les yeux aux vraies lumières !

Rayons ! Rayons ! Rayons !

L'être est rayon, couleur et son !

Homme ! Mon frère humain ! Attise ta flamme !

Souffle sur ta propre enclume !

Fais en jaillir l'étincelle de vie que je t'ai découverte.

Ferre ton cheval de combat !

Lance-le à l'assaut de ces petits travers, chiendents de ta valeur réelle, qui paralyseraient ton envol, afin, comme je te l'ai dit plus haut :

Qu'à ton heure dernière tu retrouves toutes tes bannières sous nos souffles tendres, conjugués ! *Éole*

Q. : Toute la création participe à la remontée vers Dieu dont elle émane. Quels sentiments ces merveilles vous inspirent-elles présentement ?

R. : Chaque adaptation nouvelle à une « forme » ou à un « plan » apporte « les facultés adéquates à cette forme, à ce plan » afin d'en déterminer, d'en conditionner la vie, le comportement, la progression, la juxtaposition dans une « évolution aux multiples enjeux »… (Multiple autant que partiel), l'humain ne gravit pas « seul » le chemin du ciel !!!

N'est-ce point miraculeux, cette union constante des « cellules », des « atomes », « des collectivités », qui conserve (parallèlement) l'individualité totale à chaque germe… dans un effort gigantesque ininterrompu ???

Homme ! mon frère humain ! Je ne me lasse ni de « contempler », ni « d'admirer » « religieusement » toutes merveilles.

Je m'extasie devant « l'Ordre » qui règle et tient ce « fabuleux enchaînement » de la vie universelle, sous tous ses aspects.

Comme moi, agenouille-toi devant l'Auguste Réalisation d'un DIEU en lui-même !!! dans « l'Insondable » et « l'Absolu » !!! Prie et Crois !

C'est la seule réponse que toute créature doit apporter à son créateur.

Malgré les lieux qui nous séparent, prions ensemble !!!

Que « l'Au-delà » et « l'En-deçà », joignent leurs accents, leurs prières et s'élancent « vers le Refuge béni » du Cœur Divin. *Éole*

Quatrième Partie

POÈMES INITIATIQUES

SOUVENIR

Souvenir ! hantise éternelle !
Fantôme des temps écoulés !
Reliquaire des jours coulés
Sous notre enveloppe charnelle.

Comme ta voix se fait entendre,
À travers les immensités.
Ramenant les félicités,
D'un sentiment fidèle et tendre.

La douceur de ton chant magique
Efface glaives et tourments,
En ne laissant qu'enchantements
Et mélancolie nostalgique.

Souvenirs ! : Caresse infinie !
Vibrant appel, en nous, caché,
Qui permet sans l'avoir cherché,
De goûter l'étreinte bénie.

Souvenir ! Battement de l'âme
Au rythme lumineux du cœur !
Comme tu sais être vainqueur
De l'esprit, lorsqu'il te réclame !

Souvenir ! Tu combles l'espace,
De tes alvéoles de miel,
Par toi, nous goûtons, dans le ciel,
L'éternité de ce qui passe.

Je revis, dans ma souvenance,
Tous mes sentiments à la fois.
Je m'en enivre quelquefois,
Dans une brève défaillance,
Et les couronne d'espérance.

Clarté

MA MISSION

Au rendez-vous mystérieux
Où se viennent joindre les âmes,
Porté par mes ailes de flamme
Je suis descendu, glorieux.

Sur les routes de mon Passé
Jours heureux, divins sanctuaires,
Chemins de croix, sombres calvaires,
J'ai traîné mon cœur oppressé.

Que d'étranges sensations
Ont surgi des mornes archives !
Que de souvenances captives
Au sein des incarnations !

C'est pourquoi, vous ayant trouvés,
Prisonniers sur la Planète,
Ballotés par l'âpre tempête,
Dans vos destins inachevés.

J'ai prolongé ma mission,
Pour que vous sentiez ma tendresse,
Tout mon amour et la caresse
De mon esprit plein d'émotion !

Demain, m'envolant loin de vous,
Avec ma troupe lumineuse,
J'emporterai la nébuleuse
De tous nos petits rendez-vous.

Je laisserai dans le ciel clair
Le magique fil de la Vierge.
Il resplendira comme un cierge,
Une étoile ou bien un éclair.

Percutant le silence obscur,
Parfois, descendra mon message,
Tel un minuscule nuage
Porté par des ondes d'azur.

Afin que vous sentiez souvent
En l'immensité souveraine
La tendre douceur de la chaîne
Faite de notre amour fervent.

Clarté

L'AU-REVOIR

Quand viendra l'heure du départ,
Que le Maître nous fera signe
La séparation sera digne,
Quand viendra l'heure du départ.

Lorsque nous nous séparerons,
Nous chasserons toute tristesse.
Sourdra, seule, notre tendresse,
Lorsque nous nous séparerons.

Point ne soient moroses les fronts
Que les cœurs trop lourds se recueillent
Sur nos souvenirs qui s'effeuillent.
Point ne soient moroses les fronts !

Quand viendra le dernier adieu
— Ô vous tous ! ma grande famille
— Vous saurez que ma clarté brille
Quand viendra le dernier adieu.

Belles furent les floraisons
De nos rencontres passagères
Et les heures glissaient, légères,
Portant leurs belles floraisons.

Mais cet adieu, cet au revoir,
Si mélancolique à nos âmes,
Allume un Phare, tout de flammes,
Sur l'extase de l'au-revoir !

Clarté

VOS ÂMES VIVENT DANS LA MIENNE

Vos âmes vivent dans la mienne
De tout cela, qu'il vous souvienne
Alors que nos voix s'éteindront.
Car, toujours, nos pures tendresses
Magiques fleurs des allégresses,
Dans le soir, vous embaumeront.

Vous relirez nos quelques pages,
Nos poèmes et nos messages
Où nous avons mis tant de nous.
Et, sous la clarté de nos songes
La face humaine et ses mensonges
S'écrouleront à deux genoux.

Qu'importe, si le vent qui passe,
Ne vous parle plus de l'espace !
Qu'importent la foudre, l'éclair !
Puisque, plus haut que les nuées,
Loin des sphères diminuées,
Nous vous guidons vers le Ciel clair.

Vos âmes vivent dans la mienne,
Amis bien chers ! Qu'il vous souvienne
Alors que nos voix se tairont,
Que, toujours, nos pures tendresses
Vous apporteront leurs caresses
Et, dans le soir, vous berceront.

Clarté

SI JE N'AVAIS

Si je n'avais, au cœur, l'espoir,
Au front l'Amour, aux yeux l'Espace,
Que m'importerait que le jour
Se précise, glisse et s'efface.
Si je n'avais le souvenir
Cette hantise noble et brève
Je ne saurais vous revenir
Et vous guider vers notre grève.

Clarté

NOËLS

L'Archet des horizons lance sa mélodie
Et le couchant vermeil, lentement, incendie,
La coupole des soirs enclose en l'Infini
L'instant est solennel ! Divin ! L'Archet béni

Égrène ses accords, en musique mineure.
Le lamento grandit et, parfois, la Voix pleure
Puis s'élève et l'on sent un cantique d'espoir
Pénétrer en les cœurs que tord le désespoir.

Homme ! Écoute la voix tendre et mélodieuse
Ton Dieu parle à ton âme et la veut radieuse
Il entr'ouvre, pour toi, son ciel fait de clarté,
D'extase, de bonheur, d'amour, d'éternité.

Recueille-toi et prie, sous le geste éternel !
— C'est Noël !

Devoir

L'apothéose des couchants
Embrase la nuit étoilée
Partout, sur la piste voilée,
S'élèvent des chœurs et des chants

L'espace acclame l'Éternel,
Couronne, au ciel, toute souffrance.
Dans un tourbillon solennel,
Nos cœurs vous portent l'espérance.

Malgré l'étendue et le temps
Notre amour vous rejoint sans cesse.

Lorsqu'on s'est aimés, bien longtemps,
Rien ne désunit la tendresse,
Ni les minutes d'allégresse
De nos rencontres de Noël !
Noël ! Noël ! Chantons Noël !

Jean ?

Malgré l'attrait des blonds azurs,
Des soleils, des riches comètes,
Mon esprit, dans les éthers purs,
Vient hanter le monde où vous êtes !

Ce chaos où j'ai tant souffert,
Cette terre, à la pâle aurore.
Mais, ce soir, l'espace entr'ouvert,
M'incite à vous redire encore :

Tout mon attachement profond
Que ma voix, jusqu'au précipice
Dont je ne puis sonder le fond
Proclame l'Amour de JUSTICE !
Hosannah ! Noël !

Justice

Qu'importent les autans qui passent,
Dévastateurs et meurtriers,
Puisque les arcs-en-ciel effacent
L'horreur triste des charniers.

Qu'importent l'erreur et le doute,
La souffrance ou bien le malheur,
Puisque Dieu, penché sur la Route,
Nous attend avec le Bonheur !

Bonheur éternel et sublime
Qui glisse sur l'humanité

Et retentit, de cîme en cîme,
Au soir de la nativité.
Espérons ! Croyons ! Prions ! C'est Noël !

Pitié

Tout le firmament brille en le ciel de satin
Où l'azur de l'été regagne l'étendue.
Que scintille le soir, que vibre le matin,
Son âme claire chante et veut être entendue.

Car vous n'êtes pas seuls… Tout au long du chemin,
Quelqu'un suit tous vos pas et toutes vos épreuves
Toujours penché vers vous, il soutient votre main,
Vous ouvrant, tendrement, des perspectives neuves.

Il vous conduit, ravi, vers l'Immortalité
Vers l'extase, l'Amour, et l'éternelle aurore.
Son cœur toujours protégé.
Il s'appelle : CLARTÉ !
Et, pour fêter Noël, allume un météore !
Noël ! Noël ! Noël ! Noël !

Clarté

Pauvre mineur qui descend, dans la houille,
Sans t'occuper quel sera ton destin,
Avidement, sans cesse, ta main fouille,
Un puits profond et toujours incertain.
À ton foyer, l'active ménagère
T'attend, hélas, le cœur bien anxieux.
Sors de la nuit, renais à la lumière
C'est aujourd'hui, le Jour des bienheureux.
Chante, noir mineur, que ta voix s'élance,
En accents joyeux, vers le fond du ciel.
Ce jour est, pour toi, un jour d'espérance,
Chante, noir mineur… C'est Noël ! C'est Noël !

Luigi : en hommage au peintre-médium Lesage.

SUR LA ROUTE ÉTERNELLE

Sur l'algébrique écran des causes essentielles
Le calcul se traduit en ordonnées partielles.
Sous l'énorme équation apparaît, par instant,
L'intégrale blondeur d'un lambeau miroitant.
Sous l'Être universel vois l'Éternel symbole
Tends la main… et reçois cette divine obole.
Que le caprice obscur du flux et du reflux
Laisse tomber sur tous les odeurs… avec, en plus,
Le bégaiement confus des fleurs et des étoiles.
Les sphères, dans l'azur, ont déployé leurs voiles,
La nuée, au ciel bleu, mêle son fin duvet.
D'un émerveillement l'espace se revêt
Et l'on voit, à travers l'azur, tournant sa page,
Cette chaloupe où peut se sauver l'équipage.
L'humain se traîne auprès de la chose qui vit
La fleur en sait beaucoup… L'extase la ravit,
Sa racine est au sol… Son front dans la lumière,
Cherche, dans l'air vibrant, la Vérité première.
Croire ! c'est le flambeau qui rassure toujours
La fleur dans son destin, et l'homme au long des jours.
Il faut qu'il trouve enfin et, dans son âme claire,
Une ancre, où l'on se fixe, un phare
où l'on s'éclaire.
En attendant l'enchantement des horizons,
Hors des chaos, et des charniers, et des prisons,
Il faut que l'homme sente ! Il faut que l'homme espère !
En le Dieu plein d'Amour qui demeure le Père
De tout ce qui se meut, dans ses incantations :
Les êtres à genoux et les constellations.

À genoux donc, Frères Humains ! car, solennelle,
S'ouvre la porte d'or de la Route Éternelle.
Nous vous y précédons et vous y attendons.

Lueur

RAPPELLE-TOI

Rappelle-toi la nuit peureuse,
Glissant sur les flots endormis
Tandis qu'une douce berceuse
Exhalait ses accords amis.
Sur tes cheveux, la lune blonde
Mettait sa faucille d'argent.
Les lutins poursuivaient leur ronde
Sur le lac aux frissons changeants.
Rappelle-toi, mon doux émoi !
Rappelle-toi !

Rappelle-toi, ma douce Amie,
Le baiser timide et frôleur
Que sur ta joue rose et fleurie
Je déposai, comme un voleur !
La nuit radieuse et complice
Nous regardait de tous ses yeux.
Pour toi ce n'était qu'un caprice.
L'ombre des bois silencieux
T'empêcha de voir mon émoi.
Rappelle-toi !

Depuis, l'aurore magnifique
Souvent, s'est levée, sur nos jours
Et le souvenir nostalgique
En mon cœur sanglote toujours.
Quand la lune, orgueilleuse et belle,
Paraît, au fond du ciel d'azur,
Je sens, en mon âme rebelle,
Grandir l'amour suave et pur
Où frémit mon premier émoi.
Rappelle-toi !

Le Bouclier

QUI AI-JE ÉTÉ ?

Ai-je été Pierrot ? Arlequin ?
Je chantais Au clair de la lune !
Au clair de l'autre, au clair de l'Une,
Sous le dôme de la nuit brune.
Ai-je été Pierrot ? Arlequin ?

Ai-je été l'Ardent Roméo ?
Près d'une Juliette sensible ?
Dans un amour inaccessible ?
Douce chanson ! Amère cible !
Ai-je été l'ardent Roméo ?

Ai-je été le fameux Don Juan ?
Séduisant, pervers et cynique,
Tantôt fervent ou tyrannique ?
Parfois sincère ou sardonique ?
Ai-je été le fameux Don Juan ?

Ai-je été le ségnor Pança ?
Ou bien Messire Don Quichotte,
Mettant moulins en gibelotte,
Pour satisfaire sa marotte ?
Ai-je été le ségnor Pança ?

Ai-je été ? Qu'ai-je bien été
Dans le hasard des existences ?
Subissant toutes les sentences :
Des chemins de croix, des potences.
Ai-je été ? Qu'ai-je bien été ?
Ai-je été le Roi Dagobert ?
Saint Éloi ? puis Cadet Rousselle,
Qui promenait, sous son aisselle,

Le vide de son escarcelle?
Ai-je été le Roi Dagobert?

Ce que je fus? Vous le savez!
Car je vous ai dit bien des choses.

Je butine parmi les roses,
Leur parle de métamorphoses

Lorsque le Ciel se vêt de noir,
Je redeviens Papillon Noir !
Et dans un pioui ttt plein d'espoir,
Je m'envole vers le grand soir!
— Qu'il vous aime, Papillon Noir!

Papillon Noir

ÉLÉVATION VERS DIEU

Dans le miroitement des reflets polychromes
Monte, inlassablement, la cohorte des hommes
Libérés de l'effort et par l'essor conquis
Elle gagne l'espace, après avoir requis

Des pouvoirs inconnus, en des formes nouvelles,
Acquis multipliés d'existences charnelles.
Tout est juxtaposé... Jamais rien ne se perd.
Dans la lutte et l'effort tout se gagne
et s'acquiert.

La harpe des soirs bleus exalte son Prodige.
Toute âme se recueille, avant le grand vertige.
De l'incommensurable, en le cycle irisé,
À travers l'Absolu soudain réalisé.

L'épanouissement s'impose à chaque chose.
Tout subit, sous la Loi, l'âpre métamorphose
Du monde Relatif au Divin Absolu
Le problème Éternel, sans cesse, est résolu.

Lueurs ! Flammes ! Clartés ! Ondes ! Magnificences !
Des astres dans les cieux ! des cieux
dans les consciences !
Vos voix chantent l'Amour dans le chaos troublé
Sous l'émerveillement, tout l'abîme a tremblé !

Et Dieu lui-même, a dit : Paix à la multitude !
Paix au gouffre profond ! Paix à la solitude
Des grands pics et des monts tassés
sur leurs remparts !

Paix à chacun ! Paix aux proscrits
dans leurs départs !

Un jour, dans l'Unité des rayons et des ombres,
Dans le total définitif de tous les nombres,
Se dissoudra l'écrou rigoureux des Destins,
Et l'homme montera vers d'éternels matins.

L'Ombre

JE PARTIRAI

Je partirai, dans le silence,
Ainsi que l'exige la Loi.
Et, malgré le Bon Saint Éloi,
Je ne changerai pas de lance.

Je partirai, dans le silence,
Sans rien révéler d'Éuthyphron
Sans rien dévoiler de ce front
Qui connut toute la souffrance.

Adieu ! Je pars dans le silence.
Si, parfois, vous pensez à moi,
J'en éprouverai quelqu'émoi,
Au tréfonds de ma souvenance.

Je vais partir, dans le silence.
Un blond rayon m'emportera
Vers l'autre rive, où m'attendra
Le nautonnier de transumance.

Là-haut, malgré le grand silence,
Sur vous, mon esprit descendra
Tout rayonnant, il reviendra
Vous parler encor d'espérance.

Euthyphron

HARMONIE

D'invisibles archets pleurent leurs symphonies
Dans le ciel améthyste où passent des frissons
On entend, par instant, d'indicibles chansons,
Qu'accompagnent, au loin, les harpes infinies.

L'extase et la splendeur joignent
leurs mains unies.
Un émerveillement de rayons et de sons
Tout étincelle, bruit, et, lorsque nous passons,
Nous sentons palpiter des ivresses bénies.

Dans l'immense Crédo des vagues d'harmonie,
Nous regardons mûrir en superbe moisson,
Les souffrances des cœurs, les piquants du buisson,
Tout ce qui vint meurtrir l'humaine colonie

La Paix, à la Douceur, se trouve réunie
Et notre esprit, heureux, vibrant à l'unisson,
Oubliant, à jamais, la terrestre rançon
Avec l'Éternité, gravement, communie.

Euthyphron

SILENCE ET RECUEILLEMENT

Silence et recueillement sont les clés
De toutes les magnificences
Qui, dans les esprits encerclés,
Allument les réminiscences.

Silence et recueillement ont la voix
Des grandes choses éternelles.
Si pénible que soit sa croix
Sous les exigences charnelles
L'âme l'entend et prend ses ailes.

Silence et recueillement sont toujours,
Le refuge de la pensée,
Au long des siècles ou des jours
Lorsqu'elle sanglote, oppressée.

Silence et recueillement sont encor
L'étoile guidant les Rois Mages
Avec l'encens, la myrrhe, l'or,
Leurs couronnes et leurs hommages
Vers Jésus portent ses messages.

Silence et recueillement sont enfin,
Aux lourdes heures de souffrance,
Le baiser du blond séraphin,
Aux grandes ailes d'espérance.

Luz

ÉVOLUTION

Comme le bruit furtif d'un filet d'eau tremblant,
Glisse, timidement, sur le reflet de l'onde,
L'homme entend, quelquefois, émouvante,
profonde,
La voix de l'Éternel comme un souffle troublant

Passant, pour imprimer, à l'univers dompté,
L'Ordre germinatif et créateur des choses.
Le pollen nourrissant toutes métamorphoses,
Dans l'Incommensurable et sous Sa Volonté !

Mais l'humain ne voit pas dans le profil des monts
L'ouvrier travaillant à leur architecture,
Le jardinier divin cultivant la nature
Entre les vals ombreux et les ravins profonds.

Il ne lit pas dans les grands livres entrouverts,
Le secret qui s'exprime au fuseau du brin d'herbe,
Comme dans l'arbre et dans la fleur, au front superbe,
Dans les montagnes et les bois, dans les prés verts.

Des fleuves et des mers, il ne voit que les flots,
Que le moyen, pour Lui, d'aller plus loin, plus vite.
Sans deviner qu'ils ont un tout autre mérite
Que de véhiculer leurs nefs ou leurs sanglots.

Un jour, s'achèvera l'humaine cécité.
L'homme, ayant provoqué son immense misère,
Retournera, vers les mamelles de la Terre,
Boire à longs traits, le suc de l'immortalité.

Luz

LE GRAND ŒUVRE ABSOLU

L'être détient en lui toute l'Éternité
L'axe des devenirs et des apothéoses,
Dans le lent processus de ses métamorphoses
En l'erratique champ de l'Orbe illimité.

Tout être est architecte et possède son plan
Qu'il adapte et transforme au gré de l'existence.
C'est le grand constructeur qui sait son importance.
Toujours en éruption l'atome est un volcan !

Dans le rythme infini des gravitations,
Fixant les anticorps et les antimatières,
Dans le circuit précis des auriques frontières,
Il déverse sa lave et ses girations.

En lui, tout se prépare ! En lui, tout resplendit !
Dien, dans l'effeuillement des astres et des formes,
Réalise au travers de ses pulsars énormes,
Le Grand Œuvre Absolu que tout cycle agrandit.

L'homme cherche, et trébuche, à chacun de ses pas,
Interrogeant, en vain, de nouveaux microscopes,
De nouveaux horizons, de nouveaux télescopes
Le Grand Sphinx est muet jusqu'au jour du trépas.

Le genre humain, perdu dans ses longs errements,
Ne pourra prendre, au vol, l'étincelle divine.
Si tout doit pressentir… jamais, rien, ne devine
Le secret éternel, au sein des éléments.

.. ..

À genoux ! frère Humain ! Sur le terrestre écueil !
Prie et crois ! Que la foi te rassure et t'emporte
Vers les bleus paradis où grandit la Cohorte,
Des chers devanciers attardés à la porte
Et dont l'immense amour sut entr'ouvrir le seuil.

Phédon

L'ÉCLATANT PARADIS

L'éclatant paradis, dont tu n'as pas la clé,
Hante, ton rêve étroit, de sa magnificence.
Sous l'ensemencement de la Toute Puissance,
Des mondes enchantés, poussent, comme le blé !

Lorsque tu cueilleras les célestes moissons,
Dans l'émerveillement d'une douce musique,
Tu verras, tout à coup, s'entr'ouvrir le portique
De ce temple éternel exhalant ses chansons.

L'espace se recueille et les grands luths si fins,
Joignent, aux violes d'or et d'argent, leur extase,
Tandis, qu'en l'Infini, que la splendeur embrase,
Passent des vols légers… Anges ou séraphins ?

Un jour, tu connaîtras ce bonheur, être humain !
Comme un écot payant ta plus dure souffrance.
Laisse-nous te guider jusqu'à ta délivrance
Et préparer, pour toi, l'auguste lendemain !

Phédon

LE GRAND JOUR

Dans un paysage ineffable,
Des mondes glissent, radieux,
En des rythmes mélodieux,
Décorant l'Orbe impondérable.

Tout n'y est que douceurs et charmes,
Sur la trame des profondeurs.
L'âme s'irise en des splendeurs
Ignorant toutes les alarmes.

Dans un circuit d'apothéoses,
D'étonnantes volitions
Guident leurs évolutions
Et leurs douces métamorphoses.

Chaque monde, comme chaque homme
Au carrefour de l'émotion,
Résout, la divine équation
Dont il demeure le binôme.
Tout se hisse au faîte magique,
Par l'échelle des devenirs
Qui dessinent leurs avenirs
Dans la genèse prolifique.

Miracle des tétravalences.
La polarisation se fait
Dans un équilibre parfait,
De pendules et de balances.

Être humain ! encore sur la terre,
Regarde ! Au fond du soir tombant
Passer un Astre tout flambant,
Sous l'éruption d'un cratère.

C'est l'Éternel Volcan d'Amour
D'où va ruisseler le Grand Jour.

Phédon

BONTÉ

Ne faites pas couler les larmes
Sous d'indignes méchancetés.
Dieu tient ses comptabilités.
Ne faites pas couler les larmes.

Ne faites pas souffrir les autres.
L'aiguillon de vos duretés
Blesserait vos félicités.
Ne faites pas souffrir les autres.

Que vos âmes compatissantes
Baisent les fronts, sèchent les yeux.
Afin que Dieu soit généreux
À vos âmes compatissantes.

Ne faites pas couler les larmes,
Tous vos élans et vos bontés,
Par Dieu, sont toujours, acquittés.
Il tient ses comptabilités.
Ne faites pas couler les larmes.

Pitié

FRATERNITÉ

Tout ce qui tourmente ou qui blesse,
Tout ce qui déchire ou qui mord,
Sent l'arc-en-ciel d'une caresse,
Sous la tempête du remords.

Tout ce qui travaille et qui peine
Dans la révolte et la rancœur
Sous le masque affreux de la haine
Sent l'Amour au fond de son cœur.

Tout ce qui se traîne et qui rampe,
Cherchant sa lueur à genoux,
Aperçoit l'éclair d'une lampe
Trembler dans le fond du ciel doux.

Tout ce qui souffre et se lamente,
Sent, au fond de son désespoir,
S'illuminer l'âpre tourmente
Sous le blond soleil de l'espoir.

L'infini, sans cesse, se penche
Sur tous les univers peureux,
Étirant sa grande aile blanche.
— Les méchants sont des malheureux !

Tous les malheureux sont des frères
En marche vers le Dieu d'Amour !
Tous les mondes, toutes les sphères,
Gravitent vers l'Ultime Jour !

Que notre bien douce tendresse
Couronne vos fronts, à jamais.
Que l'espérance et l'allégresse
Par nous, vous guident, désormais.

Fuyez ce qui tourmente ou blesse,
Ce qui frappe, déchire, ou mord,
Afin de sentir la caresse
De l'invisible et doux accord.

Pitié

ESPÈRE !

Le long rouet du Destin
File la quenouille.
Le soir poursuit le matin.
L'écheveau s'embrouille.

L'homme, dans ses vains essors,
Veut aller trop vite.
Il se heurte aux lois des sorts
Sans autre mérite.

Il poursuit les électrons
Aux rythmes complexes.
Mais derrière son vitrail,
Dieu gouverne l'Arche.

Homme ! Regarde le Ciel
Pour trouver ta Route.
De ton rêve partiel,
Arrache le doute.

Aime ! Lutte ! Chante et crois !
Et surtout : Espère !
Si lourde que soit ta croix,
Aime ! Lutte ! Chante et crois !
Mais surtout : Espère !

Lumen

LA VOIX DE L'INFINI

Dans l'insondable plan des hautes perspectives,
Homme ! tu monteras !
Car il est d'autres cieux, d'autres ports, d'autres rives,
Qu'enfin, tu trouveras.

Dans la sérénité des pures altitudes,
Ton rêve s'étendra.
Pour goûter, dans l'ampleur les graves certitudes
Que ton cœur résoudra.

De la base au sommet, de la fange
aux étoiles,
Tu poursuivras ton vol.
Tes ailes s'ouvriront comme de grandes voiles,
Pour aider ton envol.

L'espace qui se tait, aux mots que tu prononces,
Prendra tes questions.
Et tu liras, au front de l'azur, les réponses
À tes objections.

La clarté parlera le langage sublime
Des éthers radieux.
Loin de la surdité profonde de l'abîme
Sanglotant sous les cieux.

Dans l'insondable plan des hautes perspectives,
Homme ! Écoute ! à genoux,
La voix de l'Infini dans son Credo très doux,
Dont l'écho vient mourir aux berges de tes rives.

Lumen

LA CRÉATION

Nacelles bleues, frégates roses
Sur des Océans merveilleux,
Voguant vers des apothéoses,
Sans craindre l'écueil périlleux,

Emportez-nous vers le rivage
Où dorment vos amarres d'or.
Pour apercevoir le visage
Du Créateur de ce décor !

La suavité de vos ondes
Nous berce de l'accord sacré
Qui règle le rythme des mondes
Sous le dôme au lustre doré !

Notre émoi trahit notre extase.
Tout notre esprit est exalté !!!
Et notre cœur fait table rase
Du défi de l'Immensité !

Pour mieux savourer l'heure exquise
Qui s'écoule, en gouttes d'argent,
Dans la clarté qu'idéalise
Le somptueux embrasement.

Nacelles bleues, frégates roses
Nous embarquons : c'est merveilleux !
Vers de douces apothéoses,
Sans craindre l'écueil périlleux.

Mais notre enivrante allégresse
Se trouble et tremble, quelquefois
En revivant notre tendresse
Et les rêves chers d'autrefois.

Nacelles bleues, frégates roses,
Vous emporteront, un beau jour.
Nous suivrons vos métamorphoses
Les bénissant de notre amour.

Éole

CONTEMPLATION

Le tonnerre des sons décroît avec l'orage
Où les feux infinis se sont multipliés.
Sur les blasons royaux paraissant oubliés
La tempête a laissé l'empreinte de sa rage.

Le tumulte s'apaise et s'alanguit à peine.
Les couchants sont parés de leur embrasement.
Le jardinier divin a tissé noblement,
Avec de longs fils d'or, les trames de la chaîne.

Et la pourpre et l'opale à l'horizon se mêlent
Magnifiant l'immensité d'un fin décor.
On voit naître un éden, un astre, et puis encor
Ces ballets fulgurants où les mondes s'attellent.

Le firmament revêt la magique parure
D'une alcôve de rêve, au balcon de l'azur.
Un long frémissement glisse dans le ciel pur
Et gagne en ondulant, la céleste échancrure.

Et je m'attarde alors, dans la muette extase
Où viennent trouver les anciens souvenirs,
Le passé, le présent : total des avenirs
Qui mettent, en les cœurs, tout ce qui nous embrase.

Je défaille parfois, de revoir en mon âme,
Les rêves de jadis, par instants murmurer.
Furtifs et renaissants, je les sens pénétrer
Et me brûler encor de leur troublante flamme.

Mais le tumulte fuit… et s'alanguit à peine
Les couchants sont parés de leur embrasement.
Le jardinier divin a tissé noblement,
Avec de longs fils d'or, la trame de la chaîne.

Et le souffle éternel emporte au loin ma peine !

Éole

RAYONNEMENT

Le miroitement des algues célestes,
Les flots infinis de l'immensité,
Ont le doux reflet des reliefs agrestes,
Dans les berges d'or de l'Éternité !

Par des soirs d'argent caressés des brises,
En groupes unis, vont les pèlerins
Vers des buts précis ! sans craindre les crises
Des fous désespoirs ou des lourds chagrins.

La paix est en eux et, sur leur visage,
La sérénité pose sa douceur.
Ils vont lentement, au divin rivage
Se débarrasser de toute noirceur !

Leurs bras ne sont plus que des ailes blanches,
Frêles papillons du plafond d'azur.
Leurs essaims légers vont, en avalanches
De rayons nacrés en le Ciel si pur.

La tranquillité : mains silencieuses,
Vers les clairs édens dirige leurs pas.
Les ARCHES SONT LA… très mystérieuses
Sur ce devenir, qu'eux ne savent pas.

Leurs yeux s'ouvriront à toutes lumières !
Ô, mon frère humain ! Tout doit rayonner !
Et lorsque viendront les heures dernières,
Lorsqu'il te faudra les abandonner,
Tu retrouveras toutes tes bannières !

Éole

L'APRÉS-VIE

Plus haut que le brouillard où sommeillent les rêves,
Les désirs éperdus, les magiques espoirs,
Se révèlent, très doux, dans l'or fauve des soirs
Ou l'argent des matins auréolant les grèves.

Ce que l'esprit humain souhaita de limpide,
Tout ce qu'il a créé de merveilleux en lui
Prendra puissance et forme en contemplant celui
Qui, dans l'immensité, demeure son égide.

Là-bas, dans le lointain du cirrus vaste et libre,
La rumeur court, s'apaise en un souffle calmé.
Et l'être douloureux, comme le mal aimé,
Sentiront, en leur cœur, tous les songes revivre.

La flamme a ranimé la lampe sous l'abside.
Tout est clair, dans le temple, autour des piliers.
D'étranges pénitents sont là, par milliers,
Auprès du Tabernacle où l'Éternel réside.

Courbés par le fardeau, trop lourd, qui les écrase,
Sachant, sous le remords et sous le repentir,
Qu'il faut recommencer, racheter, accomplir
Et boire la ciguë dans l'or massif du vase.

L'indicible douceur des rives translucides
Les baigne de ferveur, dans leur acquiescement
Et les conduit au port, comme en un bercement
D'esquifs prodigieux, au sein des flots rapides.

Ce que l'esprit humain souhaita de limpide,
Tout ce qu'il a créé de merveilleux, en lui
Fleurira, noblement, en regardant CELUI
Qui, de très haut, très loin, l'encourage et le guide !

Éole.

L'HEURE DES SONGES BLEUS

L'heure des songes bleus et du recueillement
A sonné, tendrement, aux ondines du Rêve !
Quelque part, au lointain d'une indicible grève,
Une voix, psalmodie son émerveillement !

La volupté des grands espaces, mollement,
Prolonge les frissons de la minute brève
Où le bonheur éclôt, où la douleur s'achève,
Après le corps à corps de son enlisement !

Dans le Ciel émeraude et pâle, infiniment,
L'espoir, la flamme au front passe et poursuit sans trêve
L'étoile du bonheur qui, par instant, se lève
Au seuil de la Grande Aube au frais ruissellement !
Homme ! Un jour tu boiras, à la divine sève
L'ÉLIXIR SOUVERAIN qui soutient et relève !

Ésope

L'ESPACE EST LUMINEUX

L'espace est lumineux du reflet des étoiles.
Un alanguissement monte des soirs pensifs,
Une comète d'or, dans les cieux attentifs,
Étire longuement la traîne de ses voiles.

Des aubes de velours aux mauves crépuscules
L'immense théorie des célestes émaux
Les hymens radieux de beaux astres jumeaux
Éparpillent, au sein des nuits, leurs particules.
En corset de satin, l'Immuable Étendue
Esquisse, dans le Ciel, ses ondoiements précis,
Roulant, aux gouffres bleus, les spectres imprécis,
Dans la ronde éternelle, à l'azur, confondue.

Le vasculaire éclat des musiques mineures
Exhale ses accords nostalgiques et purs.
Il passe, sur le front des abîmes impurs,
Des caresses de rêve et de magiques heures.
L'effeuillement léger des chimères menues,
Au balcon des désirs suspend ses fanions.
La farandole étrange allume ses lampions
Dans le scintillement des grâces retenues.

L'œil humain est privé de ces magnificences
Qu'un jour, il connaîtra, dans le ravissement !
Au secret du jardin de l'émerveillement
S'épanouit la fleur des hautes existences.

L'espace est lumineux du reflet des étoiles.
— Homme ! Ton rêve est grand ! Abrupt est le parcours
Le doigt divin te guide… en dirige le cours
Laisse glisser, vers Lui, tes rames et tes voiles.

Le Phalène

L'HOMME

L'homme est un monde rétréci
Une galaxie en puissance
Où les cellules font leur danse
Dans un orbite raccourci.

Le cerveau devient l'Astre Roi
Des neurones, des glomérules
Des innombrables particules
Qui s'enchevêtrent, sans effroi.

Dans l'immuable évolution,
Tout a son rôle et tout sa place !
Les soleils : au sein de l'espace,
L'homme : dans sa révolution.

Sous son front l'astre resplendit,
Dynamisant son corps physique
Et, sous sa baguette magique,
Tout s'électrise et rebondit.

Mais l'homme ne sait rien de lui,
S'égare vers le macrocosme
Sans savoir que le microcosme
Est complet pour monter à Lui !

Son mouvement de giration,
Peu à peu le guide et l'entraîne,
Le débarrasse de sa chaîne
Libérant sa constellation.

L'homme est un monde lumineux.
Une galaxie en puissance,
Dans un grand rythme d'espérance
Au large essor vertigineux.

Le Phalène

L'HEURE DE VÉRITÉ

Sous le souffle alangui des vents ensorceleurs
Qui bercent, en l'éther, d'étranges météores,
Comètes ou soleils, gigantesques fulgores,
Les dynamismes vont… Ils règlent leurs ampleurs

Sur ce balancement divin qu'est l'Unité.
Œuvre incommensurable, admirable, profonde
Tous les êtres épars, montent de monde en monde,
Sous l'auguste regard de ce Dieu redouté

Mais, un jour, l'Infini, montrant sa nudité,
La Clarté de la Route : appel de la Lumière,
Apportera réponse au doute, à la prière,
En laissant palpiter l'heure de Vérité.

Alors, le Genre humain ému, comprendra tout.
Jusqu'à la plus petite et morne créature.
L'éclat resplendira sur toute la nature
— Au tranchant des rayons, il verra l'autre bout.

Ne jugeant que l'envers de la Création,
Il erre, tourmenté d'abîmes en abîmes,
Avant d'apercevoir la majesté des Cimes
Et le vertige ardent de son attraction.

Les pétales légers d'un nuage effeuillé
S'éparpillent, le soir, au seuil du crépuscule.
Averse de lueurs ! Offrande majuscule !
Lampe d'or de l'espoir dans le couchant rouillé.

Sous le souffle alangui des vents ensorceleurs
Affranchis ton esprit ! et dilate ton âme !
Au zénith des frontons de la Céleste flamme,
Une aube translucide allume ses splendeurs !

Le Phalène

L'URNE DES SOIRS PENSIFS

L'urne des soirs pensifs emplit d'ombre, les coupes.
La nuit s'abreuve de ténèbres, lentement.
Tout sombre, en l'éternel et doux enivrement,
Tandis que des nefs d'or amarrent leurs chaloupes.

L'Océan sidéral, peuplé de météores,
Bat, inlassablement, ses flux et ses reflux.
Un alanguissement flotte, où ne passent plus
Les frissons argentés d'éclatantes aurores.

Mais les baisers des soirs font frémir les étoiles.
Une lente palpitation les fait briller.
Un voile de silence où paraît scintiller
Le clair rayonnement des splendeurs
et des toiles.

Rêves silencieux glissant comme des rames
Sur les flots assombris qui paraissent songer.
Et leur blondeur se berce, en un parfum léger,
Qui s'en vient caresser les mondes et les âmes.

Impalpable, comme l'espace et la nuée,
Un aveugle vertige, impossible à saisir
Gagne l'Immensité, conjurant le désir
D'une étreinte à jamais par l'heure, accentuée.

Ô ! moments enivrants des rencontres exquises !
Ô, charme indéfini, né du recueillement !
Au sein des clairs obscurs, dans le ravissement
Des effluves ardents aux célestes églises.

L'urne des soirs pensifs emplit les coupes, d'ombre.
Mais cette ombre devient la clarté de demain.

Cette nuit de l'azur vermeil, ô frère humain !
Notre amour la fera radieuse, en chemin,
Quand nous te conduirons, en te donnant la main,
Au-delà de la voûte sombre !

Le Phalène

SYMPHONIE SIDÉRALE

Au menuet de l'Involu,
Tous les amas tourbillonnaires,
Sous leurs spectres embryonnaires
Ont le frisson de l'Absolu.

Au grand bal de l'Éternité
Poursuivant rythmes et cadences,
Farandoles, rondes et danses
Dans un grand envol de clarté

À l'orchestre de l'Infini
Où s'exaltent cystres, théorbes,
Ils règlent leurs axes, leurs orbes,
Dans un circuit indéfini.

Mais lorsque le magique archet
Fait entendre sa résonance,
Le ciel module sa romance,
Et les mondes, leur menuet.

Tu ne sais rien de tout cela
Aveugle, en ta prison charnelle,
Rien de la splendeur éternelle,
Dans l'allégresse que voilà.

Mais, un jour, pour toi, s'ouvriront
Toutes les portes sidérales.
Frère Humain ! Tes sanglots, tes râles,
Dans les azurs, resplendiront.

Le Phalène

VERS LA LUMIÈRE

Dans le mystique appel des demeures célestes,
La palpitation des échos infinis
Passe, majestueuse, en les chaos bannis,
Battant, dans tous les cœurs, les rythmes
et les gestes.

Dans le bleu tourbillon des musiques passées,
L'immense paix des soirs et des scintillements,
Met un point d'orgue énorme aux émerveillements,
Soufflant les bulles d'or des furtives pensées.

Tout être, en son tréfonds, ressent la nostalgie
De lendemains royaux, dans un cycle enchanteur.
Le neurone qui sert de Phare et d'Écouteur,
Guide, vers l'Unité, l'effort et l'énergie.

Monter ! Toujours monter vers les sommets
qui chantent !
Vers les coupoles d'or de l'Ultime Clarté !
Conquérir la splendeur ! L'extase ! La Beauté !
Dominer la rumeur des choses qui tourmentent.

Monter ! Monter encore ! Vers ceux que nous aimâmes !
— Homme !! Proscrit momentané, dans la douleur,
Échappe-toi, vers l'Infini, loin du malheur !
Gagne les blonds édens : ces paradis des âmes
.....
Dans le mystique appel des célestes demeures,
Sens palpiter nos voix, nos fraternels amours !
Qui battent, dans ton cœur, les rêves de toujours !
Essuyant, sur tes yeux, les larmes que tu pleures.

Le Phalène

LE DEVENIR DE L'HOMME

Parmi l'effeuillement des temps et des durées,
Dans l'éparpillement des rondes azurées,
Un ineffable archet pleure son lamento.
Au Clavier de l'Orgue où surgit un presto :
Musique, volant bleue aux clartés des étoiles
Rêve, un ange pensif, sous la blancheur des voiles
— Le temps d'un clair reflet sous le frisson des vents.

Astres d'argent émaillés d'or ! Soleils mouvants !
Rives golfes d'azur ! Plages enchanteresses !
Enroulements divins, doux comme des caresses !
Que d'extase vous doit ce qui passe et qui fuit :
De flammes et d'espoirs miroitant dans la nuit !

Il faut que les chaos et les étoiles meurent,
Pour renaître, grandir, briller,
s'éteindre encor,
Dans l'éternelle majesté du Grand Décor !
Chacun porte en son cœur divine apothéose,
Le germen de la Cause, en la métamorphose,
Des effets relatifs dans le cycle absolu.
Et les siècles s'en vont, sans que soit résolu,
Le calcul implacable, au fond du noir problème.
Toujours des questions sur l'ardent théorème
Demeuré suspendu sur le tableau du temps.
L'humain voudrait savoir… Il cherche, à contretemps
Mais, dans l'effeuillement des formes, des durées,
Dieu a l'appelle… au sommet des voûtes azurées.

Le Phalène

LA LENTE EFFEUILLAISON

La lente effeuillaison des nuages dorés,
Dans l'éparpillement des couchants mordorés,
Illumine l'azur de ses apothéoses !
L'espace resplendit de mauves et de roses,

Délayés, finement, dans l'or des firmaments.
Au fantastique bal de tous les éléments,
Que bercent, doucement, les musiques mineures,
S'écoulent, ineffablement, toutes les heures.

Le sablier du temps paraît s'être arrêté,
Dans un balancement inouï de beauté.
Au seuil de cet orbite, où rêve le mystère.

Comme nous sommes loin !... loin !... bien loin
de la Terre !

Qui demeure pourtant, au fond du souvenir !
L'oubli est long et lent, difficile à venir.
Plus le cœur fut blessé, plus il a d'ouvertures
Pour regarder surgir toutes les aventures.

La lente effeuillaison des nuages dorés,
Dans l'éparpillement des couchants mordorés,
Nous conduit, pas à pas, vers des apothéoses.
Nous voyons le profil d'horizons blonds et roses.

Nous sommes rayonnants de toute leur douceur,
Et notre esprit s'émeut du flot envahisseur
Qui nous prend, nous étreint et nous roule à l'extase
Vers tout cet infini que Dieu, lui-même, embrase.

Je suis vibrant, heureux… et cependant, parfois
Je me retourne encor et je vois, quelquefois,
Briller, comme un reflet, le fantôme d'un rêve !!
D'un pâtre, cheminant, lorsque le jour s'achève,

Le sentier rocailleux dans l'hémicycle obscur.
Le bassin où jamais ne se baignait l'azur,
Mais où s'emprisonnait l'eau pure de la source
Qui me désaltérait après la rude course.

Ceci rejoint cela !!… À Lumen, je dois tout.
Le renouvellement de mon esprit surtout.
Enfin sur le chemin abrupt des transhumances
Cet ultime flambeau des pures espérances !

Qu'il vous éclaire, au loin ! Qu'il vous éclaire tous !
Dans les durs soubresauts des terrestres remous !
Qu'il vous garde, à jamais, blottis sous sa bannière,
En attendant l'envol hors de votre tanière !

Luigi

COMBIEN D'ESPACES

Combien d'espaces en l'espace
Qui font reculer l'horizon.
C'est pourquoi l'humaine raison
Prisonnière de ce qui passe,

Ne peut voir, en l'Illimité,
Le vol penchant de ses chimères,
Ni sentir, aux heures amères
Le baiser de l'Éternité.

Caresse d'amour, d'espérance !
À peine un doux balbutiement
Un ineffable affleurement.
Défi divin à la souffrance !

Un jour, nous nous retrouverons
Heureux, dans des clartés nouvelles.
Les jambes feront place aux ailes
Lorsque nous nous retrouverons.

Luigi

NOUS NOUS REVERRONS

Nous nous reverrons dans des lieux étranges.
La souffrance éteinte, à l'abri des fanges
Nous nous reverrons.

Nous nous reverrons aux blonds paysages,
Tout filigranés de l'or des rivages.
Nous nous reverrons.

Nous réunirons toute la famille
Dans un coin de rêve : alcôve ou charmille
Nous nous reverrons.

L'éblouissement des heures prochaines
Jette sa lueur sur vos rudes chaînes,
Nous nous reverrons.

Nous nous reverrons dans les étendues
Et nous unirons nos âmes tendres
Qui se rejoindront.

Nous nous reverrons sur la Route immense.
L'étape s'achève… Une autre commence
Que nos cœurs suivront.

Nous nous reverrons ! Que votre âme écoute
Le long chant d'espoir que, de notre voûte,
Tous nous entonnons.

Nous nous reverrons, à l'heure suprême
L'espace, pour nous, redit : On vous aime !
Nous nous reverrons.

Luigi

DIEU

Homme, tu ne sens pas cet immense vertige
Qui distille du Ciel sur les mondes hagards !
L'heure approche où ta voix, tes gestes, tes regards,
Ne seront qu'une attente en le désir sublime.
La réponse viendra de la plus haute cîme.
Quand l'homme voit moins Dieu,
le mont le fait mieux voir,
Car son sommet neigeux touche au divin savoir
Et cueille, dans le ciel, des roses invisibles.
— Évade-toi vers l'Infini… vers les possibles
Des luminosités ornant les bleus plafonds !
Cherche en toi le meilleur, creuse dans les tréfonds
De ton être multiple et secret transparences
Sur les branchages noirs du Destin.
Espérances Pour l'homme agenouillé sur le seuil du cachot,
Qu'il ait faim, qu'il ait soif, qu'il ait froid, qu'il ait chaud.
Que d'étranges stupeurs, en la conscience humaine.
Où s'affrontent, dans un duel affreux, l'amour, la haine.
Ce sépulcre qui vient attaquer les vivants,
Au seuil de l'inconnu, aux longs voiles mouvants,
Est sinistre partout… et l'être, avec angoisse,
Se demande s'il faut, qu'en lui, l'esprit décroisse
Ou bondisse à l'assaut des éthers radieux,
Jetant tous ses défis à la tête des Dieux.
— Homme ! redresse-toi ! Ouvre ton cœur, ton aile,
Vers l'Infini qu'emplit la Grande Âme éternelle !
Le Passé, l'Avenir se voilent, par moments,
Mais, parfois, au milieu des éblouissements,
Apparaît, près du phare, une route étoilée !
C'est la Loi qui s'inscrit au flanc du mausolée
Pour amener, à Lui, les êtres libérés

Des terrestres combats, en les cœurs ulcérés.
Dieu : n'est pas cet aveugle immense de l'espace
Qui ne regarde rien de ce qui vibre et passe.
Tous les êtres sont Dieu, comme les flots,
la mer.
— Homme, l'âpre tombeau n'est pas la Loi du ver !
Les pleurs défont toujours quelque chose en arrière
Et le râle cruel se termine en prière.
L'être multiple, épars dans l'expiation,
Sent, dans l'effarement, resplendir un rayon.
Toutes sortes d'éclairs inexplicables brillent
Sur les effondrements des autels où fourmillent
Les haches des bourreaux encor rouges de sang.
Ô spectacle exécré par l'homme gémissant !
Mais l'exécration ne vient pas de l'abîme !
Dieu, regarde, et c'est tout ! Voir : suffit au Sublim !
Personne n'est puni, personne n'est banni,
Dans le cycle éternel, cercle de l'Infini,
Arc-en-ciel couronnant toutes circonférences,
Toutes douleurs, toutes horreurs, toutes démences.
Le regard de l'azur est lumineux, clément
Pour l'être agenouillé qui pleure doucement

La Clémence de Dieu, sur tout univers, s'ouvre.
Le pardon est plus grand que la faute et la couvre
Si ténébreux que soit l'homme qui va partir !
Un astre d'or s'allume au sein du repentir.
Ceux qui marchent sans Lui, s'en vont dans les ténèbres,
Se heurtant, sans répit, aux sinistres algèbres
Des forêts, dans la plaine et des rocs, sur les monts,
Ne pouvant dépasser le glaive des limons.
Tous les yeux de l'abîme, à la fois, les regardent
Atroces prisonniers que les ténèbres gardent

Dieu suit des yeux l'envol des bons et des mauvais
En marche, vers son cœur paternel, à jamais.
La loi marque un humain, comme elle marque un monde,
Du sceau mystérieux qui précise leur ronde.
Lui l'avertisseur juste suit : douce émotion !
La Vie et, dans les Vents, murmure : Attention !
Homme, redresse-toi ! Ouvre ton cœur, ton aile,
Vers l'Infini qu'emplit la Grande Âme éternelle
Renouvelle le geste immuable et fatal
Qui, pour monter à Lui, dresse le piédestal.

Symbole

EN MARCHE VERS L'ÉTERNEL

Homme ! Non ! Tu n'es pas le jouet d'un caprice !
Tu passes sans comprendre, et sans croire, et sans voir
Ce Créateur que tu ne peux apercevoir.
Dieu n'a scellé, dans l'homme, aucune certitude
Afin que le Grand Ciel demeure son étude.
Que les conseils divins qui flottent, dans l'azur,
Atteignent, un beau jour, les êtres au cœur pur,
Sous forme de soleils, de nuages, d'étoiles.
Lentement, peu à peu, se soulèvent les voiles !
Vous êtes des reflets et des rayonnements.
Des mondes rétrécis aux champs des éléments.
Malgré tous les aspects et toutes les démences,
Le ciel toujours répond en ondes de clémences.
Il plane, à la hauteur de la sérénité,
Parmi les cycles d'or formant l'Éternité,
Des mondes lumineux, comme des escarboucles,
Qui gravitent, légers, en décrivant leurs boucles,
Dans l'ascension bleue, à son premier degré.
Ils peuplent l'infini et roulent à leur gré.
Le vaste ébranlement du genre humain en marche
Vers l'immense archipel des splendeurs ou vers
l'Arche,
Ne voit ni ces édens ni ces blonds paradis,
Dont la suavité sur leurs axes grandis,
Couvre, de sa douceur, la vie impénétrable.
Dieu guide à tout jamais l'Œuvre incommensurable
Vers l'apparition des magiques soleils,
Dans leurs champs radiants, magnifiques, vermeils.
— Sous la difformité de la Loi colossale,
Le genre humain se traîne, en bas, dans l'ombre sale.
Son œuvre à lui, consiste à libérer l'esprit.

Car l'Âme fait tout naître… Afin qu'elle comprît
À qui parle, le soir, flocon lointain qui passe
Ce nuage soyeux qui bondit dans l'espace,
Dieu permit que l'essor vit son rayonnement
À travers toute horreur, tout épouvantement.
Car l'Infini, si doux qu'il en est formidable
Tient, toujours, en sa main, le geste secourable.
L'évanouissement du vent mystérieux
Qui balaie les talus, les ravins curieux,
Laisse tout deviner, parmi des transparences
La cause couronnant toutes les apparences
Le Soleil de l'Amour un jour, resplendira,
Sur le monde Univers qui s'épanouira.
Esprit humain nul clou ne blessera ton aile
Lorsque tu monteras vers l'Aurore éternelle !

Au sablier du temps, le nouveau cycle arrive
Homme, si grâce à moi, tu gagnes l'autre rive
Sans effroi douloureux, sans découragement,
Si tu vis consolé, si dans l'écrasement,
Tu sens ma douce main étreindre ton front blême,
C'est que Dieu récompensera l'Ami qui t'aime.

Symbole

FOI

Quand fuit la blonde lune et tremblent les étoiles,
Devant la nuit, voluptueuse, ouvrant ses voiles,
Priez !!! Priez !!! devant une riche moisson,
Près de la source, ou près du roc, ou du buisson

Tout corps traîne son ombre et tout esprit
son doute !
Chassez le conseiller que votre âme redoute !
La fleur ne fait jamais de reproches à Dieu !
Elle attend, confiante en l'appel du Ciel bleu,
Quand tout astre paraît s'éclipser sur le monde,
Emporté dans le vol de la nocturne ronde.

Et l'arbre est confiant quand l'homme est incertain.
...
confrontation, qui fait honte au Destin…

Tout s'élance, ébloui vers ce But qui recule.
Dans l'âme et sur la terre… Effrayant crépuscule !

L'or se cache, tandis que s'exaltent les fleurs.
Épanouissement fait de mille pâleurs.
Minutieusement, s'évapore le Doute
Il suffit que chaque être en rejette une goutte !

Combien doux le baiser propice aux blés mouvants
Que l'Éternel confie aux rafales des vents.
Quand l'œil ému de l'ombre où son essor s'arrête,
Qu'un splendide soleil illumine la crête,
Bâtissant, dans les airs, des palais de clartés
Tout se fige… Éblouissements endiamantés,

D'aubes et de blancheurs, de rêves et d'extases.
On voit se profiler des calices, des vases
Pleins de saints élixirs, de songes colorés.
L'homme ne perçoit pas, sous les cieux diaprés,
Le miracle parfait et du rythme et du nombre
Sous le dôme des nuits semé d'astres sans nombre.
Et l'ouragan, ce bègue hurlant sur les sommets,
Promène, sans arrêt, de toujours à jamais,
Cet hymne échevelé que surprennent les pâtres,
Le soir, au pied des monts, aux horizons bleuâtres.
Sous un double tonnerre, à travers la vapeur,
Le doux présage passe en aura prometteur,
Dans le balancement continu des murmures,
Exhalant le parfum subtil des roses mûres.
Entassements confus ! Amas étincelants,
Dans le soir, pailleté de fulgores brillants,
Et tout ce qui respire et tout ce qui gravite.

Symbole

LIBÉRATION

Tout ce qui se condense ou qui se précipite,
Tout murmure le mot fervent, définitif,
Que le Verbe Absolu conjugue au Relatif.
Par des zones sans fin, la Vie universelle
Se recréant, grandit, s'illumine, ruisselle,
En plein ciel : océan si limpide, si bleu,
Sans rivage, sans fond, sans forme, sans milieu.
Quel est donc le secret de l'homme, dans l'abîme ?
Il entrevoit, parfois, une face sublime,
Mais il reste enchaîné… Dieu lui parle, de loin.
Que dit le Grand Aimant dont tout être a besoin
Pour si bien diriger l'énorme caravane
À travers l'infini de l'énorme savane ?

Par l'amour éternel les êtres sont bénis.
Ils ont vagues et flots, à d'autres flots unis.
Dans l'éblouissement de folles ondes blanches,
Transformant les douleurs en magiques revanches
La tremblante auréole éclot dans l'encensoir
Des astres éclatants scintillant dans le soir.

....

Homme ! n'exige pas qu'on rompe le silence !
Va ! ne menace point ! Tu briserais ta lance !
Qu'il te suffise de savoir qu'en ton cœur pur,
Tu sens bien que l'on est emporté vers l'azur !
Penser ! Souffrir ! Monter !! Toute cime est sévère.
Crois et prie à genoux ! Conquiers-toi ! Persévère !
Adore Dieu dans l'Astre et dans le Ciel mouvant !
Tout murmure son nom ! Le vertige du vent
À l'effrayant roulis, mêle un frisson d'aurore.

Le ciel sombre où, parfois, la blancheur
semble éclore.

Il est !!! Cette splendeur prolonge ce frisson
De l'inimaginable où, presqu'à l'unisson,
La clarté montera dans tout comme une sève.
Et dans les cœurs sourdra le reflet du Grand Rêve.

Dieu nous regarde ! et tout frémit
sous son regard !

Homme ! Redresse-toi ! Que ton esprit hagard
De l'épouvantement s'échappant des abîmes
S'azure à l'arc-en-ciel qui ceinture les cimes.

Sur tout ce qui surnage ou ce qui s'engloutit,
Le Phare étincelant va du grand au petit.
Lueur éblouissant la plus humble des voiles,
Où, l'homme libéré, monte vers les étoiles.

Symbole

PENSÉES ET MESSAGES

La Loi est implacable, car elle est l'Ordre et l'Évolution. *Le Maître*

Que d'indigences diverses à soulager au long du chemin ! Que d'indigences appelant toutes une aumône… aumône de la bourse, mais surtout et davantage aumône d'un cœur riche d'espoir à un cœur appauvri, d'une âme éclairée à une âme errante et désemparée… aumône d'un mot… d'un sourire… où passe un peu de ciel, un peu de Dieu, un rayon de « l'éternel Amour ». Que toute la Charité vous inspire, dans l'illumination de votre moi, à vous aimer et à vous soutenir les uns les autres, pour grandir en Lui. *Lueur*

L'effort est sans cesse, le fouet de la spiritualité progressive. *Clarté*

En creusant un puits, on trouve la source. En creusant en soi, on trouve Dieu. *L'Ombre*

Nous avons donné dans nos brèves et douces rencontres la preuve de nos réalités, de notre amour et aussi l'espoir d'être aidés, soutenus, par nous, dans la lutte. Pensez souvent à l'ami invisible et lointain qui continuera à vous aider et à vous sourire, malgré l'espace, le temps et la folie homicide des humains du siècle finissant. *Papillon Noir*

Le cercueil : ce berceau de la naissance énorme. *Symbole*

Si ton chemin est douloureux,
Pénible, aride, rigoureux,
Pense qu'il monte vers les Cimes
Et t'emporte, loin des Abîmes.
Le Phalène

Lisez sans vous lasser, dans ce merveilleux livre de morale qu'est la conscience. *Clarté*

Prie et crois ! Cherche en toi toutes les certitudes. *Symbole*

Rien ne nous séparera que la distance. Rien ne rompra la « chaîne » qui nous lie à travers l'étendue. Rien n'éteindra le « pur sentiment » qui nous étreint, qui nous unit, pour mieux monter à « Lui ». Restez unis, forts et confiants « au milieu des flots déchaînés », l'œil fixé sur ma petite étoile…
Qu'elle vous éclaire et vous guide à tout jamais ! *Clarté*

Dieu : c'est la flamme aimante au fond de toute chose. *Symbole*

Nous nous reverrons aux champs des étoiles
Nous nous rejoindrons dans l'illimité…
Quand vous quitterez les « terrestres voiles »
Pour gagner notre arche, en l'immensité…
Nous nous reverrons.
L'Ombre

Toujours le monde du Ciel parle à celui de la Terre. *Papillon Noir*

Tous les êtres sont Dieu, comme les flots, la mer.
Et tous voguent vers Lui, même le plus amer. *Symbole*

Priez ! Croyez ! Espérez ! L'étoile est en vous. *Clarté*

La matière n'est pas, et l'âme seule existe. *Symbole*

Si on t'a donné la connaissance,
Un peu d'esprit ou de raison,
Ne te vante pas d'intelligence…

On te l'a prêtée pour une saison. *Éole*
L'apparence est trompeuse et la réalité
S'éclaire, en se heurtant, au phare « Éternité ». *Symbole*

COURAGE — FOI — ESPOIR. *Papillon Noir*

Rien n'est fait pour rester dans l'horreur et le doute. *Symbole*

Cette Nuit qui berce « une aurore »,
Être humain, te parle tout bas…
Sans elle, tu ne verras pas
L'Éternité tout près d'éclore.
Le Phalène

Tout être a deux frontons : ténèbres et rayons… *Symbole*

Tout est équilibre, précision… tout vient à son heure. *Papillon Noir*

Comment faire filtrer quelque raison en l'homme ?
Sa morne cécité vient de l'orgueil en somme.
Symbole

Ce que t'apprendront la rose, les épines,
C'est qu'il n'est rien de vrai au monde que d'aimer.
Que même les douleurs de l'amour sont divines…
Et qu'il vaut mieux briser son cœur, que le fermer.
Pitié

CONCLUSION

Le dialogue est fini. Pour nous, l'espace est redevenu silencieux. Nous nous souvenons de « ces rencontres merveilleuses et douces ». Nous sommes, tous, attristés, mais pleins d'espoir.

Comment vous traduire de façon effective « les instants, les émotions que nous avons vécus » parmi ces « tendresses compréhensives et savantes », « ces présences réelles », ces Entités si diverses par leur personnalité, leur accent, leur langage, leur attitude, leurs enseignements, à travers le médium endormi, dont le visage, la parole, l'expression, qui ne lui appartenaient plus, changeaient à chaque incorporation. Changeait aussi la façon de s'exprimer: dans la prose, les vers, les messages philosophiques, scientifiques, les réponses aux questions. Les poèmes et les messages dictés au médium attentif, éveillé, venaient d'un seul jet, rapidement, sans ratures, sans fautes d'orthographe. Les citations étrangères: latin, anglais..., pareillement.

Au moment où elle reçoit ces messages, Mme Laval est âgée de soixante-dix-neuf ans. Infirme à la suite d'une fracture du bassin, cardiaque, souffrant de lésions coronariennes importantes, atteinte d'une pharyngite chronique et d'une semi-cécité, ce qui ne perturbe en rien la qualité des messages reçus.

Sa loyauté absolue, sa franchise parfaite n'ont jamais été mises en doute. Son niveau d'instruction correspond au certificat d'études primaires, études bientôt abandonnées dans une vie toute de travail, de luttes et d'épreuves.

Dans ces conditions, la supposition d'une intervention personnelle du médium serait une idée fantaisiste, fausse, qu'il convient de rejeter d'emblée.

Les phénomènes qui nous ont tous dépassés, dépassaient aussi le médium.

Lecteurs, vous avez maintenant toutes les données du problème telles qu'elles nous ont été présentées et que nous avons résolues par la certitude définitive (preuves à l'appui) de l'intervention invisible.

Chaque Entité a donné en effet, des preuves de sa réalité, parfois de son identité ; toujours de ses connaissances, de son pouvoir et surtout de son extrême bonté. Cet amour nous les a rendus très proches, malgré le mur qui nous sépare. Qui sont-ils, ces amis de l'Espace qui se sont penchés sur nous ?

S'ils sont, à cette heure, nos devanciers sur la route infinie, ils furent des hommes. Comme nous, ils ont vécu et souffert sur terre, connu nos erreurs, nos luttes, nos détresses.

Pour tout cela, ils ont pitié de leurs frères humains et surtout de ceux rencontrés et aimés clans l'immense ronde des existences. De tout leur amour, ils sont venus, en ces temps désolés et perturbés, nous réchauffer dans la Foi et dans l'Espoir.

Que sur vous, chers lecteurs, ils penchent aussi l'urne de leur cœur généreux, afin que dans les âmes troublées, inquiètes, douloureuses, ils glissent le rayonnant apaisement, la foi douce et prometteuse, le point d'appui définitif qu'ils nous ont apportés.

Ainsi sera récompensé le petit groupe si favorisé, qui vient vous offrir ces messages de Lumière, d'Espérance et d'Amour.

TÉMOIGNAGE

Le Groupe des Chercheurs-témoins

Mme J. Astrue ....Cahors
M. et Mme Barres ....Donzac
M. et Mme J. Bas ..Montauban
M. et Mme H. .....Bosc Paris
Miles F. et D. ......Bosc Paris
M. M. Bosc ......Montpellier
M. G. Clauzure ......Toulenne
M. et Mme Duplessis .... Labruguière
Mme Y. Gombaud ...Bordeaux
Mme J.-J. ....Bordeaux
M. M. Laval ......Escatalens
Mme Laplace .....Montauban
Mme Lamouroux ....Toulouse
M. R. Maynadier ....Toulouse
M. et Mme B. Molinié .Castres
Mlle B. Molinié ......Castres
M. E. Moreau ......Bordeaux
Mme E. Moulis .....Mazamet
M. M. Raynaud .....Mazamet
Mme Roch ....Toulouse
M. et Mme J. Ruet ....Castres
M. et Mme C. Savary Mérignac
M. et Mme J. Vayssié .... Lafrançaise
M. H. Vergne ....Bordeaux
M. et Mme Zund ..Montauban
M. et Mme Raysséguier Castres

Le médium : Mme Jeanne LAVAL

TOUS, sous la foi du serment, certifions avoir été les témoins stupéfaits, émerveillés, mais objectifs, de ces manifestations extraordinaires qui nous ont permis d'étudier de près ces phénomènes supra-normaux, si surprenants dans leur étrange déroulement.

TOUT est rigoureusement exact dans ce livre dont nous avons vécu toutes les pages, au milieu de présences supérieures, invisibles, mais si réelles, patientes, bonnes et savantes.

Nous remercions tous nos amis invisibles de leurs messages, et nous leur sommes reconnaissants d'avoir franchi tant d'obstacles pour nous atteindre, malgré les sacrifices et les difficultés rencontrées dans la réalisation d'un tel bienfait pour l'humanité.

Nous remercions le médium pour la bonne volonté dont il a fait preuve en dépit de ses grandes misères. Et nous portons tous également un même témoignage de la totale honnêteté et du parfait désintéressement de Mme Jeanne LAVAL.

NOTES — GLOSSAIRE

A

Acanthrométride: Famille de protozoaires du sous-ordre des acanthairés, classe de radiolaires et sous-embranchement des rhizopodes.

Amaurotique: qui a rapport à l'amaurose; qui est atteint d'amaurose: cécité plus ou moins complète causée par l'atrophie du nerf optique.

Amida: l'un des cinq NIORAIS ou BOUDDHAS éternels. Il personnifie dans le bouddhisme japonais, l'intelligence de prédiction et la vertu de charité et d'amour du BOUDDHA suprême.

Androgyne: qui tient des deux sexes; hermaphrodite.

Anisotome: a) genre de plantes de la famille des esclépiadées, tribu des stapéliées; c'est une herbe à rameaux volubiles.

b) genre d'insectes coléoptères, type de la famille des anisotomidés renfermant plus de 60 espèces des régions tempérées du globe, répandues sur toute l'Europe (vivent surtout sur les champignons).

Anisotomique: qui a les caractères anisotomes.

Anti-corps: Biol.: substance hypothétique qui apparaît quand on introduit directement dans l'organisme une substance étrangère, cristalloïde et surtout colloïde (cette dernière étant désignée sous le nom « d'antigène »).

Antigène: Toute substance qui, introduite dans un organisme, est susceptible d'y provoquer la formation d'anticorps.

Apophyse: Excroissance naturelle de la surface des os; certaines apophyses servent au glissement dans les articulations.

Asque: Cellule mère dans laquelle se forment les spores de certains champignons que cette disposition de l'appareil reproducteur a fait appeler: ascomycète, syn.: thèque.

Asthénie: Faiblesse, difficulté de l'effort pouvant se produire au cours de certaines maladies. L'asthénie désigne surtout un manque de force par défaut de commande nerveuse ou psychique.

Aura: Enveloppe énergétique invisible qui rayonne des corps sous forme, à la fois, de couches ondulatoires concentriques et de particules projetées. Paraît constituer l'inter-échange d'énergies entre le corps et l'ambiance.

Aurique : Se dit d'un hydroxide AU (OH3) qui se précipite lorsqu'on traite les dissolutions de sels par un alcali et aussi d'un chlorure d'or AU CL3 V or.

Aymaras : Ancien peuple du Pérou, qui avait déjà atteint un remarquable degré de civilisation avant la fondation de l'empire des Incas par les QUICHUAS.

B

Binôme : Math. : expression algébrique formée par la somme ou la différence de deux termes ou monômes (Ex. a + b ; b2 — 4 ac). Biodynamisme magnétique : Théorie des forces magnétiques.

Biogénèse : Nom donné par HUSLEY à la théorie (tout être vivant provient d'un être vivant).

Biophore : Biol. : Dans la théorie de WEISMANN, agrégats de molécules qui sont le support de la vie (c'est à la nature variable de ces biophores, que les cellules doivent les caractères et les propriétés qu'elles manifestent. Comme chacun d'eux peut renfermer plusieurs centaines de molécules et que ses propriétés résultent du monde d'arrangement de celle-ci, on comprend, dans cette hypothèse invérifiable, que le nombre de caractères exprimés ou latents, dans l'œuf par exemple, soit un nombre presque infini).

C

Centrosome : Corpuscule découvert par Edm. Van BENEDEN, dans la cellule vivante et jouant un rôle important dans la caryocinèse. Le centrosome est le plus souvent unique dans les cellules animales, double dans les cellules végétales. C'est un petit globule situé dans le cytoplasma au voisinage immédiat de la paroi du noyau ; il est entouré d'une petite aire claire ou sphère attractive, formée par du protoplasma de nature particulière. Au moment de la division cellulaire, le centrosome est particulièrement évident et l'on voit alors autour de la sphère attractive, des stries rayonnantes constituant l'aster. — C'est le long de ces stries rayonnantes que paraissent se mouvoir les cromosomes de l'anaphase.

Contractilité : Faculté que possèdent certains corps de se raccourcir. Cosinus : Sinus du complément d'un angle.

Criogène : Se dit d'un mélange réfrigérant formé d'eau et d'un sel soluble. Criogénie : Production de basses températures.

Cryptogame : Se dit des plantes qui ont les organes de la fructification cachés, comme les champignons, les fougères.

Cycloïde : Courbe engendrée par un point situé sur une circonférence qui roule sans glisser sur une droite.

Cytoplasma : Protoplasma situé en dehors du noyau dans la cellule vivante.

Cytozoaires : Animaux sporozoaires, effectuant une partie de leur évolution dans l'intérieur d'une cellule.

D

Diamagnétique : Se dit d'un corps qui jouit de la propriété d'être repoussé par un aimant : le bismuth est diamagnétique.

E

Embryogénie : Série de formes par lesquelles passe un organisme animal ou végétal, depuis l'état d'œuf jusqu'à l'état adulte.

Épigenèse : Théorie suivant laquelle, dans l'évolution d'un animal provenant d'un œuf, les organes naissent par une formation nouvelle. Équivalence : Qualité de ce qui est équivalent : équivalence de diplômes.

Identité de nature : équivalence de la chaleur et du travail mécanique. Exérèse : Opération par laquelle on retranche du corps humain ce qui lui est étranger ou nuisible.

Exostose : Tumeur à la surface ou à l'intérieur des os.

G

Gamète : Cellule reproductrice, mâle ou femelle, dont le noyau ne contient que (n) cromosomes, toutes les autres cellules du corps en ont (2n).

Éléments sexuels mâles ou femelles.

Galvanoplastie : Opération par laquelle on fait déposer sur un objet quelconque servant de moule, une couche de métal préalablement dissous dans un liquide, en faisant agir un courant électrique sur cette dissolution métallique.

Géhenne : Enfer, dans le langage biblique.

Généagénèse : génération se faisant sans gamètes, d'un être né d'un œuf.

Développement dissocié, dans lequel l'être se divise en un nombre plus ou moins grand d'individus distincts. Encycl. : on peut dire qu'il y a généagénèse toutes les fois qu'une multiplication agame succède à une génération sexuée.

Génocyte: Élément histologique, équivalant morphologiquement à un élément sexuel. Ce mot est plus général que le mot « élément sexuel » ou « gamète », car il ne suppose pas que l'élément auquel il s'applique a la faculté physiologique de remplir le rôle de gamète dans l'acte sexuel. Par ex. quand l'œuf mûrit, il expulse des globules polaires dont chacun est un génocyte équivalant morphologiquement à l'œuf lui-même; il se divise en quatre génocytes équivalents, dont l'un, muni de tout le cytoplasme et des réserves, est un œuf mûr, tandis que les trois autres sont rudimentaires et ordinairement incapables de fécondation.

Géodésie: « Math.: la géodésie comprend toutes les opérations géométriques et trigonométriques qui sont nécessaires pour construire la carte d'un pays, pour mesurer les longueurs d'un degré terrestre, etc. Les opérations nécessaires pour établir les distances absolues, comprenant la mesure d'une base, l'observation des angles, le calcul des côtés des triangles et leur réduction au même niveau, constituent les opérations géodésiques.

Germen: Ensemble des éléments reproducteurs d'un être vivant. Gésine (en): Se dit d'une femme en couche.

Glomérule: Petit amas de corps de même nature. Encycl. Anal.: le terme glomérule en anatomie convient aux pelotons vasculaires et glandulaires, ou à la fois vasculaires et glandulaires dont les types se retrouvent dans la rate (glomérule de MALPIGHI), les glandes sudoripares et les reins.

Graal: Vase d'émeraude qui aurait servi à Jésus-Christ pour la Cène et dans lequel Joseph d'Arimathie aurait recueilli le sang de son flanc percé par le centurion. — Certains romans de la table ronde, racontent la quête du GRAAL par les chevaliers du roi ARTHUR.

H

Hémiédrie: Loi d'après laquelle certains cristaux ne présentent des modifications que sur la moitié des arêtes ou des angles semblables. Hermaphrodisme: Réunion des caractères des deux sexes chez le même individu.

Heure des révélations: Ouvrage en trois parties: L'Appel des Étoiles — Vie, Mort, effrayants synonymes — La Tombe Parle.

C'est la somme des poèmes initiatiques et des messages donnés par SYMBOLE et les Entités de son groupe : JEAN ? JUSTICE, PITIÉ, CLARTÉ, DEVOIR, LUEUR, PAPILLON NOIR, L'OMBRE, LE BOUCLIER, LE PHALÈNE, LE MAÎTRE, au travers du médium Jeanne Laval, entre les années 1918 et 1937. Ces messages, recueillis par les chercheurs qui entouraient Mme Laval durant ces séances, ont été plus tard classés par M.C. et J.L. Victor. La dernière édition intégrale date de 1979. (Édition de Mortagne, Québec.)

Homodyname : Se dit des parties homologues des diverses métamères d'un animal segmenté.

I

Imago : Forme définitive de l'insecte sexué. Encycl. a l'imago est la forme adulte des insectes à métamorphoses complètes. Cette forme atteinte, l'insecte ne peut plus grandir et il est mâle ou femelle, c'est-à-dire : sexué.

Isobare : D'égale pression atmosphérique.

Isomère : Chim. : qui a même composition chimique et même masse moléculaire, mais dont le groupement atomique et les propriétés diffèrent.

Isomérie : L'isomérie s'explique par le groupement différent des éléments au sein de la molécule. Les éléments pouvant se comparer aux pierres d'un édifice ; leur assemblage est susceptible d'une infinité de combinaisons.

Isomorphisme : Qui affecte la même forme. Qui cristallise dans le même système : cristaux isomorphes, substances isomorphes.

lsopérifétrie : L'une des méthoses permettant de calculer le nombre II (Pi)

Isotrope : Phys. : se dit d'une substance lorsqu'elle est homogène et qu'elle a les mêmes propriétés dans toutes les directions. — Bot. : se dit des organes des végétaux dont les parties obéissent toutes à l'action de la pesanteur ou à celle de la lumière.

K

Kala : Dans la religion brahmanique, le Temps déifié, supérieur aux autres dieux, quelquefois leur père, créateur et destructeur de l'univers.

Kami: Nom générique de divinités nationales, au Japon; titre de noblesse.

Kara: Dans les religions de l'Inde, sujétion à l'enchaînement des causes.

L

Lémniscate: Courbe qui est le lieu des points tels que le produit de leurs distances à deux points fixes est constant.

Loxodromie: Courbe tracée sur une sphère et coupant tous les méridiens sous le même angle.

Lycopode: Cryptogame connu sous le nom de « pied de loup » et de mousse terrestre.

M

Macragamète: Grosse cellule reproductrice.

Métamère: Unité anatomique de certains animaux: le corps du lombric est formé de métamères.

Métempsychose: Phil.: la doctrine de la métempsychose ou de la transmigration des âmes est originaire de l'Inde où elle subsiste depuis l'origine même du brahmanisme.

Microgamète: Petite cellule reproductrice.

Monovalente: Qui possède une valence égale à UN. — Syn.: Univalent.

N

Neurone: Cellule nerveuse adulte, comprenant la cellule, ses prolongements protoplasmiques et son cylindre axe.

Nodal, Nodaux: Qui se rapporte aux noeuds acoustiques; ligne nodale, points nodaux.

P

Palingénésie: Retour à la vie, après un état de mort réelle ou apparente. Fig.: Renaissance morale.

Phil.: Système de philosophie de l'histoire, d'après lequel les mêmes genres d'événements se succéderaient sans cesse dans le même ordre.

Encycl. Philos.: La croyance qui voit dans la mort non pas un fait définitif, mais une simple étape de la série de transformations auxquelles sont soumises toutes choses, se retrouve sous des formes différentes dans un grand nombre de religions et de philosophies, notamment dans le brahmanisme, la religion des druides, la philosophie de Pythagore, etc.

Ces croyances ont trouvé une expression plus moderne dans la « Palingénésie philosophique » de Charles BONNET et dans les « Essais de Palingénésie » de Ballanche. La palingénésie individuelle conçue par Bonnet devient chez Ballanche la palingénésie de l'humanité, qui, par une série d'épreuves et d'expiations providentielles, doit arriver à la perfection.

CHARLES BONNET (le premier « B ») philosophe et naturaliste suisse (1720-1793). — Destiné à la jurisprudence. Un hasard tourna son esprit du côté de l'histoire naturelle… En 1762 il publia ses « considérations sur les corps organisés » et en 1764 sa « Contemplation de la Nature », il y défendait la théorie de la préexistence et de l'évolution des germes, soutenue par Malebranche et Leibniz… La « Contemplation de la Nature » et la « Palingénésie philosophique » contiennent la métaphysique de Bonnet. Dans l'un et l'autre il proclame, applique et développe la loi de la continuité posée par Leibniz… Dans la « Palingénésie » Bonnet déduit la loi de continuité, la renaissance, la résurrection de tous les êtres animés, la perfectibilité universelle. L'imagination de l'auteur, en même temps qu'elle voit la brute monter au rang de l'homme, voit la plante passer de la vie végétale à la vie animale : c'est l'échelle des êtres en mouvement ».

PIERRE BALANCHE (le deuxième « B ») écrivain français, né à Lyon en 1776, mort en 1847. D'abord imprimeur… etc.— Dans ses « Essais de palingénésie sociale », Balanche a transporté à l'espèce humaine, aux nations, l'idée de palingénésie individuelle conçue par Charles Bonnet, et il a développé sur ce principe tout un système dans lequel l'humanité déchue à la suite du péché originel, s'est réhabilitée en passant par des épreuves successives, des expiations providentielles, dont les derniers termes ont été la Révolution et l'Empire.

En I842, il fut appelé à remplacer Alexandre Duval à l'Académie Française. Son amour platonique pour Mme RECAMIER est resté célèbre : « Vous êtes mon étoile, lui disait-il, ma destinée dépend de la vôtre. Si vous veniez à entrer dans votre tombeau de marbre blanc, il faudrait bien vite me faire creuser une fosse, mais je ne crois pas que vous passiez la première. » En effet, il mourut avant elle. Elle ne le quitta point pendant son agonie. Il fut enterré dans le tombeau de son amie, et il repose auprès d'elle.

Paraboloïde: Surface du second degré, engendrée par une parabole qui se déplace de façon que son plan reste toujours parallèle à lui-même, et que son sommet décrive une autre parabole fixe dont le plan est perpendiculaire au plan de la parabole mobile, se confondant successivement avec les différents diamètres de la parabole fixe. Paraboloïde de révolution: surface engendrée par une parabole tournant sur son axe.

Paramagnétique: Qui possède les propriétés magnétiques du fer, par opposition à diamagnétique.

Elect. : se dit d'une substance qui s'aimante dans le même sens que le fer, mais de façon beaucoup plus faible.

Paraphyse: Cellule allongée de l'hyménium des champignons ascomycètes, qui sert à la définition des espèces.

Parthénogénèse: Reproduction, dans les espèces sexuées, par des œufs non fécondés, comme chez les rotifères, les abeilles, etc. Parthénogénése artificielle: réalisation de la fécondation de certains œufs par des réactifs physiques ou chimiques, sans intervention de l'élément mâle (LOEB-DELAGE).

Percussion: Coup, choc d'un corps contre un autre. — Encycl. : la percussion était connue d'HYPOCRATE, mais c'est AUENBERGER, en I761, qui en publia le premier traité; c'est aujourd'hui, avec l'auscultation, une des bases les plus solides du diagnostic.

Péripatétisme: Philosophie d'Aristote.

Péristaltique: Se dit du mouvement par lequel l'œsophage et les intestins se contractent sur eux-mêmes et favorisent la déglutition, puis la digestion.

Polyvalence: Se dit d'une substance qui est efficace dans plusieurs cas différents: sérum polyvalent. Se dit d'un sérum ou d'un vaccin fabriqué à l'aide de plusieurs microbes ou de plusieurs races d'un même microbe. Qui a plusieurs valeurs chimiques.

Ponogène: Qui produit la fatigue.

Protoplasme: Substance qui constitue le corps de la cellule vivante et qui contient généralement une partie différenciée: le noyau.

Protozoaire: Animal comptant parmi les formes les plus simples du règne animal. Embranchement du règne animal renfermant les formes (rhizopodes, infusoires) réduites souvent à une masse gélatineuse sans enveloppe ni noyau, et qui se reproduisent par division.

Pulsar: (de l'anglais: pulsatingstar) Source de rayonnement radio-astrofornique dont les émissions très brèves (50 ms) ont une période remarquablement définie, généralement voisine de la seconde.

Q

Quasar: (de l'américain: stellar object) Radio-source de grande puissance qui correspond généralement à un objet lumineux de très faible dimension angulaire et reconnaissable sur des clichés.

Quark: Particule fondamentale hypothétique qui entrerait dans la constitution de toutes les particules élémentaires connues.

R

Réalité: Existence effective; chose réelle: nos espoirs sont devenus des réalités. Qualité de ce qui est réel. Les choses en elles-mêmes, par opposition à l'image ou à l'idée par laquelle nous nous les représentons.

S

Schizogone: Biol.: Se dit de certains caractères de disjonction, en vertu desquels des cellules sexuelles revêtent exclusivement un caractère et les autres cellules, un autre caractère (les cellules sexuelles schizogones peuvent être soit hétérodynames, soit homodynames).

Scissure: Fente naturelle à la surface de certains organes. Scissure de ROLANDO: anatomiste et physiologiste italien (1770-183I) a donné le nom de scissure de Rolando au sillon oblique qui sépare le lobe frontal du lobe parétal (math.) qui se rapporte à la tangente. Sigmoïde: Qui a la forme d'un sigma.

Soma: Biol.: ensemble des cellules qui disparaissent et meurent avec l'individu.

Stéréochimiste: Qui s'occupe de la représentation des composés chimiques par les formules développées dans l'espace; qui étudie l'hypothèse que l'on fait sur la constitution de la molécule des corps composés, pour expliquer l'isomérie de certains composés organiques.

Stéréologiste : Qui étudie les parties solides des corps vivants.

T

Tantomère : Qui fait partie du même plan, de la même partie, qui est toujours le même dans ses activités mentales.

Tétravalence : Qui possède une valence égale à quatre.

Troncature : Minér. : remplacement d'une arête par une surface.

V

Valence : (Chim.) valence d'un élément ; nombre maximum d'atomes d'hydrogène pouvant se combiner avec un atome de cet élément, ou auquel peut se substituer un atome de cet élément.

Valvule : Espèce de soupape qui, dans le corps humain, empêche le reflux des substances qui doivent cheminer dans un certain sens, et notamment dans le sang.

Vibrion : genre de bactéries qui ont une forme courbe ou infléchie.

Zymase : Ferment soluble qui agit sur le sucre pour déclencher la fermentation alcoolique.

* * *

Si cette œuvre vous a intéressé, vous pouvez adresser votre correspondance par l'intermédiaire de l'Éditeur qui transmettra.

Table des matières

Achevé d'imprimer en France par Présence Graphique
2, rue de la Pinsonnière - 37260 Monts
N° d'imprimeur : 01124881

Dépôt légal : janvier 2012